本书列入

2017年国家社会科学基金重大委托项目
"十三五"国家重点图书出版规划项目

中华传统文化百部经典

国语（节选）

沈长云 解读

国家图书馆出版社

图书在版编目（CIP）数据

国语：节选／沈长云解读 . — 北京：国家图书馆出版社，2020.12（2025.7重印）
（中华传统文化百部经典／袁行霈主编）
ISBN 978−7−5013−6203−5

Ⅰ.①国… Ⅱ.①沈… Ⅲ.①中国历史−春秋时代−史籍 ②《国语》−注释 Ⅳ.① K225.04

中国版本图书馆 CIP 数据核字（2020）第 017885 号

国家图书馆出版社官方微信

书　　名	国语（节选）
著　　者	沈长云 解读
责任编辑	潘肖蔷　景 晶
特约编辑	吴麒麟
封面设计	敬人设计工作室

出版发行	国家图书馆出版社（北京市西城区文津街 7 号　　100034） 010−66114536　63802249　nlcpress@nlc.cn（邮购）
网　　址	http://www.nlcpress.com
印　　装	北京科信印刷有限公司
版次印次	2020 年 12 月第 1 版　2025 年 7 月第 2 次印刷

开　　本	710×1000　1/16
印　　张	23.75
字　　数	266 千字
书　　号	ISBN 978−7−5013−6203−5
定　　价	48.00 元（平装）

中华传统文化百部经典

顾 问

编纂缘起

文化是民族的血脉，是人民的精神家园。党的十八大以来，围绕传承发展中华优秀传统文化，习近平总书记发表了一系列重要讲话，深刻揭示出中华优秀传统文化的地位和作用，梳理概括了中华优秀传统文化的历史源流、思想精神和鲜明特质，集中阐明了我们党对待传统文化的立场态度，这是中华民族继往开来、实现伟大复兴的重要文化方略。2017 年初，中共中央办公厅、国务院办公厅印发《关于实施中华优秀传统文化传承发展工程的意见》，从国家战略层面对中华优秀传统文化传承发展工作作出部署。

我国古代留下浩如烟海的典籍，其中的精华是培育民族精神和时代精神的文化基础。激活经典，熔古铸今，是增强文化自觉和文化自信的重要途径。多年来，学术界潜心研究，钩沉发覆、辨伪存真、提炼精华，做了许多有益工作。编纂《中华传统文化百部经典》（简称《百部经典》），就是在汲取已有成果基础上，力求编出一套兼具思想性、学术性和大众性的读本，使之成为广泛认同、传之久远的范本。《百部经典》所选图书上起先秦，下至辛亥革命，包括哲学、文学、历史、艺术、科技等领域的重要典籍。萃取其精华，加以解读，旨在搭建传统典籍与大众之间的桥梁，激活中华优秀传统文化，用优秀传统文化滋养当代中国人的精神世界，提振当代中国人的文化自信。

这套书采取导读、原典、注释、点评相结合的编纂体例，寻求优秀传统文化与社会主义核心价值观之间的深度契合点；以当代眼光审视和解读古代典籍，启发读者从中汲取古人的智慧和历史的经验，借以育人、资政，更好地为今人所取、为今人所用；力求深入浅出、明白晓畅地介绍古代经典，让优秀传统文化贴近现实生活，融入课堂教育，走进人们心中，最大限度地发挥以文化人的作用。

《百部经典》的编纂是一项重大文化工程。在中宣部等部门的指导和大力支持下，国家图书馆做了大量组织工作，得到学术界的积极响应和参与。由专家组成的编纂委员会，职责是作出总体规划，选定书目，制订体例，掌握进度；并延请德高望重的大家耆宿担当顾问，聘请对各书有深入研究的学者承担注释和解读，邀请相关领域的知名专家负责审订。先后约有 500 位专家参与工作。在此，向他们表示由衷的谢意。

书中疏漏不当之处，诚请读者批评指正。

2017 年 9 月 21 日

凡 例

一、《中华传统文化百部经典》的选书范围，上起先秦，下迄辛亥革命。选择在哲学、文学、历史、艺术、科技等各个领域具有重大思想价值、社会价值、历史价值和学术价值的一百部经典著作。

二、对于入选典籍，视具体情况确定节选或全录，并慎重选择底本。

三、对每部典籍，均设"导读""注释""点评"三个栏目加以诠释。导读居一书之首，主要介绍作者生平、成书过程、主要内容、历史地位、时代价值等，行文力求准确平实。注释部分解释字词、注明难字读音，串讲句子大意，务求简明扼要。点评包括篇末评和旁批两种形式。篇末评撮述原典要旨，标以"点评"，旁批萃取思想精华，印于书页一侧，力求要言不烦，雅俗共赏。

四、原文中的古今字、假借字一般不做改动，唯对异体字根据现行标准做适当转换。

五、每书附入相关善本书影，以期展现典籍的历史形态。

魯語上第四　國語　韋氏解

長勺之役，曹劌問所以戰於嚴公。（長勺魯地也。曹劌魯士也。嚴公，魯桓公之子，嚴公同母也。初齊襄公立，其政君使民慢，亂作。矢奉公子小白奔莒。無知殺襄公，管夷吾召忽奉公子糺。公伐魯，敗績。故子糺小白自莒先入。與嚴師伐魯，戰于長勺，齊……）公曰：余不愛衣食於民，（賜也……有惠不……）對曰：夫惠，（……）

愛牲玉於神。（牲，犧牲玉圭璧，所以祭祀也。詩曰：靡愛斯牲。牲圭璧既卒也。歸之志歸於上。民和而後神。）奉而後民歸之志。（惠本謂樹德施利也。）民和而後神降之福。（故降下也。民和神乃降福。）事君子務治而小人務力，動不違時，器不過用。（用不過禮。）財用不匱，莫不共祀。（非無不共祀。）是以用民無不聽，求……

国语二十一卷　（三国吴）韦昭注　国语补音三卷　（宋）宋庠撰
宋元递修本　国家图书馆藏

晉語第九

國語　韋氏解

惠公入而背內外之賂　公惠公獻公庶子重耳之弟惠公夷吾也外秦內里丕也

與人誦之　興眾也不

曰佞之見佞果喪其田　佞善為謂之詐之

見詐果喪其賂　也見詐謂秦以詐立惠公不置德而置服不

禍亂其興　謂丕鄭也不得田不懲謂艾復

得其國而狃終逢其咎　謂惠公也狃快謂敗於韓

喪田不懲　既里丕死已

惠公二年春殺丕鄭　禍謂貪惏之禍也秦

郭僷曰善哉夫眾口禍福之門也　僷

禍公隕於韓　伐晉戰於韓獲惠公秦

以歸隕其師徒　在魯僖十五年

之故曰眾口禍福之門　是以君子省眾而動也　動行也　監

大夫善輿人之誦豫知

里克秋殺丕

目　录

国　语

周语上

导 读

一、《国语》的性质与体裁

　　《国语》是我国先秦时期一部重要的史籍，所记内容以春秋史事为主，间及部分春秋前的史事。由于许多记叙与《左传》相表里，故《汉书·艺文志》将其与《左传》一并列入"春秋家"。自汉人以下，学者或径称之为"春秋外传"，而称《左传》为"春秋内传"。唐刘知幾作《史通》，始别《左传》与《国语》为两种不同的体裁，而以《国语》作为"六家"即六种不同史学体裁中的一家。清浦起龙作《史通通释》，指所谓"国语家"即"国别家"，后来学者遂以《国语》为我国历史上首部国别史著作。《四库全书总目》于史部无"国别"一类，而将其列入"杂史类"，以别于"正史""编年""纪事本末"等类史书。无论何种归类，《国语》长期以来一直被视作我国先秦时期一部重要的也是最基本的史学名著，是没有异议的。

　　作为先秦时期乃至我国古代一部重要的史学著作,《国语》最引人注目的特征是它的"记言"性质。《国语》主要记述了西周穆王以来,下迄春秋鲁悼公的四百二十余年间各国贤士大夫的"嘉言善语",及相关重要史事,可以说是了解我国西周春秋时期历史的最基本载籍之一,也是了解我国传统文化的重要典籍之一。

　　我国古代史官早有"记言"的传统。《汉书·艺文志》说:"古之王者世有史官,君举必书,所以慎言行、昭法式也。左史记言,右史记事,事为《春秋》,言为《尚书》。"《尚书》作为"记言"家史书的鼻祖,实际主要就是史官记载的虞、夏、商、周最高统治者发布的各种政令、文书之类,也可以说是我国最早的一部文献记录。后世学者或将它们再细分为典、谟、誓、命、训、诰等不同的文体,然以今日之眼光看来,这样的区分其实并没有太大的必要,因为它们都不外乎史官记录下来的他们所在时代的最高统治者的各类话语。除了"记言"的史官之外,另一些史官则负责记录君主的各种重要活动,也就是国家发生的重大事情,这些记录按年、月、日编辑在一起,便是《春秋》了。不过那时朝廷与各诸侯国都有自己的《春秋》,今所传《春秋》,实际是鲁《春秋》,即鲁国史官所作的春秋时期鲁国的编年史。

　　《尚书》与《春秋》是目前传世的我国最早的两部典籍,它们往下的发展,即《国语》与《左传》。《左传》据说是鲁君子左丘明给《春秋》所作的"传",也就是对《春秋》所载史事的补充或更详尽的阐释;《国语》则是在继承《尚书》风格的基础上,对"记言"体史书的一种新的创设。这种新创设首先体现在其所记录的言论不再局限于最高统治者发布的各种政令与文书之类,而是更多地出自各个贤士大夫之口;此外,也体现在这些贤士大夫所发表言论的性质上:它们不是一般的言辞表达,也不是日常的公文或文书应酬,而是对于自己国家有关兴衰成败、社会治理、军事外交政策的各种议论,包括对自己国君或上级贵族的各种谏议、谋划,也包括他们对各个重要历史事件的评议或经验教训的总结、对历史及现实人物的褒贬或道德评判，以及对各种天道或人生哲理的分析，等等。这类贤士大夫的议论在史官或一些专门从事教育的人那里被收集起来，并被当作教育人的教材传给后世，于是就形成了"语"这种新的文体。今《国语·楚语》中有一段记楚大夫申叔时建议楚庄王太子师傅教太子学习的内容，其中有一项就叫做"语"（其他还有"春秋""世""诗""礼""乐""令""故志""训典"等内容）。申叔时对楚太子傅说："教之语，使明其德，而知先王之务用明德于民也。"可见他是将"语"作为使太子了解楚先世的业绩及对民众进行治理的教材使用的。

　　"语"这类文献既然是在《尚书》类记言体史书的基础上发展起来的，那么它也应当具有与《尚书》等记言体史书不同的风格与气质。"言"与"语"二者本是一组既有联系又有区别的词汇。按照许慎《说文解字》对"言""语"二字的辨析："直言曰言，论难曰语"，可知"言"泛指一般的言语表达，"语"则是人们对客观事物发出的各种议论或评论。由于这些议论多数是论辩或互相讨论的性质，所以称之为"论难"。《说文》云"语，论也"，又说"论，议也"，可见"语"类文献实际就是收录过去人们所发各种议论或政论的集子。具体到《国语》这部我国最早且最著名的"语"类文献，我们也可以清楚地看到，它的主要内容是西周春秋时期一些贤人君子的各种议论。如韦昭《国语解叙》所述，《国语》所采录的，是"前世穆王以来，下讫鲁悼、智伯之诛，邦国成败，嘉言善语"。也有人称它是"记诸国君臣相与言语谋议之得失"的书籍（刘熙《释名·释典艺》）。总之，《国语》是一部记录西周春秋时期部分贤士大夫有关国家政治、社会历史、宇宙人伦的"嘉言善语"的书籍，这也可以说是《国语》一书的基本性质。

　　《国语》除了属于记录前人各种议论的"语"类文献之外，它在体裁上还有一个显著的特征，就是它的记言与记事紧密结合。《国语》所收每一条前人的议论，都是有针对性的，是贤士大夫们对所面临各种军国大事发表的各种谏议、建议或评议。这就造成了《国语》以语为主，事、语结合的文体风格。由于这个风格，使得《国语》记载了西周春秋时期许多重要的史事及重要人物的事迹，成为与《左传》齐名的记载春秋时期及以前社会历史的最重要的史籍。

查阅《汉书·艺文志》等书，"语"这种类型的文献包含的书目不在少数，传世先秦两汉文献就有好几种不同类型的"语"。其中《论语》是一种"语"，它的性质如《汉书·艺文志》所言，是"孔子应答弟子、时人及弟子相与言而接闻于夫子之语也"，即孔子和他的弟子及一些时人相互间的对答之语。秦汉之际，又有陆贾的《新语》。据司马迁说，它是陆贾专门探讨古今政治兴亡成败之道理，用以奏对汉高祖的一种政论文章。此外，刘向校书时所见与号为《国策》《国事》《短长》等书目并存的《事语》也是一种"语"，就其名号来看，这种"语"是既有故事，又有议论，事语结合，而以语为主的一种文体。那么，《国语》属于哪一种"语"呢？

就上述《国语》的体裁特征而言，它应当属于《事语》类书籍。仔细分析《国语》各个篇章的内容结构，也可以看出《国语》的体例大多是选择一些过去的历史事件，记录下这些事件中的当事之人，也就是当时的政治家或贤人君子对该事件所发表的议论（包括谏议与批评），以使人从这些关乎"邦国成败"的历史事件和贤人君子的议论中汲取治国修身的经验教训。为了引出贤人君子的议论（即所谓"嘉言善语"），必须要有事情的缘起，但记事并不是目的，只不过是作为"嘉言善语"的引子，"嘉言善语"才是《国语》核心价值的体现。也正因为这个原因，决定了《国语》所要突出的，主要是前人在经历各种历史事件后留下来的一些富有教育意义的话语，而不在于这些史事的具体过程，对于这些史事，它往往只求其大概，而不求所载之事的完整性和首尾联贯，也不求其时间、地点的十分准确，至于与这些历史事件相配合的"语"，则相对比较详细。这些，都可以说是《事语》类文献的一般特征。

战国时期，像《国语》这种《事语》类性质的书籍或文献资料，流传甚广。例如，20世纪70年代初，长沙马王堆三号汉墓出土帛书中就有一种材料，其写定时间在汉代以前，分为十六章，每章记一事而各不关联，皆属春秋范畴。所记之事不分国别，亦不按年代先后编排。尤其是这十六章记事皆十分简略，每章记事之后必有一些当时政治家或后世贤人君子的议论。这些议论文字的字数多超出记事之文，"使人一望而知这本书的重点不在讲事实而在记言论"①。帛书整理小组根据该书既有史事，又有言论，并所记皆春秋时事的特点，给该书起名为《春秋事语》。马来西亚学者郑良树先生亦指出，《春秋事语》的"文字以记言为主，体裁略如《国语》，盖春秋时教学之书也"②。无论何说，战国时流行有不少《事语》类书籍是不可否认的。当然，帛书《春秋事语》尽管在体裁上略如《国语》，但其内容与史学价值却远不及《国语》，不仅记事简略，记言也很简单，每章仅百十来字，十六章的字数加起来不过两千，有可能只是当时一部普及性读物，这样的书籍自然也不会流传到后世。

　　《国语》作为一部先秦史学名著得以流传于世，很大程度上是因为它是一部具有重要鉴戒意义的书籍。《国语》可以说是我国最早的一部鉴戒类史书。《国语》之对后人富有教育意义，就是希望人们汲取历史的经验和教训，所谓前事不忘，后事之师。这里面恐怕更多的还是希望人们注重前人失败的教训，要记住前人犯过的错误或走过的弯路，懂得历史的鉴戒，以防重蹈给自己国家和家族带来巨大损害的覆辙。我国历史向来就有重视"殷鉴"的传统，注重"以史为鉴"。《尚书·周书》中不少篇章就是周初统治者在讲述殷朝灭亡的历史教训，告诫他的后人要敬畏天命，明德慎罚，怀保小民。《国语》继承并发扬了《尚书》的这个传统，更突出也更直白地表现出要汲取历史教训的精神。《国语·楚语下》记楚叶公子高劝谏令尹子西之语："人求多闻善败，以监戒也。"即是说，人应当多听取一些历史上成功与失败的事例，以此为借鉴，提高警惕。本篇就通过叶公子高之口，谈到了很多春秋时期各国统治者因为疏忽懈怠给自己造成恶果的教训。综观《国语》一书，像这样由贤士大夫对上层统治者所犯错误进行的各种批评与劝谏，包括对他们中一些人的失德之举进行指斥与鞭挞，可以说是不绝于书。从第一卷《周语上》记《祭公谏穆王征犬戎》《邵公谏厉王弭谤》《芮良夫论荣夷公专利》《虢文公谏宣王不籍千亩》开始，到最后的《吴语》和《越语》记吴王刚愎自用、不辨忠奸、不听申胥之谏以致身死国亡，这样的内容占据了《国语》的大多数篇幅。可见《国语》正是要从众多的历史故事中引出教训，给人以鉴戒。值得注意的是，《国语》作者还往往在这样的每一条记载后面，附记每一事件发展的结果或趋势，告诉人们可以获得哪些具体的"鉴戒"。如此谆谆告诫，难怪前辈学者将《国语》比为我国历史上第一部《资治通鉴》，或最早的《经世文编》③。

　　在讲述这些值得鉴戒的历史故事的同时，《国语》一书还塑造了不少刚正不阿、敢于犯颜直谏、头脑清醒且具有远见卓识的谏诤者的形象，他们的谏诤精神及发出的各种"嘉言善语"，同样富有教育意义。尤其是其中一些类似箴言的警句，更是为人称道，千百年来一直脍炙人口。如上引《邵公谏厉王弭谤》中，邵公谏厉王之语"防民之口，甚于防川。川壅必溃，伤人必多。民亦如之"；《周语中》记富辰谏周襄王以狄伐郑及以狄女为后，而倡言"兄弟阋于墙，外御其侮"；《晋语六》记范文子论胜楚必有内忧之语"不有外患，必有内忧"；《晋语八》记医和对赵文子之语"上医医国，其次疾人"。凡此等等，皆可谓经典名句，足以为后世为政者奉为座右铭。后世学者对《国语》的这种鉴戒精神亦推崇备至，称《国语》"一话一言皆文武之道也"④；明代著名史家王世贞更明确地指出："其（指《国语》）所著记，盖列国辞命载书训诫谏说之辞也。商略帝王，包括宇宙，该治乱，迹善败，按籍而索之，斑斑详窍，奚翅二百四十年之行事，其论古今天道人事备矣。"⑤这些评价，都主要针对《国语》一书所具有的鉴戒精神而言的。

　　总之，《国语》是一部记言体史书，是一部记言与记事相结合的"语"类著作，是我国最早的一部鉴戒类史籍。其中，事、语结合，以语为主这一点，又可以说是《国语》不同于其他"语"类文献的体裁。

二、《国语》的作者与其编纂成书的年代

关于《国语》一书的作者，最早给予明确解说的是司马迁，他在《史记·十二诸侯年表序》中说，"鲁君子左丘明……因孔子史记具论其语，成《左氏春秋》"，又在《太史公自序》中说，"左丘失明，厥有《国语》"，是其以《国语》与写作《左氏春秋》即《左传》的"鲁君子"左丘明为同一个人。这个说法对后人有很大影响，班固在《汉书·司马迁传》中就称，"孔子因鲁史记而作《春秋》，而左丘明论辑其本事以为之传，又纂异同为《国语》"，《汉书·艺文志》则在所著录的"《国语》二十一篇"下正式标注"左丘明著"。三国韦昭在其所作《国语解叙》中更补充道，左丘明在为孔子《春秋》作传以后，"雅思未尽，故复采录前世穆王以来，下讫鲁悼、智伯之诛，邦国成败，嘉言善语，阴阳律吕，天时人事逆顺之数，以为《国语》。其文不主于经，故号曰《外传》"。还有很多类似的说法，此处不一一列举。

《国语》为左丘明所作的说法尽管出自权威，但是细究起来，却有不少问题。首先是司马迁说"左丘失明，厥有《国语》"那一段话就禁不起推敲。这段话的原文如下：

> 昔西伯拘羑里，演《周易》；孔子厄陈蔡，作《春秋》；屈原放逐，著《离骚》；左丘失明，厥有《国语》；孙子膑脚，而论《兵法》；不韦迁蜀，世传《吕览》；韩非囚秦，《说难》《孤愤》；《诗》三百篇，大抵贤圣发愤之所为作也。

清儒崔东壁《洙泗考信余录》卷三曾辨之曰："按《史记自叙》自文王、孔子以下凡七事，文王羑里之诬，余固已辨之矣。孔子之作《春秋》，

亦不在于陈蔡;《离骚》《兵法》《吕览》《说难》之作，皆与本传之说互异，然则此言亦未可尽信也。"其在《丰镐考信录》中亦曾加以辨析:"孔子作《春秋》在归鲁以后，非厄陈、蔡之时;《吕览》之成，悬诸国门，是时不韦方为秦相，亦未迁蜀;《屈原传》作《离骚》在怀王之世，至顷襄王乃迁之江南，非放逐而赋《离骚》也;《韩非传》作《孤愤》《说难》皆在居韩时，秦王见其书而好之，韩乃遣非使秦，亦非囚秦而作《说难》《孤愤》也……至《国语》与《左传》事多抵牾，文亦不类，必非一人所作。"

　　崔东壁用举一反三的道理推论《国语》不必作于左丘明，实在是很有见地。今人杨伯峻曾引崔东壁这段话辨司马迁以《国语》归于左丘明之非，并认为，司马迁在《自序》中的这段话是属于写文章，而不是在作史，作史需要严肃核对史实，写文章引古事作为议论的根据时，可随手拈来而不必求其全⑥。所以，我们对于"左丘失明，厥有《国语》"这句话，自应像对待"西伯拘羑里，演《周易》""孔子厄陈蔡，作《春秋》"一样，不必信其真。

　　《国语》非出自左丘明，还因为《国语》所记叙的历史事件有许多是与孔子同时的左丘明无法看到的，如《晋语》提到智伯之亡（在前453年，上距孔子卒已26年），提到赵襄子的谥号（襄子卒于前425年，上距孔子卒已54年），就不是左丘明所能了解到的。《国语》中也有一些预言或占卜之类，如《晋语四》中的姜氏之语:"商之飨国三十一王。瞽史之纪曰:'唐叔之世，将如商数。'今未半也。"表明《国语》之作必在晋亡之后。晋亡于韩、赵、魏三家分晋之年（前376），当然不可能为左丘明所及。

　　《国语》非出自左丘明的第三个理由，是其与《左传》在体例、行文风格及成书方式上均存在很大的差异，显非出自一人之手。这方面的例子，早有学者述及。如唐人赵匡即指出，"《左传》《国语》，文体不伦，序事又多乖刺，定非一人所为也。盖左氏广集诸国之史以释《春秋》，《传》成之后，盖其家子弟及门人，见嘉谋事迹，多不入《传》，或有虽入《传》而复不同，故各随国编之，而成此书，以广异闻尔"（陆淳《〈春秋〉啖赵集传纂例》卷一《赵氏损益义》第五）。清代崔东壁更直接比较二书行文风格之异："《左传》之文，年月井井，事多实录，而《国语》荒唐诬妄，自相矛盾者甚多；《左传》纪事简洁，措词亦多体要，而《国语》文辞支蔓，冗弱无骨，断不出于一人之手明甚。……《左传》一书，采之各国之史，《师春》一篇，其明验也；《国语》则后人取古人之事而拟之为文者，是以事少而词多，《左传》一言可毕者，《国语》累章而未足也，故名之曰《国语》。语也者，别于纪事而为言者也。"（《洙泗考信余录》卷三）

　　上引崔述之语对《国语》颇多贬损，主要缘于不领会《国语》以"语"为主的文体风格，这种文体要将人们对一件事的各种议论摆出来，并进行说教，自然显得"文辞支蔓""累章而未足"，不若《左传》作为纪事之文重在叙事那样简单。就此而论，已见二书不为一人之手笔，实乃古今学者几乎一致的看法。

　　实际上，《左传》与《国语》更大的差异，还在于二书不同的成书方式。据当今学者的研究，《左传》基本上是一部个人的著述，出自一人之手笔（尽管有后人添加或改编的成分）。《国语》则出自众人之手，乃后人编辑成书者。有关《左传》成书的过程及其作者，已有不少学者有过专门研究，其中赵光贤先生便作有《〈左传〉编撰考》[⑦]，可以参阅。至于《国语》之非一时一人所作，则从《国语》各篇内容与风格的不一致，即可充分得到体会。这也是前辈学者早就注意到的。他们指出，《国语》中的《周语》《晋语》《楚语》《郑语》及《鲁语上》的文字风格比较一致，应是较早时期的作品；《鲁语下》多记琐事，甚或撇开史事而专事道德伦理之说教，殆孔门七十子后学之所为；《齐语》一篇全同于《管子·小匡》，盖出自齐国稷下先生之手；《吴语》《越语上》专记二国争霸事而多兵家权谋之语，与《齐语》风格颇为类似；《越语下》只记范蠡一人事，杂以黄老道家之言，又多排体韵文，写作时间当最晚。这不仅证明《国语》非出自左丘明之手，更可证明它的许多篇章的写作实际都要晚于左丘明所处的那个时代。总之,《国语》的作者不是左丘明,而是左丘明前后的一群作者,他们所作《国语》各个篇章的时代不一,风格也不一致,甚至思想也不统一,直到后来才有人将它们编辑成书,才是我们今天所看到的《国语》这个样子。

长期以来,有关《国语》一书的撰述年代及其与《左传》的关系,在学者中存在着不同认识。一些学者以为《国语》的出现应在《左传》之前,成书的年代也应在战国前期。他们看到《国语》中《周语》《晋语》《楚语》《鲁语》诸卷的内容多同于《左传》,甚至许多文句也与《左传》相一致,遂认为这是《左传》参考了《国语》,或者说是抄改了《国语》。由于《左传》的成书最迟被定在战国中期,故《国语》的成书被定在了这之前的战国前期,甚或更早。

这个说法是不对的。此说实是受到了康有为《左传》从《国语》中分出一说的影响,康氏循清今文学家刘逢禄提出的《左传》乃刘歆之伪作说的思路,进一步提出《左传》乃刘歆割裂《国语》而成的判断。他看到《汉书·艺文志》列有《国语》二十一篇,又有《新国语》五十四篇,遂断言,“五十四篇者,左丘明之原本也,歆既分其大半凡三十篇以为《春秋传》(即《左传》),于是留其残剩掇拾杂书,加以附益,而为今本之《国语》,故仅得二十一篇也”⑧。康说遭到包括章太炎、钱穆在内的许多学者的批驳,今已逐渐失去市场,但其流弊所及,仍有不少变相主张《左传》出自《国语》的论调出现。其中最主要且最具影响者,是顾颉刚提出的《左传》为对《国语》的改并一说。顾先生虽没有重复康有为的《左传》从《国语》中分出的谬说,但对刘歆伪造《左传》的说法并未加以否定。他说:“《伪经考》这书,议论或有错误,但是这个中心思想及其考证的方法还是不错的。他虽没有完工,但已指示我们一条继续工作的路。”⑨结果,他即按照刘、康二人《左传》是对“原本《左氏书》之改造”这一“中心思想”,提出《左传》多有“将《国语》中零碎记载加以修改并作一篇者”的断语。他认为《左传》与《国语》的关系是,“《国语》为原料,且为出于各国而不出于一手之原料，《左传》为根据原料一手造成之《传》，"《左传》实在《国语》之后"⑩。

　　上述《左传》以《国语》为原材料改并《国语》的说法值得商榷。不是《左传》改并了《国语》，倒是《国语》中的不少地方从《左传》中摘取史事，再将其改造成一个个独立的文字片断，以体现它作为历史鉴戒的史学功能。这样的判断，是建立在对《左传》《国语》二书文字进行比较的基础上的，《左传》成书实难说是在《国语》之后。

　　这种比较是在二书所记主题内容大致相同的前提下进行的。可以不用费力就能看出，在这种情况下，往往是《左传》的文字风格更为古朴，更接近春秋时人的语气。试以《晋语四》及《左传》僖公二十八年记城濮之战事为例。《晋语》记此事，除增加某些支蔓的情节外，更表现出语言上浅近求俗的特点。其中狐偃就晋战前"退避三舍"一事分析晋楚双方是非曲直的一席话，《左传》谓"师直为壮，曲为老"，《国语》改作"战斗直为壮，曲为老"；《左传》谓"背惠食言，以亢其仇，我曲楚直，其众素饱，不可谓老"，《国语》改作"未报楚惠而抗宋，我曲楚直，其众莫不生气，不可谓老"，二者谁更古拙，一目了然。《左传》又谓"我退而楚还，我将何求？若其不还，君退臣犯，曲在彼矣"，语气质朴，表现了古人先礼而后兵，不一味穷兵黩武的精神；而《国语》改作"若我以君避臣，而不去，彼亦曲矣"，则尽失古意矣。

　　再如，《左传》文公十八年记莒太子弑其君，以其宝玉来奔，宣公命与之邑，季文子使太史克对鲁宣公的一席话，引经据典，可谓长篇大论。《国语·鲁语上》记此事，虽省去了许多典故，但在叙述的关键之处却仍力求将《左传》古拙的语句改得浅近一些。《左传》述宣公之语，仅曰："公命与之邑，曰：'今日必授！'"《国语》记宣公之语则曰："夫莒太子不惮以吾故杀其君，而以其宝来，其爱我甚矣。为我予之邑。今日必授，无逆命矣。"《左传》记季文子使太史克曰："先君周公制周礼曰：'则以观德，德以处事，事以度功，功以食民。'作《誓命》曰：'毁则为贼，掩贼为藏，窃贿为盗，盗器为奸，主藏之名，赖奸之用，为大凶德，有常无赦，在九刑不忘。'"《国语》改作："臣闻之曰：'毁则者为贼，掩贼者为藏，窃宝者为宄，用宄之财者为奸。'使君为藏奸者，不可不去也。"两相比较，可见《左传》的行文风格较《国语》古朴原始。且《国语》省去"周公制周礼曰""作《誓命》曰"等语，亦显示《左传》作者仍保持对周礼、周公所作《誓命》的尊重，《国语》则已不太重视礼乐，这岂非二书处于不同时代的反映？

比较二书文字的第二个发现，是《国语》与《左传》同叙一事，《国语》却往往新增出一些内容以事说教，而这些新增的内容，又多出自较晚的传说记载。如《晋语四》谈到晋文公返国执政后，讨伐过去对自己无礼的国家，当伐及郑国时，"郑人以名宝行成，公弗许，曰：'予我詹而师还。'詹请往，郑伯弗许。詹固请曰：'一臣可以赦百姓而定社稷，君何爱于臣也？'……郑人以詹伯为将军"。此事，《左传》僖公三十年唯记晋与秦人围郑，郑烛之武夜缒出城见秦伯，说之退师，秦留杞子等人戍郑，晋亦解去。是《晋语》所谓叔詹其人其事全属附会。杨伯峻指出，《左传》于僖公七年即言郑以叔詹、堵叔、师叔三良为政，何至到三十年始以叔詹为将军，其为虚构，不足深辩⑪。

比较二书的第三个发现，是其对所记之事，《左传》往往更为准确，也更贴近史实。此可举阎若璩《尚书古文疏证》卷六上的一条评论为例：

地理之学，为从来作书与注书者所难。予尝谓作《国语》之人便不如左氏，何况其他？或者怪其说。予曰，左氏昭十一年，《传》："楚子城陈、蔡、不羹。"杜注云："襄城县东南有不羹城，定陵西北有不羹亭。"十二年《传》："'今我大城陈、蔡、不羹'，对曰：'是四国者，专足畏也。'"杜注云："四国：陈、蔡、二不羹。"予考之《汉·地理志》，颍川郡有东不羹，在定陵；有西不羹，在襄城，恰列为二，杜氏之言盖是也。作《国语》者不通地理，认不羹为一，谓之"城三国"。……以知左氏之作，杜氏之注，皆精于地理如此。

按：与《左传》昭公十二年上述记载相对应的《国语》有关记载，出现在《楚语上》，《国语》作者当是在抄摘《左传》这段史事时，只看见灵王"我大城陈、蔡、不羹"之语，未顾及下面"对曰"中的话语，以为"对曰"所谓"四国"与灵王之语冲突，径改"四"为"三"（古"四"字为"三"上叠加一小横）。《国语》的这个错误，固是其不通地理所致，但亦反映了其成书是在《左传》之后这一事实。

为省篇幅不再继续列举了。总之，通过以上比较，可以清楚地看到，不是《左传》利用和改并了《国语》，而是《国语》利用了《左传》原文，并对其所记历史故事或人物话语进行了加工处理。这些，都充分说明了《国语》的产生应是在《左传》之后。目前多数学者的意见是将《左传》的成书年代定在战国前期到中期这一段时间内，既然《国语》许多篇章的撰述是在《左传》之后，那么整部《国语》作成的时间被判定在《左传》成书以后的战国中期或稍后，自然是没有什么问题的。

《国语》最终经由某位编者的编辑而成书，就是我们今天看到的二十一卷本《国语》。从这二十一卷本《国语》的内容及编排顺序看，《国语》的编辑无疑受到了《左传》的强烈影响。首先，《国语》各篇除《周语上》和《郑语》之外，所记都是春秋史事，可以说基本与《左传》保持了一致。尤其是其记事的下限与《左传》均迄于晋智伯之亡，更表现出《国语》是按《左传》的叙事范围设定其所收篇目的时代下限的。其次，《国语》"以国分类"，所选取的周与鲁、齐、晋、郑、楚、吴、越等七个诸侯国，实际也是《左传》记述最多的春秋史上周与其他几个最主要的诸侯国。齐、晋、楚、吴、越是"春秋五霸"，郑是"五霸"之前的"小霸"，周、鲁则具有特殊的政治身份。总之，它们都是《左传》中最主要的政治角色，所以很自然地被《国语》用来当作纲目，以编次各国政治家的言论和政论。

更重要的是,《国语》对周与七个诸侯国的排序,也是按照《左传》"据鲁尊周""内华夏而外夷狄"的思想来编排的。《国语》的编定已近战国中后期,其时周、鲁二国均已接近苟延残喘,早已失去政治影响力,《国语》的这种排序若非按照《左传》的这个思想去理解,怕是找不到别的解释了。

关于《国语》的编定时间,前人有不同的认识,但多以为是在战国前期。和我合作点校《国语集解》的王树民先生也只是笼统地说:"《国语》的编定,不能早于战国时期。"[12] 我在上文说,《国语》的成书应在战国中后期,这个说法亦欠清晰,有必要再做一些补充说明。

按《国语》一书与《左传》一样颇多预言,其中一个预言是《晋语四》中的姜氏之语:"商之飨国三十一王。瞽史之纪曰:'唐叔之世,将如商数。'今未半也。"表明《国语》成书必在晋亡之后。晋亡于公元前 376 年韩、赵、魏三家分晋,或曰亡于公元前 349 年晋末代君主悼公为韩人所杀[13],是《国语》的成书不得在这两个年份之前。我们或可将其作为《国语》成书的上限。

至于《国语》成书的下限,也有两条比较清楚的线索:一是《晋书·束皙传》记西晋时发现的魏襄王墓中有"《国语》三篇,言晋楚事",学者多认为此"言晋楚事"的《国语》即今本《国语》。魏襄王卒年为公元前 299 年,是《国语》的成书当在此前。二是近年出土的《清华大学藏战国竹简·系年》中有出自《国语》的内容:一则记"宣王是始弃帝籍弗田,立卅又九年,戎乃大败周师于千亩",略同于《国语·周语上》"宣王即位,不籍千亩","三十九年,战于千亩,王师败绩于姜氏之戎"之文;一则记"平王走西申,幽王起师,围平王于西申,申人弗畀",与《郑语》记"王欲杀太子以成伯服,必求之申,申人弗畀"亦大致相同。稍加比较,知《系年》文在《国语》之后,表明《国语》的成书一定是在《系年》之前。清华简的年代经鉴定在公元前 305 年左右,此年代与魏襄王的卒年相距甚近,看来这两个年份均可作为《国语》成书的下限。

如果我们将以上四个有关《国语》成书年代的数据合观,定《国语》

的成书年代在公元前 350 年至前 300 年这段时间之内，想必是较为符合史实的。

最后谈谈《国语》编定者的有关问题。由于载籍缺略，要指明《国语》编定者的真名实姓是很困难的，但是要讨论这位编者所处战国时期的国籍，应该还是可行的。从《国语》一书所包含的八国之语的分量及具体内容看，我们首先可以确定它不会出自"鲁君子"或其他鲁国人之手。《国语》共二十一卷，其中《周语》三卷、《鲁语》二卷、《齐语》一卷、《晋语》九卷、《郑语》一卷、《楚语》二卷、《吴语》一卷、《越语》二卷，《晋语》的卷数几乎占全书的一半。非但如此，其他各国之语亦多与晋事有关，如《周语》各卷涉及晋事者就有十二章之多，其中《阳人不服晋侯》《单襄公论郤至佻天之功》《单襄公论晋将有乱》《单襄公论晋周将得晋国》等章直言晋事，与《晋语》几无差别。由此可见，《国语》的编者不仅十分熟悉晋国历史，而且偏爱晋国，因此可以相信《国语》出自晋国的后人，即三晋人之手。

循此线索，我们又可以进一步发现，《国语》除对晋国历史上重大事件的记叙之外，其结合这些事件对于晋国诸卿族的记述，又是独以记赵氏之事为多的。在晋卿赵氏家族的发展史上，像赵衰、赵盾（宣子）、赵武（文子）、赵鞅（简子）、赵无恤（襄子）这几位被任命为晋卿的赵氏家族重要人物的活动，在《国语》中都有较详细的记述。相反，对于三晋中韩、魏两家在晋国的发展史，《国语》却少有记述，加起来殆不足赵氏宣、孟以下任何一位晋卿的笔墨。特别是《晋语九》一卷，所记几乎完全是赵简子、赵襄子二代人的业绩，并往往脱离晋国历史主线专门记述简、襄二位家主与其臣下对答之语，等于专记赵氏发家的历史。总之，凭着《国语》编者对赵氏家族的偏爱并大量选辑有关赵氏祖先的活动，我们同样有理由推测，《国语》不仅可能出自三晋后人，更可能出自赵人之手。

说《国语》出自战国赵人之手还有一个重要的理由，就是该书使用了对赵氏祖先避讳的文字，见于《晋语九》之《邮无正谏赵简子无杀尹铎》

章，其记赵简子手下大夫有邮无正者。此邮无正，《左传》作邮无恤。"无恤"当为正字，《晋语》之作"无正"者，清梁玉绳《〈汉书〉古今人表考》曰："当是避赵襄子名改。"原来，赵襄子名无恤，《国语》为避讳才将"邮无恤"改作"邮无正"的。设若《国语》一书不是赵国人所编，他何必要避赵氏祖先的名讳呢？此似可作为《国语》一书出自赵人之手的一个旁证。

三、《国语》的流传与版本

　　《国语》自战国中后期成书之日起，大约就已有了今所见二十一卷本《国语》的文字规模与篇章结构。相应地，其文字也很快被人引用。《韩非子·说疑》中有"其在记曰：'尧有丹朱，而舜有商均，启有五观，商有太甲，武王有管、蔡'"等语，其"记曰"以下，便出自《国语·楚语上》之《申叔时论傅太子之道》章。汉初，《礼记·檀弓下》及贾谊《新书·礼容下》亦有大段文字引自《国语》。司马迁作《史记》，更以《国语》作为史料的主要来源之一。如《国语·周语上》记周穆王至周幽王诸事，便几乎全部被《史记·周本纪》及《鲁世家》所取，《国语》中的《吴语》及《越语》，亦是《史记·吴太伯世家》及《越王勾践世家》的主要取材对象。当然，我们更不能忘记的是，《史记》第一次提出了《国语》的书名，并把它与左丘明及《左传》联系在一起，其后刘歆引《国语》而称之为《春秋外传》（见《汉书·韦贤传》附其子韦玄成传），显然是受到了司马迁这个说法的影响。东汉以下，班固、王充、刘熙等人无不称《国语》为《左氏春秋》之外传，如王充《论衡·案书》称："《国语》，《左氏》之外传也。《左氏》传经，辞语尚略，故复选录《国语》之辞以实，然则《左氏》《国语》，世儒之实书也。"魏晋以后，书录所题，更皆曰《春秋外传国语》。虽然《国语》一书并非出自左丘明，我们上文也已作过辨析，但"外传"这个说法却使《国语》获得了"准经典"的地位，这无疑有利于《国语》的传播。

出于对《国语》的重视，也因为《国语》在社会上的广泛传播，汉晋时期不少学者，包括东汉的郑众、贾逵，三国时魏国的王肃，吴国的唐固、虞翻、韦昭，晋孔晁等，都曾为之作注。至唐初，除郑众《国语章句》外，其余各家所作《国语》的注本尚多存于世，其书目见于《隋书·经籍志》。盖经过唐末五代之战乱，典籍亡佚，致各家所注《国语》陆续失传，唯韦昭《国语解》独存于世。好在此书保存了前贤部分成果。据韦昭《国语解叙》称，其所作《国语解》是在汲取贾逵、虞翻、唐固等人部分注释的基础上，再"参之以五经，检之以《内传》，以《世本》考其流，以《尔雅》齐其训，去非要，存事实"，才得以完成的。今考见韦昭所作《国语》注，确实称得上是简明扼要，于《国语》中名物、制度、史事，乃至字词都作了比较详实而精到的训释或校注，尤其是它能够结合《春秋》《左传》有关记述，使之与《国语》一书相互合观，更增加了读者对于《国语》的理解，因而受到后人的称赞，直可以与杜预注《春秋左传》相媲美。

北宋时期，注重文教。仁宗年间，有学者宋庠对《国语》及韦《解》加以整理，并作《国语补音》三卷，成为《国语》在当时的主要传世之本。因宋庠字公序，此本被称作公序本。与之同时或稍早，又有仁宗明道年间不知名者所刊之本，但不如公序本流行。至清中叶，乃有黄丕烈重刊之，并为之作了校勘札记，题名《校刊明道本韦氏解〈国语〉札记》。嗣后公序本与明道本并为《国语》的两种通行本子。

宋公序以下至清初，虽有韦氏注《国语》的流传，却少有为之做进一步研究的学者。清代朴学大兴，重新为此书作校注并做深入研究的学者为数甚多。这些学者的工作大致可分两类：一为全刊《国语》本文及韦《解》更加附注者，是为补注性质；另一种则仅摘列《国语》及韦《解》有关文句加以校勘诠释，为发明考异性质。其中做后一种工作的人居多。这里面最重要的首推嘉庆时的汪远孙，其所作《国语校注本三种》，包括《三君注辑存》（"三君"指贾逵、虞翻、唐固）四卷、《国语发正》二十一卷、《国语明道本考异》四卷，皆极具学术价值。其他如刘台拱的《国语校补》、汪中的《国语校文》、陈瑑的《国语翼解》等，皆属此类性质。此外，王引之《经义述闻》、俞樾《群经平议》中，也都含有关于《国语》的重要校释成果。全刊《国语》、韦《解》并为之补注者，较早有董增龄的《国语正义》，正文依公序本，韦注加"解"字，《正义》则加"疏"字以别之。清末民初有吴曾祺的《国语韦解补正》，使用明道本，采撷各家之说甚多。其后有沈镕撰《国语详注》，唯存《国语》正文，摘列重要词句，略加诠释，其性质为重注而非补注。

有清一代学术成果的积累，最终导致民国时期一部总结性的《国语》校注本的出现，即徐元诰的《国语集解》。是书 1930 年由中华书局印行，在全刊《国语》本文及韦《解》的基础上，选择各家有关校勘及注释文字，参以己见，使历来《国语》研究成果备于一炉。在校勘方面，为求《国语》原貌，其兼采公序与明道两个本子，择其是者而从之；在注释方面，有为韦《解》未采而为汪远孙《辑存》所收辑的贾逵、唐固、虞翻三君的注，但更多的是清人的各种注释。《集解》除援引众长之外，或于某些缺注之处及不够完善之处补注之，或对前人某些错误之处修正之。尽管其具体工作不免有粗疏乃至谬误之处，但能容纳清代以来各家校释《国语》之成果，兼以编撰体例之完善，仍是瑕不掩瑜。此书近年经王树民、沈长云二位学者整理并作校点后由中华书局重新出版，在最大程度上弥补了徐氏因工作粗疏而导致的讹误，可称目前《国语》校注本之最佳者。

中华人民共和国建立以来，学者有关《国语》点校及注释工作的成果尚多，其中影响最大者，莫过于上海师范大学吴绍烈等人点校整理的《国语》。该书 1978 年由上海古籍出版社出版，包括《国语》本文及韦《解》，以《四部备要》所收士礼居翻刻的明道本《国语》为底本，参校《四部丛刊》影印明代翻刻的公序本，并吸收了一些前人的校勘成果，体例适当，点校精审。特别是对《国语》各卷下面的各个篇章按内容拟定了标题，颇便于读者的阅读及检索。其后各位学者撰写的各种《国语》译注，率多采用这个本子及所拟各篇标题，说明其已得到多数学者的认同。

　　《国语》的版本情况总体来说比较简单，也比较清晰。现存各种《国语》的校注本实际只来源于两个版本系统，即公序本与明道本，它们都出自北宋仁宗年间。公序本乃其时学者宋庠整理之本。据黄丕烈《校刊明道本韦氏解〈国语〉札记》叙文称：“《国语》自宋公序取官私十五六本校定为《补音》，世盛行之，后来重刻，无不用以为祖。”故公序本又称《国语补音》本。宋庠以仁宗天圣初年中进士第一，与弟祁皆有文名。宋祁与欧阳修同修《唐书》，宋庠校定《国语》亦颇精审，故其书为世所重而成为主要的传世之本。至明嘉靖年间为吴郡金李泽远堂翻刻，人或称金李本。清修《四库全书》，亦用公序本，足见清初以前公序本之流行。

　　明道本旧题“天圣明道本《国语》”，“天圣”为宋仁宗年号，“明道”则宋仁宗改元后之年号。据汪远孙《国语明道本考异序》，是书为宋仁宗明道二年（1033）以仁宗天圣七年（1029）本为据而重刻。其与公序本皆刊于宋仁宗年间，孰早孰晚，殊难判断，或明道本稍早。唯明道本藏于民间，为世人所罕见。至清代中期，乃有藏书家黄丕烈将之收入《士礼居丛书》，并据以翻刻，大得学者赞誉。至此，明道本才得以与公序本一道流行于世。嗣后，吴曾祺《国语韦解补正》即用明道本。再往后，公序本系统的金李泽远堂翻刻本《国语》为商务印书馆《四部丛刊》所收，黄丕烈的《重刊明道二年〈国语〉》则为中华书局出版的《四部备要》收入。近人有重新校注《国语》者，或以其中一种为底本，而以另一种为参校，以二者皆为《国语》（包括韦《解》）可靠的本子。

四、《国语》的主要内容

　　《国语》是汇集我国春秋时期（包括部分西周时期）政治人物或贤人君子对时政、社会所作议论的语体类著作。全书七万多字，按上述人物的国别分类，分作周室及鲁、齐、晋、郑、楚、吴、越七个诸侯国之语（俗称八国之语）。其中《周语》三卷、《鲁语》两卷、《齐语》一卷、《晋语》九卷、《郑语》一卷、《楚语》两卷、《吴语》一卷、《越语》两卷，共计二十一卷。每卷之下，又包括若干独立的篇章，按年代先后排序，分别叙述这些人物的有关话语，共计 243 篇左右。其采纳这些人物活动的时间范围，上起西周穆王征伐犬戎（约在前 10 世纪中叶），下迄春秋末年赵、魏、韩三家灭智伯（前 453），共计 500 年左右。

《国语》中上述人物的活动或关乎西周春秋时的重大历史事件，如穆王征伐犬戎、厉王专利及被流于彘、宣王不籍千亩及败于姜氏之戎、西周的败亡、齐桓公称霸诸侯、秦晋韩原之战、晋文公称霸及晋悼公复霸、齐晋鞌之战、晋楚弭兵、吴楚柏举之战，以及吴越争霸，等等；或关乎各国内部的政治斗争和治乱兴衰，如两周之际王室的内乱及走向衰落、齐国管仲实行的内政改革、晋国诸卿族的兴衰、楚灵王及楚平王时期的内乱、越王勾践的励精图治，等等。其中人物包罗的范围广泛，不算这些国家的君主，仅仅春秋时期的人物，就可以列出鲁国的臧文仲、展禽（即柳下惠）、叔孙穆子、孔丘，齐国的管仲，晋国的狐偃、赵衰、臼季、赵盾、魏绛、叔向、赵简子，楚的椒举、左史倚相，吴国的申胥（即伍子胥），越国的文种、范蠡等一大批有名之人；或关乎社会的礼仪与行为道德，如各章所述一些政治人物及道德君子对各种违反礼仪道德行为的批评，以及对维护传统礼仪道德行为之人的表彰。《国语》通过这些人物的各种言论，包括他们对所处社会各种事件、人物的评论、褒贬，对各国政治外交的谋划与建议，对在上者的批评与箴谏，表现了他们的政治主张和政治智慧，以及他们的道德伦理修养。借助这些人物的活动及主张，《国语》向人们展示了西周春秋时期的历史进程及广阔的社会活动场景，同时表达了自己的价值取向。

《国语》所分周语与其他七个诸侯国之语，彼此篇幅差别很大，风格也不一致，为使读者更加全面地了解《国语》一书的整体结构和思想内涵，我们按原书顺序，对各国之语的内容分别做一些简要的介绍。

《周语》，共三卷三十三篇。其中《周语上》主要记述西周中期以来周王室的一系列弊政，以及朝廷公卿大夫为谏止周王所说的一些话语，包括祭公谋父谏止穆王征伐犬戎，密康公不听其母的劝告而致恭王灭密，邵穆公谏厉王弭谤，芮良夫论荣夷公实行专利对国家的危害，虢文公谏宣王之不籍千亩、又谏宣王之干预鲁国立君，樊仲山父谏宣王料民于太原，以及西周三川皆震伯阳父论西周将亡，等等。《周语上》的其他几篇及《周语中》《周语下》所记载的，则是春秋时期东周王室所发生的一系列重要历史事件，以及周王、周室贵戚大臣的一些言谈话语。这些事件包括周惠王时期的王子颓之乱，周襄王时的伐郑并以狄女为后，以及接下来的王子带之乱，周景王时的铸大钱，又铸大钟，等等；周王话语则包含周襄王拒晋文公请隧及拒杀卫文公之请，以及周定王对晋侯不用全烝之礼的辩白。从周室发生的这些事件和周王所说的这些话语中可以看出，东迁以后的周王室仍在竭力使用礼乐制度来维护自己的宗主地位，却无奈何周室日渐衰微的颓势。其所记周贵戚大臣的言论，既包含他们对王室行为所发出的一些谏议，也包含他们对列国政治所做的各种评论，这些也都有助于我们对春秋时事政治的考察。

《鲁语》分为上、下两卷，共三十七篇。大致《鲁语上》记鲁庄公至鲁成公时事，《鲁语下》记鲁襄公至鲁哀公时事，共涉及春秋时期鲁国二百年左右的历史。其所记鲁国贤士大夫及上层人物之言论，多旨在维护西周以来施行的礼仪制度与道德行为之准则。如《鲁语上》之《曹刿谏庄公如齐观社》《夏父展谏宗妇觌哀姜用币》《展禽论祭爰居非政之宜》《里革更书逐莒太子仆》，《鲁语下》之《叔孙穆子谏季武子为三军》《叔孙穆子不以货私免》《孔丘非难季康子以田赋》，以及公父文伯之母论礼仪制度诸篇。盖鲁国于春秋仅为中等国力的国家，其可夸耀者，乃是其仍保有周代的礼乐传统。《鲁语下》后面几篇记孔丘博物之言论，已超出讲礼的范围，但考虑到孔子为鲁之闻人，此记叙仍属正常，不过其作成时代显然较别的篇章为晚。

《齐语》仅一卷，但分作八章，集中讲述了管仲辅佐齐桓公称霸的全过程。前面几章记叙管仲向齐桓公进献的各种治国方略，包括所谓"三其国而五其鄙""作内政而寄军令""相地而衰征"等改革措施，以及"亲邻国""足甲兵"之类具体的军事外交政策。后三章则讲述齐桓公建立霸业的历史过程，包括他尊王攘夷的一系列具体做法。这些应是先秦史书中有关齐桓公称霸最早且最详细的记载。

与《齐语》风格不同，接下来的《晋语》竟有九卷一百二十七篇之多，几乎占了《国语》全书一半的篇幅。其所述晋国历史，上起晋武公伐翼，下迄晋三家灭智氏，几乎贯穿了春秋之始末。其所记具体内容，则多涉及晋国历史上的重大事件。其中，《晋语一》至《晋语四》述晋武公至晋文公五世近九十年的历史，包括武公时的并晋、献公时的宫廷内乱及伐灭虞虢、惠公时的秦晋韩原之战，以及公子重耳的流亡与其返国后同楚国进行的城濮之战和称霸诸侯等。《晋语五》述襄公、灵公、成公三朝之事，却主要记载了赵宣子（赵盾）的言论事迹，以及郤献子（郤克）等人在鞌笄之役（即晋齐鞌之战）中的一些表现。《晋语六》主要记晋卿范文子对晋楚鄢陵之战的反对意见，及鄢陵战后晋公室与诸卿族间发生的争斗。《晋语七》主要记晋悼公复霸诸侯，包括魏绛的"和戎"主张对悼公复霸诸侯所起的作用。《晋语八》记晋平公时诸卿大夫之言论与其活动，尤记平公朝贤大夫叔向之言论与事迹。《晋语九》记晋六卿的活动与其相互间的争斗，尤记赵简子、赵襄子为奠定赵氏基业所做的努力。总的看来，《晋语》前半部分多言及晋公室之事，后半部分则多言诸卿族之事，显示出晋公室逐渐衰微并最终被诸卿族取代的发展趋势。

《郑语》也仅有一卷，但内容却十分重要，因为它记述了两周之际的政治形势，借用史伯对郑桓公的一番话语，指出周室因内部的腐朽即将崩溃，四周的蛮、荆、戎、狄正给周人造成威胁，而周室封建诸侯中的齐、晋、秦等大国及楚人将代之兴起。郑国为躲避这场祸乱，只能东迁到诸大国与蛮、夷、戎、狄势力达不到的济、洛、河、颍之间。以上对两周之际史事的描述，不见于其他文献资料，因而显得弥足珍贵。

《楚语》共两卷十八篇。所记叙的仅为楚庄王以后的人物故事，更着重记叙了楚灵王时期楚国的内乱及其所发生的社会背景，以及吴楚柏举之战前后楚政坛上一些有关人物的活动与言谈话语。此外，也通过申叔时与观射父这两位楚之闻人的有关言论，记叙了楚国在教育与礼仪方面施行的一些制度，这也从一个侧面反映了楚国社会发展的状况。楚国虽被一些中原国家称作蛮夷，但同样在发展华夏的礼仪文化，并取得了成绩。

《吴语》一卷，共九个篇章，集中记载了吴王夫差时期的史事，包括夫差与越王勾践的和战、夫差伐齐、夫差与晋人在黄池之会上争做盟主，以及勾践最终灭吴等。在与越有关的篇章中，又特别记叙了吴国的申胥（即伍子胥）力谏夫差许越媾和，以至被夫差赐死的经过。以后司马迁作《伍子胥列传》，即取材于此。

最后是《越语》两卷。上卷仅《勾践灭吴》一章，乃是从越国的角度集中书写了勾践从会稽战败，被迫卑辞求和于吴，到经历十年生聚，以至最终起兵灭吴的全过程；下卷则分作多个篇章，反复记载了越的谋臣范蠡对勾践进献谋吴的策略，还有他功成名就后退居五湖的人生结局。上下卷的风格颇不一致，尤其《越语下》记范蠡之语中颇多黄老道家乃至阴阳数术的内容，学者将其与近年发现的长沙马王堆帛书中的《黄帝书》加以比较，发现二者有不少共通之处。《黄帝书》的年代，一般认为是在战国中期左右，这对于《越语下》乃至《国语》全书的成书年代，应是一个很好的参照。

以上是按历史顺序和历史事件发生的过程对《国语》下设各国之"语"所做的简单介绍，但是《国语》一书毕竟是以记述各国贤士大夫的"嘉言善语"为主，所以我们欲求深入了解《国语》的内涵，还须了解贤士大夫"嘉言善语"的内容及其思想主张。目前已有学者对这个问题进行过深入探究，指出这些具有思想教育和鉴戒意义的言论大致可分作四大类：一是有关预见邦国成败、分析情势的言论。如周内史过预言晋惠公必然败亡，周内史兴预言晋文公必然成就霸业（《周语上》），周太史史伯向郑桓公预言西周王室的垮台及秦、晋、齐、楚等诸侯的代兴（《郑语》），吴国伍子胥谏吴王对心腹之疾的越国麻痹大意，预言吴国最终必亡于越（《吴语》），等等。二是有关西周春秋各国典制和礼法的言论。如臧文仲在鲁僖公面前谈论所谓"五刑"的刑法制度（《鲁语上》），伶州鸠为周景王言古之音律（《周语下》），鲁展禽论古代禘、郊、祖、宗、报诸祭祀之制（《鲁语上》），晋文公流亡归国后施行的"公食贡，大夫食邑，士食田，庶人食力，工商食官，皂隶食职，官宰食加"的等级制度（《晋语四》），等等。三是有关道德伦理的言论。这方面的例子不胜枚举，既有贤士大夫们对有道德操守、廉洁奉公之人的表扬，也有对贪官污吏、寡廉鲜耻之人的讽刺与揭露，更有对上层统治阶级如周厉王、周幽王、晋厉公、楚平王等失德之君的批评与指斥，凡是之类，均表现出春秋贤士大夫们基本的价值取向。四是有关古史资料和远古传说的议论，这是贤士大夫们借用春秋以前史事讽喻当今，更好说明自己主张的手段[14]。以上四个方面的内容，往往互相交叉，但最终却都落实到贤士大夫们"保民""重民"的"民本"主张之上。贤士大夫们所讲求的道德伦理固然脱离不了以民为本的思想主张，其所论古今一些邦国的成败，也是以它们的统治者是否"恤民"、是否"布德于民"为依归的，就是所举上古三代乃至传说时代的古帝王的史事，也都是他们"有大功于民"的伟绩。这些都反映了《国语》产生的那个时代的主流思想意识。

由于《国语》全书篇幅较大，为便于普及，本书只能节选其中部分篇章介绍给读者。对于选择什么样的篇目，本书有以下几点考虑：

首先，要保持《国语》全书的基本架构，并保留那些脍炙人口的具有代表性的《国语》篇章。对于《国语》二十一卷所记周与鲁以下七个诸侯国之语，我们拟每一卷都有所选取，但每卷所选的篇目在比例上不一定保持一致。

其次，从史料价值上考虑，尽量选择史料价值较高或不见于其他同时期典籍记载的篇章。如《国语·周语上》及《郑语》记有《左传》未曾记载的西周史事，我们便尽可能地予以保留；《吴语》与《越语》中叙及的吴越争霸事，他书语焉不详，亦多予以保留。还有一些出自各种人物之口的夏、商、西周乃至更早时期的传说故事，也是我们尽可能予以保留的对象。

三是从思想史角度，选择那些可为我们治国理政提供借鉴的案例，以及那些可以作为后人道德修养之榜样的人物故事。这既是我们对于古代优秀传统文化的传承，也是当前思想文化建设的需要。

最后，从文学史或文艺美学上考虑，选择那些在中国散文史上，特别是在历史散文和议论文体的发展史上具有典范性质的篇章。例如《古文观止》所收《国语》11 个篇章，全部选入了本书。

需要说明的是，《国语》原书中有一些符合上述条件的篇章未能选入，因为它们或者内容太过专业，如涉及古代的天文、音律等知识，普通读者恐难阅读；或者主要内容在《左传》中已有大致相同的记述。这些并不意味着其内容本身不重要。

五、《国语》在学术史上的地位及当代价值

作为先秦时期成书并流传至今的我国重要典籍，《国语》在学术史上的地位及当代价值是毋庸置疑的。

1.《国语》的史料价值

《国语》和《左传》作为我国最早的两部史学名著，保存了中华民族上古时期最多的历史记忆。同《左传》相比，《国语》主要是以记言的方式显示春秋时期的历史，《左传》则是以记事的方式直接记录下春秋各国的历史。《国语》有许多篇章是以《左传》所记载的历史事件为背景的，

在这些篇章里,《左传》所记载的历史事件因有《国语》所记这些人物的语言活动而显得更加充实和更具有故事性。如《晋语四》记晋公子重耳流亡诸章,因较《左传》补充了跟随重耳流亡的狐偃、赵衰一路上的许多话语,还补充了重耳在齐国所娶的姜氏劝重耳勿怀安逸的话语,以及其他一些场合中人物的话语,从而使人们对重耳这段流亡经历留下了更加难忘的印象。

除这些相同主题的记载之外,《国语》还有许多内容是《左传》不曾记载,或仅有一些简单的记载而语焉不详的。最明显的是《周语上》记载的西周穆王、恭王、厉王、宣王、幽王时的一系列重要历史事件,以及这些事件牵涉到的一系列重要历史人物(见上节所述)。这些事件、人物在《左传》中无一被提及。此外,《郑语》记郑国的东迁,及与之相关的两周之际王室衰败与混乱的情形,亦为《左传》所不及。设若没有《周语》和《郑语》的记载,西周这些重要的史事,岂不是要永远被埋没?

即使是春秋时期的史事,也有许多为《左传》所忽略,而在《国语》中却有着较详细的记载。如管仲佐齐桓公称霸诸侯,《左传》仅记载齐桓公对外的尊王攘夷的举措,及与诸侯举行的一系列盟会,而于齐国内部事务的改革,却无一句提及;《国语·齐语》则通过管仲与齐桓公的一番长篇问答,详细记述了齐国所实行的政治军事制度改革。又如吴越二国的争霸,《左传》仅从吴国的角度记述了吴王夫差从败越到最终为越所败的过程,《国语》则不仅记载了吴越二国的争斗,更详细记述了越王勾践在会稽战败后如何忍辱负重,在范蠡、文种等一干贤臣的辅佐之下如何奋发图强、积聚力量最后灭掉吴国的曲折经历。《左传》所记仅见于《国语》中的《吴语》部分,《国语》描述勾践图谋灭掉吴国的经历则不仅见于《吴语》,更有《越语上》《越语下》专门述及其事。今日大家耳熟能详的越王勾践卧薪尝胆的故事,应当说首先是来源于《国语》的这些记载。

此外,在周、鲁、晋、楚诸国之语中,也都还有一些不见于《左传》的历史人物故事和典章制度。如《鲁语》所记孔丘"博物"之事,及公父文伯之母守礼之事，《晋语》记赵简子、赵襄子之任贤，及赵、魏、韩三家联合伐灭智伯之事，等等。其中三家灭智伯一事，《左传》仅于全书篇末提到"知伯贪而愎，故韩、魏反而丧之"一句模糊的话语，根本不能反映这一重要历史事件的原委；《国语》则用多个篇幅较详细地记述了智伯的不行仁义、刚愎自用，以致与赵、魏、韩三家产生矛盾，最后在晋阳被三家所灭的全过程。至于《楚语》，其所记长篇大论，如《申叔时论傅太子之道》《伍举论台美而楚殆》《观射父论绝地天通》《观射父论祀牲》，或论及楚的教育制度，或揭露楚统治阶级的"聚民利以自封而瘠民"，或追忆楚传说时代的历史，或论及楚国的祭祀制度，应当说，这些记载都具有很重要的史料价值，并反映了楚国历史文化的某些特点，它们也都不见于《左传》。总之，《国语》虽不及《左传》那样记事系统而全面，却也有许多独具价值的宝贵历史文化资料。

　　尤为可贵的是，《国语》借西周春秋时人物之口，记述了许多西周以前，包括夏商乃至更早的五帝时期的人物和故事。在这一点上，《国语》也正同于《左传》。可以说，《国语》与《左传》保存了中华民族最多的古老历史记忆。不过，《国语》所记述的有关夏商及五帝时期历史的具体内容，却与《左传》不相雷同。如《国语·晋语四》借司空季子之口记黄帝与炎帝的发祥，称"昔少典娶于有蟜氏，生黄帝、炎帝。黄帝以姬水成，炎帝以姜水成"，又称黄帝之子二十五人，"其得姓者十四人为十二姓，姬、酉、祁、己、滕、箴、任、荀、僖、姞、儇、依是也"；《国语·楚语下》记颛顼命南正重司天以属神，命火正黎司地以属民，使"绝地天通"；《国语·郑语》记楚祖先的历史并追溯到祝融八姓的分蘖繁衍与其兴衰，凡此均是研究我国五帝时期历史的第一手宝贵资料。而有关夏朝历史及相关禹治洪水的事迹，其记述全面且更仔细者，则莫过于《国语·周语下》记灵王太子晋对灵王的一番劝谏之语，其中不仅谈到了禹治洪水所采取的"疏川导滞"的方法，还谈到禹治水成功后，"皇天嘉之，祚以天下，赐姓曰'姒'，氏曰'有夏'"，即夏王朝的建立，这是言禹治水方法及治水成功最明晰的文献记载。至于商朝,《国语》亦有多处提及,如为后人广泛传颂的商王武丁默以思道,求得贤才傅说以为辅佐的故事,即出自《国语·楚语上》的记载。

值得一提的是,《国语》所记这些有关春秋和春秋以前的史事,大多为司马迁《史记》所采纳,《史记》自《五帝本纪》《夏本纪》《殷本纪》,特别是《周本纪》,都有不少直接取材于《国语》者,一些重要诸侯国的《世家》,也多取材于《国语》。这也表明《国语》所记史事的重要性和可信性。

2.《国语》在中国史学史上的重要地位

从史学史或历史编纂学的角度看,《国语》所具有的重要学术地位也是不言而喻的。一是它创设了以记言为主的史学体例。其所记之"言",并非普通场合下人们的对答之语,而是贤士大夫的"嘉言善语",即如《释名·释典艺》所称,《国语》乃是"记诸国君臣相与言语谋议之得失也"。其目的,是要让后人从这些贤士大夫对历史事件和历史人物的臧否或评论中"求多闻善败以监戒"。这些都毫无疑问为后人,特别是以后的为政者起到了借鉴或警示的作用。也正因为如此,这种史学体例在中国史学史上具有了独特的意义。著名史家白寿彝曾将其比作我国历史上"第一部《经世文编》",后来的各种奏议、言行录、总集之类书籍,即由《国语》而开其端的^⑮。其中唐代吴兢所著《贞观政要》一书,更是直接仿效《国语》,收辑"邦国成败,嘉言善语"的名著。

其次,《国语》分国记载春秋时期各主要国家贤士大夫言论的做法,开创了我国国别史史书的先例。唐刘知幾《史通·六家》篇即将《国语》列为"六家",即六种不同史学体裁之一的"国语家"(今称为"国别史")之首,给予《国语》很高的史学地位。鉴于我国历史上不断有因各种原因造成的分裂割据的时期,因而《国语》这种体例自然影响到了后世一大批史学著作。白寿彝先生亦将这些史著大致分作三类:"大约言之,《国策》(即《战国策》)、《十国春秋》《十六国春秋》是一类;《三国志》《北史》是一类;《史记》自吴太伯以下十六《世家》、《晋书》的三十《载记》又是一类。这都是继承了国别为书的方法，而又各有所不同。"⑯

再者，是《国语》在历史叙事上的成就。这也是《国语》成为先秦史学名著的又一重要价值所在。具体可总结出以下诸项：一是"记言"与"记事"紧密结合；二是恰当运用对比手法；三是多方位、多层面展现历史进程的复杂性与生动性；四是恰当地运用"纪事本末"的叙事方法，对一些重要事件能选取好的角度，把握重点，原原本本地写出事情产生、发展、演变的来龙去脉。上列诸事，不遑一一举例，读者自可从原书中仔细加以体味。

总之，我国史学由记载简略的《尚书》《春秋》开始，中经《左传》《国语》的发展，至西汉武帝时期产生了成熟的巨著《史记》，是《左传》《国语》为中国史学的发展做出了承上启下的贡献，《国语》在中国史学史上的重要地位是显而易见的。

3.《国语》在我国文学发展史上的地位

除了在史学史上的重要地位外，《国语》对我国古代文学的发展亦具有重要的学术价值。中华人民共和国成立以来，学界编著的多部中国文学史，都留有《国语》的位置，尤其对《国语》在我国历史散文发展史上的地位作出了充分肯定。我国历史散文的发生虽可追溯到我国历史上最早的一批典籍《尚书》(主要指其中的《周书》)和《春秋》，但这类早期的有关历史的记叙文字不过都是属于档案文书一类性质，它们都出自古代史官之手，或是对最高统治者发布的文告命令的照本存录，或是对国家发生的重要事件或国君所做重要事情的简单记录，谈不上有多少文学色彩。迨至春秋战国之际，学术下移，史官文化发生变化，出现了以《左传》《国语》为代表的我国最早的一批私人史著。这种私人史著的史料来源广泛，其中当亦有来自过去的各种档案文件之类，但它们毕竟经过了这些私人著作家出自个人意图的编排整理和加工选择，这就使它们描绘的各个历史场景必然带有一种新鲜的文学气息。《国语》作为这类历史散文中以记言为主的散文代表，其出众的文学素养早就引起了人们的高度关注。

实际上，《国语》所收二百四十三篇记录西周春秋时期贤士大夫及其他著名人物"嘉言善语"的文字⑰，可以说每一篇都算得上是首尾完整、中心突出、情节曲折、逻辑严密、文字优美的散文。其中脍炙人口者，如《祭公谏穆王征犬戎》《邵公谏厉王弭谤》《襄王拒晋文公请隧》《里革断宣公罟而弃之》《叔向论忧德不忧贫》《观射父论绝地天通》《王孙圉论国之宝》《勾践灭吴》等，皆可举以为例。它们或是以说理充分，富于逻辑分析见长；或是以叙事生动，刻画人物性格引人入胜；或是以对历史事件、历史过程的整体把握而为后世史家所重。有鉴于此，历代文选家或将其作为范文选入各种古文文选之中，使后人长期传诵。即使一些短小的篇目，亦不乏生动而充满文学情趣者，如今学者所举《齐姜与子犯谋遣重耳》《叔向谏杀竖襄》《董叔欲为系援》等，其文字风格直可与《世说新语》相媲美，均是后来习作者传习、效法的名篇。

4.《国语》的当代价值

毫无疑问，《国语》在当代仍然具有十分重要的价值。这个价值，主要是指《国语》的思想对于当今思想建设所具有的借鉴意义，包括对于我们树立中国特色社会主义核心价值观所具有的借鉴意义，以及对于我们治国理政所具有的借鉴作用。

前面对于《国语》性质的介绍中已经谈到，《国语》作为前人有意识收集的贤士大夫有关时政及礼仪道德的言论总集，其实质就是一部教人们治国理政方法及处世为人之道的教材。可以说，《国语》的每一段话语，或每一个故事，都有着明确的教育意义。那么，这部两千多年前的教材到底还有哪些东西值得我们借鉴呢？

由于《国语》成书在《左传》之后，它的思想显得比《左传》更为庞杂一些，除了儒家思想以外，还有黄老道家、阴阳五行等思想夹杂其中。不过这些杂说只集中体现在《齐语》及《越语下》等少数篇章中，与《国语》其他篇章并不混淆。就《国语》的主体内容而言，它所表现的，仍然是以孔子为首的儒家所宣传的一套旨在维护现存社会秩序的礼仪制度和伦理道德主张，包括传统的"天命"与鬼神思想、"保民"与"惠民"主张、重农与阜民财用的思想、"修德"和以德服人之主张、"守礼"和反对非礼，主张忠、信、孝、义、仁、恭、敬、惠、俭、让等各种具体的德行，以及上层统治者尊贤、纳谏的行为，等等。毫无疑问，这样一些思想主张，除少数受时代局限而不适宜于当今社会之外，绝大多数都是可以拿来服务于今天的思想建设和治国理政的各项事业的。特别是《国语》的这些思想主张都是通过总结过去邦国成败的经验教训，并通过贤士大夫各种"嘉言善语"提出来的，经过后人的代代传承，许多成了中华民族固定的历史记忆和传统价值观念的基础，成了我们今天时常提起的成语、典故，这使得我们更有理由珍视《国语》的这些思想主张了。

以下，我们试选择《国语》中部分提倡"保民""阜民财求"、注重民意的篇章，以见《国语》一书的价值取向。

《国语》首篇即公开提出"保民"的主张。其记祭公谏止穆王征伐犬戎，借祭公之口提出："先王耀德不观兵。……先王之于民也，懋正其德而厚其性，阜其财求而利其器用。"又称："至于文王、武王，昭前之光明而加之以慈和，事神保民，莫弗欣喜。……是先王非务武也，勤恤民隐而除其害也。"一连几处围绕一个"民"字做文章，主张少用武力征服，尽量将国家的注意力用在"保民"、为民除害、致其财用上面，可见《国语》作者心中之意旨。（《祭公谏穆王征犬戎》）

《国语》赞扬那些"有功烈于民"的圣王，称黄帝、颛顼、帝喾、尧、舜、禹、契、冥、汤、后稷、文王、武王这些圣王之所以受到后人的祭祀，都是因为他们为民做了各种好事，或"法施于民"，或"以死勤事"，或"以劳定国"，或"能御大灾"，或"能扞大患"，总之是为民立了大功，所以才受到民之瞻仰和祭拜。（《展禽论祭爰居非政之宜》）

《国语》尤其重视农业，因为"民之大事在农"。主张每年初春国君都要去参加亲耕籍田的仪式，以示"唯农是务"。《国语》记叙虢文公谏止周宣王"不籍千亩"即不再参加籍田仪式的举动，认为这样做将"匮神乏祀而困民之财"。此篇甚至将导致周王朝走上下坡路的千亩之战的失败也归罪于宣王的"不籍千亩",可见其对农业的重视程度。(《虢文公谏宣王不籍千亩》)

《国语》注重疏通民意。西周后期,周厉王因实行专利而招致国人对他的批评("谤王"),他却下令让卫巫监视批评者,"以告,则杀之",弄得"国人莫敢言,道路以目"。《国语》记载了邵公对厉王的劝谏之辞,警告他说:"防民之口,甚于防川。川壅而溃,伤人必多。""夫民虑之于心而宣之于口,成而行之,胡可壅也? 若壅其口,其与能几何?"结果"王不听,于是国莫敢出言"。《国语》记载了厉王的最终下场:"三年,乃流王于彘",即被国人驱逐到彘地。此教训千载以下仍为人所铭记。(《邵公谏厉王弭谤》)

《国语》对残民以逞的暴君污吏常给予无情的鞭挞。春秋时期楚灵王为自己建造章华之台,极尽奢华之能事,《国语》借楚贤大夫伍举之口批评楚灵王:"今君为此台也,国民罢焉,财用尽焉,年谷败焉,百官烦焉",如此"聚民利以自封而瘠民也",只能使"迩者骚离而远者距违","楚其殆矣!"(《伍举论台美而楚殆》)

稍后,楚昭王时期,楚国又出了一位贪婪的令尹(执政大夫)子常,他与同僚谈话,只知"问蓄聚积实,如饿豺狼焉",《国语》又借同僚之口评论这位令尹,说其时楚国"民之羸馁,日已甚矣。四境盈垒,道殣相望,盗贼司目,民无所放。是之不恤,而蓄聚不厌,其速怨于民多矣。积货滋多,蓄怨滋厚,不亡何待"。(《子常问蓄货聚马斗且论其必亡》)

值得注意的是,《国语》最后都指出了这些暴君污吏的可悲下场:楚灵王死于楚国的内乱,子常也因为与吴国战争的失败而逃亡到楚国之外。这也是《国语》叙事的一个特点,在一件事情之后往往要指出事情的最终结局或发展趋势,以体现作者对此事所持的态度和立场。上文提到,《国语》对防民之口的周厉王及不籍千亩的周宣王进行批评之后,也特别强调了周厉王、周宣王最终倒台的下场。《国语》的这些惠民主张及其鲜明的是非观念，是中国历史上重民思想的宝贵财富，持续地影响着一代又一代中国人，也影响着当今之世。

① 张政烺：《〈春秋事语〉解题》，《文物》1977 年第 1 期。

② 郑良树：《竹简帛书论文集》，中华书局 1982 年，第 18 页。

③ 白寿彝：《〈国语〉散论》，《人民日报》1962 年 10 月 16 日。

④ 朱彝尊：《经义考》卷二百零九"春秋四十二"引宋戴仔语。

⑤ 同上引。

⑥ 杨伯峻：《〈左传〉成书年代论述》，《文史》第六辑，中华书局 1979 年。

⑦ 赵光贤：《古史考辨》，北京师范大学出版社 1987 年。

⑧ 康有为：《新学伪经考·〈汉书·艺文志〉辨伪》。

⑨ 顾颉刚：《五德终始说下的政治和历史》，《古史辨》第五册，上海古籍出版社 1982 年，第 537—538 页。

⑩ 顾颉刚讲授、刘起釪笔记：《春秋三传及国语之综合研究》，巴蜀书社 1988 年，第 64—68 页、第 106 页。

⑪ 杨伯峻：《春秋左传注》，中华书局 1990 年，第 481 页。

⑫ 王树民：《〈国语〉的作者和编者》，《文史》第 25 辑，中华书局 1985 年。

⑬ 李学勤：《东周与秦代文明》，文物出版社 1984 年，第 32 页。

⑭ 陈其泰：《〈国语〉的史学价值和历史地位》，《中国史研究》2015 年第 2 期。

⑮ 白寿彝：《〈国语〉散论》，《人民日报》1962 年 10 月 16 日。

⑯ 同上引。

⑰ 按上海古籍出版社 1978 年版《国语》点校本统计。

国　语

周　语　上

祭公谏穆王征犬戎

穆王将征犬戎[1]，祭公谋父谏曰[2]："不可。先王耀德不观兵[3]。夫兵戢而时动[4]，动则威，观则玩，玩则无震。是故周文公之《颂》曰[5]：'载戢干戈[6]，载櫜弓矢。我求懿德，肆于时夏，允王保之。'先王之于民也[7]，懋正其德而厚其性，阜其财求而利其器用，明利害之乡，以文修之，使务利而避害、怀德而畏威，故能保世以滋大。

"先王耀德不观兵"，是全篇的宗旨。"为政以德"，不随意使用武力，是儒家思想的核心，本篇是对这一思想的阐释。

周文公即周公旦，是祭公谋父的祖父。这里显然认为此篇《颂》为周公旦所作，故祭公谋父引此诗为自己施行德政、不轻易使用武力的主张作依据。

[注释]

[1] 穆王：即周穆王，西周第五代国君，名满。犬戎：我国先秦时期北方少数部族的一支，主要活动于今陕西北部洛水以北地

区。　[2]祭（zhài）公谋父：穆王时卿士，周公旦之后，封于祭（今河南郑州附近），公爵，谋父是他的字。　[3]耀德：显示仁德。观兵：炫耀武力。　[4]"夫兵戢（jí）而时动"以下四句：武力平时要收藏起来，需要时才出动，一旦出动就要显示出威慑力，总炫耀武力则会显得很轻率，会因此失去威慑力。戢，收藏。玩，轻率，轻慢。　[5]周文公：即周公旦，周初著名政治家。"文"是他的谥号。《颂》：指《诗经·周颂·时迈》篇。　[6]"载戢干戈"以下五句：收起干戈，藏起弓箭。我寻求美德，使布陈于这些周家的诸侯，相信我王能保有这美德。载，发语词，无意义。櫜（gāo），藏东西的袋子，这里用作动词，收藏的意思。懿，美。夏，本是周人的自称，这里指周分封的诸侯国。允，信。　[7]"先王之于民也"以下七句：（先王）努力使民道德端正，淳厚他们的性情，增多他们的财富与生活用品，使他们明了利害的趋向，用礼法整饬与约束他们，使他们趋利避害，怀抱道德而畏惧（刑法的）威严，因此（先王）能够世代保有天下而不断壮大。懋，勉，努力。阜，多。求，通"赇"，财富。乡（xiàng），通"向"。文，指礼文。修，修饰，整饬。

"昔我先王世后稷[1]，以服事虞、夏[2]。及夏之衰也，弃稷不务，我先王不窋用失其官[3]，而自窜于戎狄之间[4]，不敢怠业，时序其德[5]，纂修其绪[6]，修其训典[7]，朝夕恪勤[8]，守以敦笃[9]，奉以忠信，奕世载德[10]，不忝前人[11]。至于文王、武王[12]，昭前之光明而加之以慈和，事神保民，莫弗欣喜。商王帝辛大恶于民[13]，庶民不忍，欣戴武王，以致戎于商牧[14]。是先王非务武也，勤恤民隐而除其害也[15]。

武王伐商是为民除害，而非务武，穆王不得以此为借口观兵犬戎！

［注释］

[1] 世后稷：即世代继承后稷掌管农业。世，世袭。后稷，周族始祖弃的尊号，本义是掌管农业的族邦领袖。后，古代族邦首领。稷，农业的代名词。　[2] 虞、夏：朝代名。　[3] 不窋（zhú）：周先王，后稷之子。用：因而。　[4] 窜：逃窜。戎狄：泛指西北少数部族。　[5] 时序其德：时常讲述先王的德行。序，通"叙"，讲述。　[6] 纂（zuǎn）修其绪：继续从事他们的事业。纂，继续。绪，前人留下的事业。　[7] 训典：规则与法典。　[8] 恪（kè）：恭敬。　[9] 敦笃：敦厚实在。　[10] 奕世：累世。　[11] 忝（tiǎn）：辱没。　[12] 武王：即周武王，名发，周的开国君主。　[13] 帝辛：即商纣王，商的末代君主，名受，"辛"是他的庙号。　[14] 戎：兵。商牧：商郊牧野，在今河南淇县。前 1045 年，周武王发兵在牧野打败商纣王的军队，商朝灭亡。　[15] 勤恤：帮助与体恤。民隐：民众的疾苦。

"夫先王之制：邦内甸服[1]，邦外侯服[2]，侯、卫宾服[3]，蛮、夷要服[4]，戎、狄荒服[5]。甸服者祭[6]，侯服者祀[7]，宾服者享[8]，要服者贡[9]，荒服者王[10]。日祭、月祀、时享、岁贡、终王，先王之训也。有不祭则修意[11]，有不祀则修言[12]，有不享则修文[13]，有不贡则修名[14]，

甸服、侯服、宾服、要服、荒服，合计之即所谓"五服"，是周王朝有关地方诸侯及周边少数部族对中央王朝服属关系的制度。也有称侯、甸、男、采、卫等五等诸侯为"五服"的。

有不王则修德，序成而有不至则修刑[15]。于是乎有刑不祭，伐不祀，征不享，让不贡[16]，告不王；于是乎有刑罚之辟[17]，有攻伐之兵，有征讨之备，有威让之令，有文告之辞。布令陈辞而又不至，则增修于德而无勤民于远[18]，是以近无不听，远无不服。

[注释]

[1]邦内：指"王畿"之内，即王都及其附近由王直接管辖的地区，方圆约千里。甸服：承担耕种王田的职责。甸，通"田"，耕种土地。服，事，职务，特指所承担的对王的职责。　[2]邦外：指甸服外五百里的区域。侯服：承担为王斥候（侦察敌情）的职责。侯，通"候"。　[3]侯、卫宾服：谓侯服到卫服之间的诸侯总属于宾服的范畴。旧说，从侯服到卫服之间共有侯、甸、男、采、卫五服，每服相距五百里，他们都属于王的诸侯，以宾客的身份服事于王，故称宾服。卫，指卫服，承担为王守卫边疆的职责。　[4]蛮、夷：本指王朝南边和东边的少数部族，这里泛指王朝周边（即宾服以外）以外五百里到一千里的少数部族。要（yāo）服：通过要结盟约而服事于王。要，约，结。　[5]戎、狄：本指王朝西边和北边的少数部族，这里泛指蛮、夷以外五百里到一千里的少数部族。荒服：地处荒远而与王朝结成的服属关系。　[6]祭：指承担国君每天祭祀祖、考所用物品的供应。下文"日祭"即指此而言。　[7]祀：指承担国君每月祭祀曾祖、高祖所用物品的供应。下文"月祀"指此。　[8]享：指供应国君四时（每个季度）对二祧庙（远祖的庙）的贡献。下文"时享"

指此。　[9]贡：即下文的"岁贡"，指每年供给王祭祀天地的祭品。　[10]王：用作动词，指朝见于王，谓作为荒服者的戎、狄之君终其在位期间只需一次前来朝见于王，以示臣服。即下文"终王"的意思。　[11]修意：修整自己的意念，即自我反省。　[12]修言：修正所发布的号令。　[13]修文：整饬礼法制度。　[14]修名：修正按尊卑承担职贡的名号。　[15]序成而有不至则修刑：若按以上次序对自己所施文德进行修整之后仍有不来交纳职贡者，才可考虑施用刑罚。序成，按次序完成。修刑，采用刑罚。　[16]让：责让。　[17]辟：法律。　[18]勤民：烦劳人民。

"今自大毕、伯士之终也[1]，犬戎氏以其职来王。天子曰：'予必以不享征之，且观之兵。'其无乃废先王之训而王几顿乎[2]！吾闻夫犬戎树惇[3]，帅旧德而守终纯固[4]，其有以御我矣！"

王不听，遂征之，得四白狼、四白鹿以归，自是荒服者不至。

可见违反周制的，并非犬戎氏，反倒是周王室。犬戎氏生性惇朴，可纠正一些人的夷夏观。

荒服者不至，周从此走向衰落。周穆王难辞其咎！

[注释]

[1]"今自大毕、伯士之终也"以下五句：犬戎氏自其两位先君大毕、伯士去世以来，按照其荒服者的职守来朝见于王。然而天子却说："我一定要以（宾服者）不供时享的罪名征伐他们，并且要对他们炫耀武力。"以其职，按照其职守。王，朝见于王。　[2]几：其，大概。顿：败坏。　[3]树惇：立性惇朴。一说为犬戎君主名。　[4]帅旧德：遵守旧有的德行。守终纯固：遵守

荒服者的职责，纯正而专一。终，指荒服者"终王"的职责。

[点评]

这是目前文献所载我国最早的一篇谏议文章。谏诤者是西周穆王时期著名的政治家祭公谋父，谏止的具体事情是穆王征伐犬戎。犬戎是西周王畿北方的一个少数部族，位于西周王朝"荒服"圈的统治范围。长期以来，犬戎也确实按照"荒服者"的身份尽到了自己的职守，就是每一位继任的犬戎之君都会前来朝见周王以示臣节。然而周穆王却无故要求犬戎按照比他们身份高得多的"宾服者"所承担的"时享"职责对王朝提供贡品，并为此而对他们进行征伐。祭公谋父认为事关周人实行的德治，故向穆王提出劝谏。

祭公对穆王的劝谏围绕一个"德"字展开。他先是提到"先王耀德不观兵"，用周文公的诗作为这个论点的支持，讲清楚周先王是用"德"而不是用武力，才使得民众"怀德而畏威"，周家的统治才能"保世以滋大"的道理。接着又举周先王世代从事农业，到周武王又为民除害，伐灭"大恶于民"的商纣王这些有德于民的例子，以显示周家"奕世载德"的传统。再下来更是阐明周家有关地方对中央王朝表示服从的规定，即所谓"五服"的制度，表明犬戎作为朝廷的"荒服者"其实遵守了先王所规定的这项制度，而穆王对犬戎的征伐则不仅违反了先王之制，而且从根本上违背了"先王耀德不观兵"的原则，因而必须反对。

文章最后记穆王不听劝谏的结果：由于穆王的无理征伐，使得从此以后"荒服者不至"，边远的戎狄族再也不来朝见于王了。这可以说是周王朝走向衰落的开始。《国语》的作者也以此给今后的治国者一个深刻的教训。

文章结构谨严，层次清楚，主题鲜明，具有很强的说服力，历来被作为先秦古文的典范，收入各种"文选"之中。

邵公谏厉王弭谤

厉王虐[1]，国人谤王[2]。邵公告曰[3]："民不堪命矣[4]！"王怒，得卫巫[5]，使监谤者，以告[6]，则杀之。国人莫敢言，道路以目[7]。

以巫婆神汉监察批评者，何其荒谬！"以告，则杀之"，又何其残暴！"国人莫敢言"，只能"道路以目"，国家到了如此恐怖的地步，离倒台也就不远了！

[注释]

[1]厉王：即周厉王，西周第十位国君，名胡。虐：暴虐。 [2]国人：西周及春秋时期居住在国都里的居民。谤：指责。 [3]公序本"告"下有"王"字。邵公：亦作"召公"，又称邵穆公，名虎，周初召公奭的后代，时为王朝卿士。 [4]不堪：不能忍受。命：令，指厉王的政令。 [5]卫巫：卫国的巫师。韦昭《国语解》说："巫者有神灵，有谤必知之。"故使监察谤王之人。 [6]"以告"二句：卫巫拿谁上告，厉王便杀掉谁。以，拿，把。 [7]道路以目：路途相遇，只能用目光示意。

王喜，告邵公曰：“吾能弭谤矣[1]，乃不敢言。”邵公曰：“是障之也[2]。防民之口，甚于防川。川壅而溃[3]，伤人必多，民亦如之。是故为川者决之使导[4]，为民者宣之使言。故天子听政，使公卿至于列士献诗[5]，瞽献曲[6]，史献书[7]，师箴[8]，瞍赋[9]，矇诵[10]，百工谏[11]，庶人传语[12]，近臣尽规[13]，亲戚补察[14]，瞽、史教诲，耆、艾修之[15]，而后王斟酌焉，是以事行而不悖。民之有口，犹土之有山川也，财用于是乎出；犹其原隰之有衍沃也[16]，衣食于是乎生。口之宣言也[17]，善败于是乎兴，行善而备败，其所以阜财用、衣食者也[18]。夫民虑之于心而宣之于口，成而行之[19]，胡可壅也？若壅其口，其与能几何[20]？”

王不听，于是国莫敢出言[21]，三年，乃流王于彘[22]。

“防民之口，甚于防川”，此是警世名言！在古代是真理，在今天仍然具有深刻的启示意义。

“流王”即放逐厉王。此事件的主体是国人，故教科书称此事件为“国人暴动”。

[注释]

[1]弭（mǐ）：止，制止。　[2]障之：指堵塞住国人的言路。障，阻隔。　[3]壅：堵塞。溃：水破堤而出，决口。　[4]“是故为川者决之使导”二句：因此治理河道的人要除去壅塞，使水通

畅，治理民众的人也要疏导百姓，使他们畅所欲言。为，治理。决，排除阻塞，疏通水道。导，流通。宣，疏通，使畅达。　[5]公卿：泛指天子下面一批最高职级的官员。列士：各级士阶层。周制，士有三等，谓上士、中士、下士。诗：特指讽谏之诗。　[6]瞽（gǔ）：无目曰瞽，这里指由盲人担任的乐师。曲：采自民间的乐曲，其中包含民情。　[7]史：史官。书：泛指古代文献。《周礼》说："外史掌三皇五帝之书。"故称其献书。　[8]师：小师，乐师类官。箴（zhēn）：规谏，劝诫。　[9]瞍（sǒu）：眼睛没有瞳子的盲人。赋：朗诵。　[10]矇（méng）：眼睛有瞳子但看不见东西之人。　[11]百工：各类工匠。或说，即百官。　[12]庶人：平民。传语：将意见传达给朝廷。　[13]近臣：国君身边的侍卫和仆从。尽规：进陈规谏。尽，通"荩"，进也。　[14]亲戚：国君的同姓及姻亲大臣。补察：弥补过失，察看政事。　[15]耆、艾：泛指老而有德行之人。《礼记·曲礼》："五十曰艾，六十曰耆。"修之：修饬国君的政令。　[16]公序本作"犹其有原隰衍沃也"。原：广而平坦的地方。隰（xí）：低而潮湿的地方。衍：低而平坦的地方。沃：有灌溉的地方。　[17]"口之宣言也"二句：人们口中发表议论，政治的好坏便能从中体现出来。兴，兴起，体现出来。　[18]阜：丰厚，增加。　[19]成而行之：指为政者应实现并执行民意。成，完成，实现。　[20]其与能几何：将能维持多久？此句是倒装句，犹言"其能几何与？"与，语助词，无义。　[21]国莫敢出言：公序本"国"下有"人"字。　[22]流：流放。彘（zhì）：地名，在今山西霍州。前841年，周都发生动乱，国人放逐周厉王于彘地。

[点评]

"防民之口，甚于防川"，这是西周后期著名政治家邵穆公留给后人的一句警世名言，也是西周政治史上一段惨痛经历总结出的宝贵历史教训。

邵穆公是在谏止周厉王压制国人对他的批评时提到这句话的。国人之所以批评厉王，是因为他的专利，即对国都附近的山林川泽实行垄断。然而厉王却严禁国人对他的批评，还专门寻得一位卫巫，"使监谤者，以告，则杀之"，弄得国人莫敢出言。厉王自以为得计，邵公却深以为不安，于是就有了这篇著名的谏言。

"民之有口，犹土之有山川也。"川水不能壅塞不让流动，民众有口，遇事亦必虑之于心，由口宣泄出来。禁止人们说话，有事也不准议论，只会加剧人们心中的愤懑。就像被壅塞的流水，最终必然会溃决而出，造成更大的破坏。邵公为了避免这种恶果，苦口婆心地劝诫厉王放弃高压政策，不再"防民之口"，并为其列举了过去天子广泛听取社会各阶层意见的典故。然而"王不听！"表面上，人们的议论是被禁止了，实际上，大家都把不满藏在了心底，"道路以目"，传递着心中的愤怒。这终于导致了西周后期国人自发发起的一次大的暴动，周厉王被驱逐出国都，周王朝也随之走向衰亡。历史的教训，岂能忘乎！

虢文公谏宣王不籍千亩

宣王即位^[1]，不籍千亩^[2]。虢文公谏曰^[3]："不可。夫民之大事在农，上帝之粢盛于是乎出^[4]，民之蕃庶于是乎生^[5]，事之供给于是乎在，和协辑睦于是乎兴，财用蕃殖于是乎始，敦庬纯固于是乎成[6]，是故稷为大官[7]。古者，太史顺时覛土[8]，阳瘅愤盈[9]，土气震发，农祥晨正[10]，日月厎于天庙[11]，土乃脉发。

以上言农业的重要性，列了六条，都很重要！

［注释］

[1]宣王：即周宣王，西周第十一位国君，名静。前827年—前782年在位。　[2]不籍千亩：不参加在千亩举行的籍田礼。籍，同"耤（jí）"，耕作的意思，这里特指天子参加的表示亲自耕作的礼仪，即所谓籍田礼。古代天子于每年春耕时节举行这种仪式，以示对农业的重视。千亩，籍田礼举行的地方。　[3]虢（guó）文公：周文王母弟虢仲之后，宣王时卿士，封于虢（原在今陕西宝鸡附近，西周末迁到今河南三门峡市陕州区一带），谥"文"。　[4]粢（zī）盛：盛放在祭器中的谷物。　[5]蕃庶：繁衍、增多。庶，众多的样子。　[6]敦庬（máng）纯固：敦厚、大气、纯正、坚持。此指民风而言。　[7]稷：本指粮食，这里指掌管农业的官员，亦即下文的后稷。　[8]太史：周史官，掌天文历法及典籍图册事。覛（mì）：观察。　[9]"阳瘅（dàn）愤盈"二句：形容春天阳气升腾，地气发动的景象。瘅，厚，盛。愤盈，充溢，积满。　[10]农祥：古代星宿的代名词，即二十八宿中的房宿。祥，象。农祥指有关农事的天象。晨正：指房星周历正月中晨见于南方。此时正当立春之日，农事初起，故曰农祥晨正。　[11]"日月厎（zhǐ）于天庙"二句：太阳、月亮交会于营室所在的星空，此时已到孟春，土地的脉络亦会发动。厎，至，到达。天庙，二十八宿中的营室宿。脉，脉络，指地下的水气。

"先时九日 [1]，太史告稷曰：'自今至于初吉 [2]，阳气俱蒸 [3]，土膏其动。弗震弗渝 [4]，脉其满眚，谷乃不殖。'稷以告王曰：'史帅阳官以命我司事曰 [5]：距今九日，土其俱动。王其祗祓 [6]，监农不易。'王乃使司徒咸戒公卿、百吏、庶民 [7]，司空除坛于籍 [8]，命农大夫咸戒农用 [9]。

[注释]

[1] 先时九日：立春前九日。时，是，指立春。　[2] 初吉：古月相用语，指月初。王国维以为："古者盖分一月之日为四分：一曰初吉，谓自一日至七八日也。"(《观堂集林》卷一《生霸死霸考》)　[3]"阳气俱蒸"二句：这段时间阳气升腾，土地滋润，充满生机。蒸，升腾。膏，滋润。动，萌动。　[4]"弗震弗渝"以下三句：要是不及时耕翻土地使其有所改变，那么地脉将会被阻塞而致灾病，庄稼也不会生长。震，动，翻动。渝，改变。满，阻塞。眚（shěng），灾。　[5] 阳官：春官。《周礼》春官下属包含各种史职人员。司事：管理农事的官员。　[6]"王其祗（zhī）祓（fú）"二句：王该为籍田礼恭敬地斋戒祓除，监察农事，不可轻忽。是稷官告诉宣王的话语。祗，敬。祓，祓除斋戒。易，轻慢，轻忽。　[7] 司徒：《周礼》六官之一，掌徒役、教化。咸戒：全都准备。庶民：众民，即司徒掌管的徒役。　[8] 司空：亦《周礼》六官之一，掌营建、水利。除坛：修筑祭坛。　[9] 农大夫：韦昭注以为即田畯，监管农夫劳作的官。

"先时五日 [1]，瞽告有协风至 [2]，王即斋宫 [3]，百官御事各即其斋三日[4]。王乃淳濯飨醴[5]。及期，郁人荐鬯[6]，牺人荐醴[7]，王裸鬯[8]，飨醴乃行，百吏、庶民毕从。及籍，后稷监之，膳夫、农正陈籍礼[9]，太史赞王[10]，王敬从之。王耕一坺[11]，班三之[12]，庶民终于千亩[13]。其后稷省功[14]，太史监之；司徒省民，太师监之[15]。毕，宰夫陈飨[16]，膳宰监之[17]。膳夫赞王，王歆太牢[18]，班尝之，庶人终食[19]。

"王耕一坺"，"班三之"，都是做样子的，庶民才是真的农业生产的承担者，是一切财富的创造者。

[注释]

[1]先时五日：指立春前五日。　[2]瞽：盲人乐师。协风：和风。据称盲人乐师能听风声以辨别时令。　[3]即：进入。斋宫：专为王作斋戒的宫室。　[4]御事：治事，此当指治事之人。此句意谓百官及治事官吏也各自入斋室斋戒三日。　[5]淳濯（zhuó）：沐浴。飨醴（xiǎng lǐ）：饮酒，此指一种饮酒礼。醴，甜酒。　[6]郁人：官名，掌饮酒礼之酒器。荐：进献。鬯（chàng）：一种香酒。　[7]牺人：官名，掌供给酒醴。　[8]裸（guàn）鬯：将香酒洒在地上。裸，饮酒礼上将酒洒在地上以祭祀神灵的一种仪式。　[9]膳夫：官名，掌王之饮食。农正：即上文之农大夫。陈：布置。　[10]赞：引导。　[11]一坺（fá）：一耜（sì）之土。　[12]班三之：王以下的公、卿、大夫按其地位各自三倍于其上级所耕之土，即"王一坺，公三，卿九，大夫二十七"。班，次，按等级次序。　[13]庶民终于千亩：由庶民最终耕完千亩之地。　[14]省（xǐng）功：巡察工作完成情况。省，

巡察，察看。　[15]太师：官名，周的三公之一。　[16]宰夫：官名，掌朝廷礼仪。　[17]膳宰：即膳夫。　[18]歆（xīn）：享用。太牢：燕飨或祭祀时并用牛、羊、豕三牲，称太牢。[19]庶人：即上文的庶民。

此见其时已有"春分""惊蛰"等节气的观念。

从农师以上各级官吏每年都要视察农耕的情况，最后王还要"大徇"，并且"耨获亦如之"来看，古人对农业何其重视！

"是日也，瞽帅音官以风土[1]。廪于籍东南[2]，钟而藏之，而时布之于农。稷则遍诫百姓，纪农协功[3]，曰：'阴阳分布[4]，震雷出滞。土不备垦，辟在司寇。'乃命其旅曰[5]：'徇[6]。'农师一之[7]，农正再之，后稷三之，司空四之，司徒五之，太保六之[8]，太师七之，太史八之，宗伯九之[9]，王则大徇[10]。耨获亦如之[11]。民用莫不震动，恪恭于农，修其疆畔[12]，日服其镈[13]，不解于时[14]，财用不乏，民用和同。

[注释]
[1]瞽帅音官以风土：瞽师带领众乐官通过辨别风声来测定土性。风，用作动词，辨风之意。　[2]"廪于籍东南"以下三句：设立粮仓于籍田的东南部，聚集并收藏所获的粮食，而后按时节散布给农夫。廪，粮仓，这里用作动词，建立粮仓之意。钟，聚集。这几句话，学者或认为当移于下文"耨获亦如之"之后，原文错简在此。　[3]纪农协功：组织农夫协同农事。　[4]"阴阳分布"以下四句：这几句是稷官告诫百姓之语，意谓时下正值春

分，雷声也让冬眠的虫类出动了。要是土地得不到充分开垦，就要由司寇依法治罪了。阴阳分布，指白天黑夜长短相同，即春分时节。震雷出滞，指惊蛰（zhé）时节。滞，指蛰伏的虫类。辟（pì），法律。司寇，官名，主管刑狱。　[5]旅：众，众人。这句话的主语应当是王，"众"指下面的农师、农正等众官吏，谓王向众官发布命令。　[6]徇：巡，巡视。　[7]农师：最下级的农官。一之：首先前往。　[8]太保：官名，与太师、太傅同为周的三公，辅佐天子，讲论大道。　[9]宗伯：周官，《周礼》六卿之一，掌祭祀典礼。　[10]大徇：率众官大规模巡视。　[11]耨（nòu）获亦如之：锄草与收获两个时节也将如此进行巡察。耨，锄草。获，收获。　[12]疆畔：田界。　[13]日服其镈（bó）：每天使用农具。镈，锄头类农具。　[14]解：通"懈"，懈怠。

"是时也，王事唯农是务，无有求利于其官，以干农功[1]，三时务农而一时讲武[2]，故征则有威，守则有财。若是，乃能媚于神而和于民矣[3]，则享祀时至而布施优裕也[4]。

"今天子欲修先王之绪而弃其大功[5]，匮神乏祀而困民之财[6]，将何以求福用民？"

王不听。三十九年，战于千亩[7]，王师败绩于姜氏之戎[8]。

宣王三十九年为前789年，这离周王朝的最终覆灭（前771年）也不远了！

[注释]

[1]干：干扰，妨碍。　[2]三时：指春、夏、秋三季。一时：

指冬季。讲武：习武，指冬天农闲之时组织庶民习武。　[3] 媚：取悦。　[4] 享祀时至：祭祀用品按时供给。布施优裕：散布给民众的粮食富饶充足。　[5] 绪：前人留下的事业。大功：指农事。　[6] 匮神乏祀：匮乏祭祀祖神的供品。　[7] 千亩：地名，旧说在今山西介休，清汪远孙等人认为应在周都近郊，即今陕西西安附近。　[8] 姜氏之戎：西戎的一支，属姜姓，或称申戎，在今陕西省境内。

[点评]

我国古代向来以农业立国，农业生产关系到国计民生，更关系到国家政权的稳定，因此，历代统治者无不想方设法制定各种重农的政策。设立每年春天由天子带头亲耕的所谓籍礼（或称籍田礼），便是其中一项重要内容。这项制度据说始于周代，因为周人本身就是一个重农的民族，其祖先后稷更以精通农业著称，并传为尧舜时期主管农业的官员。然而周宣王却不修祖业，还要放弃周先王世代施行的籍田礼，这样不遵古制的行为，自然要招来作为朝廷卿士的虢文公的劝阻。为了朝廷的利益，他向宣王做出了规谏。

总括虢文公规谏宣王之语的内容，一是强调了农业的重要性："上帝之粢盛于是乎出，民之蕃庶于是乎生，事之供给于是乎在，和协辑睦于是乎兴，财用蕃殖于是乎始，敦庞纯固于是乎成。"二是申明籍田礼举行的时机和籍田礼的具体内容，包括仪式前有关部门的准备工作及天子所做的斋戒沐浴等准备；仪式的各个环节，特别是天子带领众官员在籍田上的亲耕；仪式后作为主管官吏的后稷对在土地上劳作的百姓的告诫，以及各部门对百姓的检察督促工作。三是劝诫天子必须唯农是务，并对天子企图废弃籍田礼的举动进行批评。此外还有一点虢文公没有明确指出，即籍田礼不仅关系到对农业的重视，也与军事训练和对民众的有效管理相联系。"籍田千亩"即习武和加强国家防御力量的象征。厉王废弃国事，籍田礼已多时不施行，宣王继位，更公然放弃籍田礼，这使虢文公不得不对他进行劝谏。

可惜宣王没有听从虢文公的劝谏，结果导致周的国力衰败，最终在与戎人的战争中遭到失败。这离周王朝的覆灭也不远了！

西周三川皆震伯阳父论周将亡

幽王二年[1]，西周三川皆震[2]。伯阳父曰[3]："周将亡矣！夫天地之气[4]，不失其序；若过其序，民乱之也。阳伏而不能出，阴迫而不能烝，于是有地震。今三川实震，是阳失其所而镇阴也[5]。阳失而在阴[6]，川源必塞；源塞，国必亡。夫水土演而民用也[7]。水土无所演，民乏财用，不亡何待？昔伊、洛竭而夏亡[8]，河竭而商亡[9]。今周德若二代之季矣[10]，其川源又塞，塞必竭。夫国必依山川[11]，山崩川竭，亡之征也。川竭，

此为中国历史上有文献记载的最早一次地震。

山必崩。若国亡不过十年，数之纪也[12]。夫天之所弃，不过其纪。"

是岁也，三川竭，岐山崩[13]。十一年，幽王乃灭，周乃东迁[14]。

自然现象的重大变化对社会发展产生严重影响，但这与"天"无关，与"纪"亦无关。

[注释]

[1]幽王：即周幽王，名宫涅（shēng），西周最后一位君王，前781—前771年在位。　[2]三川：指周都镐（hào）京附近的泾水、渭水、洛水三条河流，在今陕西省境内。　[3]伯阳父：周幽王时的太史。　[4]"夫天地之气"以下七句：这是伯阳父对地震原因的解释，意谓天地间的阴阳二气，不会失去其固有的次序；若是错乱了这种次序，那一定是有人扰乱了它。阳气滞伏在地下不能出来，阴气压住它使之不能升腾，于是就有了地震。过，错。民，人，这里暗指周幽王。因为不敢直斥君王，故以泛称的人代替之。烝，通"蒸"，气体升腾。　[5]镇阴：镇于阴，为阴气所镇压。　[6]"阳失而在阴"二句：阳气失所而处在阴气的压制之下，水流的源头必然会被阻塞。　[7]夫水土演而民用也：水土间通气才能生长万物，产生出人民的财用。演，水土气通，滋润。　[8]伊、洛：伊水和洛水。二水均在今河南省西部，靠近夏后期的都城，故言伊、洛二水的枯竭致使夏朝灭亡。　[9]河：古代黄河的专称。商末都朝歌（今河南淇县），古黄河从其东北流过，故言"河竭而商亡"。　[10]二代：指夏、商两个朝代。季：末年。　[11]国：指国都。　[12]数之纪：数从一到十，至十进位，故称十为数之纪。纪，纲纪。　[13]岐山：山名，在今陕西岐山县北。岐山下的周原为周族的发祥地。　[14]东迁：指前770年

周平王将都城东迁到洛邑（今河南洛阳）。之前一年，即前771年，周都镐京为犬戎所破，周幽王死难，西周灭亡。平王东迁标志着东周时期的开始。

[点评]

幽王二年的地震，是我国历史上有文献记载的最早的一次地震。古人认为各种自然灾害以及日蚀、月蚀、流星雨的发生，都是上天对人世间的谴告，尤其是对当朝统治者政事不修的一种警告。伯阳父作为幽王时期的太史，职掌天文历法，并负有"知天时，处吉凶"的使命，认为幽王二年的地震预示着周家王朝即将灭亡。出于职责，他在震后向世人发出了周家将亡的警示。

实际上，天上人间并没有什么交流感应，西周王朝的倒坍纯粹是周统治者倒行逆施的结果。本篇值得注意的，倒是伯阳父对地震发生原因的解释。他将地震的发生归结为阴阳二气的失调和错位，尽管这种解释不那么科学，但却蕴含了朴素唯物主义和朴素辩证法思想。这是我国古代运用阴阳学说解释自然现象的最早实例，在中国思想发展史上具有很重要的地位。

周 语 中

富辰谏襄王以狄伐郑及以狄女为后

襄王十三年^[1]，郑人伐滑^[2]。王使游孙伯请滑^[3]，郑人执之^[4]。王怒，将以狄伐郑^[5]。富辰谏曰^[6]："不可。古人有言曰：'兄弟谗阋^[7]，侮人百里。'周文公之诗曰^[8]：'兄弟阋于墙^[9]，外御其侮。'若是则阋乃内侮，而虽阋不败亲也^[10]。郑在天子^[11]，兄弟也。郑武、庄有大勋力于平、桓^[12]；我周之东迁^[13]，晋、郑是依；子颓之乱^[14]，又郑之缘定。今以小忿弃之，是以小怨置大德也^[15]，无乃不可乎！且夫兄弟之怨^[16]，不征于他，征于他，利乃外矣。章怨外利^[17]，不义；弃亲即狄，不祥；以怨报德，不仁。夫义所以生利也，祥所以事神也，仁所以保民也。不义则利不阜^[18]，不祥则福不降，不仁则民不至。古之明王不失此三德者，故能光有天下而和宁百姓[19]，令闻不忘[20]。王其不可以弃之。"王不听。十七年，王降狄师以伐郑[21]。

[注释]

[1] 襄王：即周襄王，名郑，东周王朝第六位国君，前 651 年—前 619 年在位。襄王十三年为前 639 年。　[2] 郑：诸侯国名，姬姓，始封于西周宣王时期，春秋时都于新郑（今河南新郑）。滑：春秋时姬姓小国，在今河南偃师缑氏镇。滑的势力弱小，且近于郑，郑视滑如附庸。滑不能忍，叛郑而倒向北邻的卫国，遂招致郑的讨伐。　[3] 游孙伯：周大夫。请滑：为滑国求情。　[4] 郑人：指郑国的君主郑文公。执之：将他抓起来。据《左传》僖公二十四年，郑文公怨之前自己父亲郑厉公曾帮助周惠王（襄王父亲）平定过王子颓之乱（见下文），而惠王没有赏赐给他青铜爵，又怨襄王站在卫国和滑国的立场上说话，故将襄王使者游孙伯抓了起来。　[5] 狄：指赤狄，古代少数部族，隗姓，在今山西东南部。　[6] 富辰：周大夫。　[7]"兄弟谗阋（xì）"二句：兄弟之间虽有因别人谗言而产生的争斗，但对待外侮则共拒之百里以外。阋，不和，争吵。侮人，欺侮自己的人。　[8] 周文公之诗：指《诗经·小雅·常棣》。　[9]"兄弟阋于墙"二句：兄弟在院墙内争斗，对外来的欺侮却一致抵御。　[10] 不败亲：不损害亲戚关系。　[11]"郑在天子"二句：郑国君对于周天子来说，是兄弟关系。按郑国始封之君郑桓公友是周厉王之子、周宣王之弟。　[12] 郑武、庄有大勋力于平、桓：指郑武公辅助周平王东迁和郑庄公（为周桓王卿士）以王命讨伐不来朝见的宋国，这两件事被认为是为朝廷出了大力、立了大功的。　[13]"我周之

东迁”二句：指周室东迁，主要依靠了晋、郑二国。 [14]“子颓之乱”二句：指郑厉公帮助平定周王子颓之乱事。子颓为周惠王叔父，逐走惠王而自立，郑厉公杀子颓而扶助惠王恢复王位。繇（yóu），通“由”，郑之繇定，犹言由郑定之。 [15] 置：放弃。 [16]“且夫兄弟之怨”以下四句：兄弟之间的怨恨，不能召唤他人来解决，要是让他人来解决，利益就给了外人。征，召，召唤。 [17] 章怨外利：张扬兄弟之间的怨恨而让外人从中渔利。章，显，张扬。 [18] 阜：丰厚。 [19] 光有：广有。 [20] 令闻：好声誉。 [21] 降：下，下令。

王德狄人[1]，将以其女为后，富辰谏曰：“不可。夫婚姻[2]，祸福之阶也。由之利内则福，利外则取祸。今王外利矣，其无乃阶祸乎？昔挚、畴之国也由大任[3]，杞、缯由大姒[4]，齐、许、申、吕由大姜[5]，陈由大姬[6]，是皆能内利亲亲者也[7]。昔鄢之亡也由仲任[8]，密须由伯姞[9]，郐由叔妘[10]，聃由郑姬[11]，息由陈妫[12]，邓由楚曼[13]，罗由季姬[14]，卢由荆妫[15]，是皆外利离亲者也[16]。”

可见古代贵族婚姻皆属政治婚姻。即使这样，周人实际很大程度依靠了这些婚姻建立起反商的政治联盟，并很快推翻了商王朝的统治，其后又依靠这些婚姻推行并巩固了周初的分封制。大任、大姒、大姜、大姬，都在中国历史上留下了自己不可磨灭的印记。

[注释]

[1] 德：感激。 [2]“夫婚姻”以下六句：婚姻是祸福的阶梯。通过婚姻给内部带来利益就是福，给外人带去利益就是祸。

现在王缔结的婚姻只对外人有利，这不是在走向祸乱吗？前一个"阶"，阶梯。后一个"阶"字用作动词，走向的意思。　[3]昔挚（zhì）、畴（chóu）之国也由大任：过去挚、畴二国通过大任与周室的婚姻建立起联系。挚、畴，二国名，任姓，古薛国奚仲（传为夏之车正，车子的发明人）及仲虺（商汤的左相）之后，挚的封地在今河南汝南一带，畴的封地在今河南平顶山附近。大任，挚国之女，周文王父亲王季的后妃。　[4]杞、缯（zēng）由大姒：杞、缯二国通过太姒与周室的婚姻建立起联系。杞、缯，二国名，姒姓，夏禹之后，其中杞国为周武王克商后所封，在今河南杞县，缯在今山东枣庄。大姒，姒姓有莘氏之女，周文王的后妃。　[5]齐、许、申、吕由大姜：齐、许、申、吕四国通过大姜与周室的婚姻建立起联系。四国皆姜姓，受周封而为诸侯国，其中齐封在今山东淄博一带，许封在今河南许昌，申封在今河南南阳北，吕封在今河南南阳西。大姜，齐始封之君姜尚（又称吕尚、姜太公、太公望、姜子牙）之女，周武王的后妃。韦昭注以为大姜为周太王之妃，误。　[6]陈由大姬：陈国通过大姬与周建立起婚姻关系。陈，国名，妫（guī）姓，虞舜之后。周武王克商，封虞胡公于陈（在今河南周口市淮阳区），同时将长女大姬许配给他，是为陈国始封之君。　[7]是皆能内利亲亲者也：谓以上周的婚姻之国都能有利于各国族内部，并能亲爱他们的姻亲国族。亲亲，亲其有亲缘关系之人。　[8]昔鄢（yān）之亡也由仲任：过去鄢国因为仲任的婚姻关系而亡。鄢，古国名，妘姓，在今河南鄢陵西北。仲任，鄢国君夫人，任姓之女。　[9]密须由伯姞（jí）：密须国之亡由伯姞造成。密须，古国名，姞姓，在今甘肃灵台西，被周共王所灭。伯姞，姞姓国女子。或言其为密须国君之长女。　[10]郐由叔妘：郐国的灭亡由叔妘造成。郐，妘姓国名，在今河南新郑西北，春秋初为郑武公所灭。叔妘，妘姓国女。或以为叔妘为邻国君夫人，其与邻国君的婚姻为同姓之间的婚姻，并认为《公羊传》桓公十一年所载"先郑伯有善于邻公者，通于夫人，以取其国而迁郑焉"等语即指叔妘致邻国被灭事。 [11]聃（dān）由郑姬：聃国的灭亡由郑姬造成。聃，诸侯国名，姬姓，始封之君为周文王少子聃季载。郑姬，郑国之女，为聃国君夫人，其与聃国君的婚姻亦属同姓之间的婚姻，为非礼。 [12]息由陈妫：息国的灭亡由陈妫造成。息，古国名，姬姓，在今河南息县。陈妫，妫姓陈国之女，为息侯夫人，《左传》称作息妫。据《左传》，息妫过蔡，蔡哀侯对其无礼，息妫怒，以告息侯。息侯引导楚国伐蔡，虏蔡侯。蔡侯为报复息国，乃在楚王面前称赞息妫之美，致楚灭息，虏息妫归。 [13]邓由楚曼：邓国的灭亡由楚曼造成。邓，古国名，曼姓，在今湖北襄阳附近，春秋时为楚所灭。楚曼，邓女，为楚武王夫人、楚文王之母。楚文王过邓而利其国，遂灭之。 [14]罗由季姬：罗国的灭亡由季姬造成。罗，古国名，熊姓，在今湖北宜城西，后迁湖南平江，春秋初灭于楚。季姬，姬姓女，罗君夫人。 [15]卢由荆妫：卢国的灭亡由荆妫造成。卢，古国名，妫姓，在今湖北南漳县境，春秋初灭于楚。荆妫，卢国女，嫁与楚，为楚君夫人。荆为楚之别称。 [16]是皆外利离亲者也：以上被灭亡国家的婚姻都是对外人有利而背离自己亲人的例子。

王曰："利何如而内[1]，何如而外？"对曰："尊贵、明贤、庸勋、长老、爱亲、礼新、亲旧[2]。然则民莫不审固其心力以役上令[3]，官不易方而财不匮竭，求无不至，动无不济。百姓兆民[4]，夫人奉利而归诸上[5]，是利之内也。若七

尊贵、明贤、庸勋、长老、爱亲、礼新、亲旧，即下所谓"七德"，乃致治之道！

德离判[6]，民乃携贰，各以利退，上求不暨，是其外利也。夫狄无列于王室[7]，郑伯南也，王而卑之，是不尊贵也。狄，豺狼之德也，郑未失周典[8]，王而蔑之，是不明贤也。平、桓、庄、惠皆受郑劳[9]，王而弃之，是不庸勋也。郑伯捷之齿长矣[10]，王而弱之，是不长老也。狄，隗姓也，郑出自宣王[11]，王而虐之，是不爱亲也。夫礼，新不间旧[12]，王以狄女间姜、任[13]，非礼且弃旧也。王一举而弃七德，臣故曰利外矣。《书》有之曰[14]：'必有忍也[15]，若能有济也。'王不忍小忿而弃郑，又登叔隗以阶狄[16]。狄，封豕豺狼也[17]，不可厌也[18]。"王不听。

此一而再，再而三地称狄是封豕豺狼，亦太过分。富辰是典型的"内华夏而外夷狄"论的鼓吹者。

[注释]

[1]"利何如而内"二句：怎样做是对内有利，怎样做是对外有利？　[2]尊贵、明贤、庸勋、长老、爱亲、礼新、亲旧：这是对怎样做才对内有利的回答，意谓：尊重地位显贵之人，彰显有贤德之人，任用有功勋之人，敬重老人，爱护亲人，礼遇新人，亲近故旧之人。各短语作动宾结构。庸，通"用"，任用。　[3]"然则民莫不审固其心力以役上令"以下四句：只要做到这些，民众就会尽心竭力地奉行朝廷的命令，官府不用改变其常规，财用便会不匮竭，所求取之物没有得不到的，想做的事情也没有办不成的。审固其心力，审其心而固其力，即尽心竭力的意思。易方，

易道，即改变常规的意思。　[4]百姓兆民：百官众民。　[5]夫人：人人。　[6]"若七德离判"以下五句：若是离开了这七种德行，人民就会离心，各按自身的利益而退去，朝廷的需求也来不了，这就叫做对外有利了。七德，指上文提到的尊贵、明贤、庸勋、长老、爱亲、礼新、亲旧七种德行。离判，离开，分离。不暨，不至。　[7]"夫狄无列于王室"以下四句：狄人在周王室中没有位置，而郑伯（郑的国君）却是朝廷的男爵，王这样看低他，就是不尊重地位显贵之人。南，通"男"，即男爵。　[8]郑未失周典：郑国并未违背周的典章制度。　[9]平、桓、庄、惠皆受郑劳：指周平王、周桓王、周庄王、周惠王皆受到郑的拥戴。　[10]郑伯捷：指郑文公捷。齿长：年纪大了。郑文公于前672年即位，至周襄王十三年（前639），已在位三十四年。　[11]郑出自宣王：指郑国的分封出自宣王之世。郑始封之君桓公友为周厉王之子、周宣王母弟。　[12]新不间（jiàn）旧：不能因为新人疏远旧人。间，隔阂，疏远。　[13]姜、任：指姜姓和任姓之女，周王室过去的通婚对象。　[14]《书》：指《尚书》。下文所引见《尚书·君陈》篇。　[15]"必有忍也"二句：必须有忍耐，才能有成功。若，乃，才。　[16]登叔隗以阶狄：提升叔隗为王后以导致狄祸。登，升。叔隗，襄王所娶的狄后。　[17]封豕：大野猪。　[18]厌：满足。

　　十八年，王黜狄后[1]。狄人来诛[2]，杀谭伯。富辰曰："昔吾骤谏王[3]，王弗从，以及此难。若我不出[4]，王其以我为怼乎！"乃以其属死之[5]。

　　初，惠后欲立王子带^[6]，故以其党启狄人^[7]。狄人遂入，周王乃出居于郑，晋文公纳之^[8]。

[注释]

[1] 黜（chù）：废黜。狄后因私通王子带，遭到襄王废黜。[2] "狄人来诛"二句：狄人来讨伐，杀死谭伯。诛，责，讨伐。谭伯，周大夫。以食采在原，又称原伯。　[3] 骤：屡次。　[4] "若我不出"二句：如果我不出战，王将会认为我心怀怨恨吧。怼（duì），怨恨。　[5] 属：族人，部属。　[6] 惠后：周惠王之后。王子带：周惠王与惠后之子，襄王同母弟。封于甘，又称甘昭公。《左传》僖公二十四年称，惠后曾因宠爱甘昭公而打算立之为王，但未来得及便去世了。　[7] 以其党启狄人：指王子带率领其党羽引导狄人伐周。《左传》僖公二十四年记："秋，颓叔、桃子奉大叔以狄师伐周，大败周师。"　[8] 晋文公纳之：指此后第二年，晋文公杀死王子带而送襄王回国就位。晋文公，晋国著名的君主，名重耳，"春秋五霸"之一。

[点评]

　　本篇记春秋前期周朝廷大夫富辰对周襄王的两段谏议之辞，这两段谏议分别针对周襄王所做的两件错事而发出。

　　头一件错事是对周郑关系的处理。周在春秋时期虽然名义上仍维持着诸侯共主的地位，但实际上早已失去号令诸侯的权力，实力赶不上一些较大的诸侯，还与邻近的郑国屡屡发生冲突。周襄王十三年，因为郑人无端扣押了周的使者，导致襄王大怒，要搬来狄人的军队讨伐郑国。富辰赶紧劝谏襄王，引用"兄弟阋于墙，外御其侮"的古训，说郑与周天子不仅是兄弟，而且历代郑君皆有勋于周室，希望王分清内外，不要因小忿而抛弃兄弟之亲。遗憾的是，襄王没有听进富辰的话，仍旧下令让狄人去攻打郑国。

接着，襄王又做了第二件让人匪夷所思的事情：为了表示对狄人的感谢，他竟然要娶狄国的女子为后。富辰又立即加以反对。他首先警告襄王，婚姻乃是祸福之阶，它可以给自己带来福气和利益，也可以只对外人有利而致亲人背离。为此他举了许多历史上这两类婚姻的例子，并且总结出利内与利外两种导向在政治上的具体表现及其后果，最后指出，与狄人联姻而抛弃郑国必然给自己带来恶果。可是襄王仍旧听不进富辰的劝谏。

事情的发展应验了富辰的预言，襄王因狄后与王子带私通，不得不将其废黜。这又引起王子带勾结狄人发起叛乱，襄王逃难至郑，富辰亦死于战乱，可不悲夫！

全文再次印证了"兄弟阋于墙，外御其侮"这句古训的重要性，提醒人们注意"小不忍则乱大谋""内外有别"这些基本的处事原则。

本文在史料上的重要性也是不言而喻的。尤其是其中作为例子提到的许多国家的婚姻，有的不见于其他史传，有必要在这里强调。

襄王拒晋文公请隧

晋文公既定襄王于郏[1]，王劳之以地，辞，请隧焉[2]。王不许，曰：“昔我先王之有天下也，规方千里以为甸服[3]，以供上帝山川百神之祀，以备百姓兆民之用，以待不庭不虞之患[4]。其余以均分公侯伯子男[5]，使各有宁宇，以顺及天地，无逢其灾害，先王岂有赖焉？内官不过九御[6]，外官不过九品[7]，足以供给神祇而已，岂敢厌纵其耳目心腹以乱百度[8]？亦唯是死生之服物采章[9]，以临长百姓而轻重布之，王何异之有？今天降祸灾于周室[10]，余一人仅亦守府[11]，又不佞以勤叔父[12]，而班先王之大物以赏私德[13]，其叔父实应且憎，以非余一人，余一人岂敢有爱？先民有言曰：‘改玉改行[14]。’叔父若能光裕大德[15]，更姓改物，以创制天下，自显庸也，而缩取备物以镇抚百姓，余一人其流辟旅于裔土，何辞之有与？若由是姬姓也[16]，尚将列为公侯以复先王之职，大物其未可改也。叔父其懋昭明德[17]，物将自至，余何敢以私劳变前之大

“改玉改行”为当时成语，说明佩玉在礼制社会中的重要性。

天下仍属姬姓。此话软中带硬，毫不退让，令晋文公难有非分之想。

章，以忝天下？其若先王与百姓何[18]？何政令之为也[19]？若不然[20]，叔父有地而隧焉，余安能知之？"文公遂不敢请，受地而还。

[注释]

[1]定襄王于郏（jiá）：指晋文公平定周王子带之乱，护送周襄王回到洛邑，重新稳定周襄王的君位。郏，周都洛邑地名，在今河南洛阳西。　[2]请隧：请用隧葬。《左传》僖公二十五年杜预注引贾逵说："隧，阙地通路曰隧，王之葬礼也。"所谓隧葬即在地下挖掘隧道直通墓室的下葬方法，属于天子的葬礼。现在晋文公要求襄王准许他死后采用这种方法下葬，属于僭越行为。　[3]规方千里以为甸服：规划王都周围方千里之地作为甸服的范围。有关甸服的注释见《周语上·祭公谏穆王征犬戎》。　[4]不庭：不来朝贡，指对朝廷的背叛。不虞：没有预料到。　[5]"其余以均分公侯伯子男"以下五句：其余的土地按公、侯、伯、子、男的爵位均分给诸侯，使他们各自有安宁的居处，以顺应天地，不遭到灾害，先王难道还有什么自己的利益吗？赖，利，利益。　[6]内官：宫内女官。九御：九嫔，天子的九个嫔妃。　[7]外官：朝廷的官员。九品：九卿。　[8]岂敢厌纵其耳目心腹以乱百度：天子岂敢为了放纵自己的耳目声色、满足嗜欲而扰乱各种法度呢？厌，满足。　[9]"亦唯是死生之服物采章"以下三句：天子也只有依靠他生前死后使用的服饰、器物及礼仪制度，来统治百姓和显示贵贱等级，天子有什么异于他人之处呢？采章，文采服章，泛指礼仪制度。轻重布之，显示贵贱等级。　[10]天降祸灾于周室：指周王子带之乱。　[11]余一人：古代王者的自称。守府：守护王家的府库。　[12]又不佞

（nìng）以勤叔父：我没有才能，劳驾叔父保护。不佞，不才。叔父，周天子对同姓诸侯王的尊称，这里指晋文公。这句话是周襄王的自谦之辞。　[13]"而班先王之大物以赏私德"以下四句：要是我将先王规定的唯有天子才可使用的隧葬因为您对我的私恩而颁赐给您的话，大概也会引起叔父您的憎恶而责怪我吧，我个人哪敢有什么舍不得的呢？班，颁赐。大物，指隧葬。爱，吝啬，舍不得。　[14]改玉改行：改变佩玉，才能改换礼仪行为。喻人所享用的礼仪应与其身份地位相适应。　[15]"叔父若能光裕大德"以下七句：叔父若能发扬光大您的德行，易姓改朝，创建新的天下，以显示自己的功业，从而择取各种服章制度来镇抚百姓，这样，我一个人即使流亡退居到偏远的地方，难道有什么好说的吗？改物，改正朔、易服色，指改朝换代。显庸，显示功业。缩取备物，择取各种服章制度，包括隧葬之类。流辟，流亡退避。　[16]"若由是姬姓也"以下三句：要是仍由这个姬姓掌管天下，叔父您还将列为诸侯重新执行先王赋予您的职责，隧葬的制度将不可更改。尚，还。复，再，重新。　[17]"叔父其懋昭明德"以下四句：叔父如果努力彰显好的德行，则隧葬这类礼遇或许会自行到来，我哪里敢因为您的私恩而改变过去的重要制度，以愧对于天下呢？懋，勉，努力。大章，重要制度。忝（tiǎn），愧，有愧于。　[18]其若先王与百姓何：将怎样面对先王与百姓？　[19]何政令之为也：将如何推行政令呢？　[20]"若不然"以下三句：若非这样，叔父在自己的封地上施行隧葬，我怎么能够知道呢？

[点评]

晋文公平定周王子带之乱，重新确立周襄王的君位，这本是晋文公作为"春秋五霸"的霸业之一。但他却自恃有功，要求周襄王赏赐给他天子才可使用的隧葬的礼遇。在这个请求面前，襄王没有退让，因为他想保住自己作为周天子的最后一点面子及权益。

在这篇周襄王拒绝晋文公请隧的答辞中，周襄王没有一次使用"不许"两个字，而只是强调隧葬乃是先王规定的天子才可使用的制度。他称，先王之所以要制定这项制度，不过是想通过这类死生服用之物来维系社会尊卑上下的等级秩序，以"临长百姓"，自己虽然不才，劳驾了叔父，却不敢为了报答叔父对我的私恩而有违先王的规矩。若是要改变这项制度，除非叔父能易姓改朝，创建自己的天下。如果仍旧维持这个姬姓王朝，那么叔父也仍在诸侯之列，还得再行先王赋予的职责。一席话柔中带刚，有理有据，委婉而又毫不退让地申明了自己的立场，迫使晋文公收回其请隧的要求，稍微维护了一点儿王室的尊严。

从文学角度看，这番周襄王的答辞可以说是一篇很好的说理文。从史学角度看，它应当很真实地反映了春秋时期周王室的实际地位及其与各大国关系的真实状况。

单襄公论陈必亡

定王使单襄公聘于宋 [1]。遂假道于陈 [2]，以聘于楚 [3]。火朝觌矣 [4]，道茀不可行 [5]，候不在疆 [6]，司空不视涂 [7]，泽不陂 [8]，川不梁 [9]，野有庾积[10]，场功未毕[11]，道无列树[12]，垦田若艺[13]，膳宰不致饩[14]，司里不授馆[15]，国无寄寓[16]，县无施舍[17]，民将筑台于夏氏[18]。及陈[19]，陈灵公与孔宁、仪行父南冠以如夏氏，留宾不见。

"民将筑台于夏氏"一句以上是写陈亡国之象。这一句以下，点出造成陈亡国的罪魁祸首。

[注释]

[1]定王：即周定王，名瑜，东周王朝第九位国君，前606年—前586年在位。单襄公：定王时卿士，名朝。聘：聘问，天子与诸侯之间或诸侯相互之间派遣使臣互通问候的一种礼节。宋：诸侯国名，子姓，商人的后代，在今河南东部及与山东、江苏、安徽交界一带。 [2]假道：借道。陈：诸侯国名，见前《周语中·富辰谏襄王以狄伐郑及以狄女为后》注。 [3]楚：诸侯国名，芈姓，古祝融氏之后，春秋时期在今湖北江汉流域一带。 [4]火朝（zhāo）觌（dí）矣：大火星早晨出现在天空。火，大火星，二十八宿中的心宿。朝，早晨。觌，见，出现。周定王时，每年夏历十月，大火星晨见于东方。这句话讲单襄公取道陈国的时间。 [5]道茀（fú）：道路被野草封住。茀，草多塞路。这句话及以下皆是在陈国看到的情形。 [6]候不在疆：负责接送宾客的官员也不到边境迎接。候，候人，周官名，掌迎送宾客。疆，边境。 [7]司空不视涂：司空官也不来察看一下道路。司空，周官名，掌土木建筑，见前《周语上·虢文公谏宣王不籍千亩》注。涂，通"途"，道路。 [8]泽不陂（bēi）：湖泽岸不修筑防洪堤。陂，堤岸。 [9]川不梁：河川上不架桥梁。 [10]庾（yǔ）积：粮食露天堆积。庾，露天的谷仓。 [11]场功：收割庄稼。场，

打粮、晒粮的场地。　　[12]列树：道路两旁的树木。　　[13]垦田：已开垦的农田。薉（yì）：杂草丛生貌（据王引之《经义述闻》）。垦田而多杂草，见君夺农时，民不得耕耨（据王引之《经义述闻》）。　　[14]膳宰：周官名，即膳夫，掌宾客举行礼仪所用之牲畜。饩（xì）：活的牲畜。　　[15]司里：周官名，掌管客馆。授馆：安排客馆。　　[16]国：指国都。寄寓：客馆。　　[17]县：郊县之地。施舍：旅舍。　　[18]民将筑台于夏氏：陈国民众都准备到夏氏家筑台去了。夏氏，指陈国大夫夏徵舒家。因为夏徵舒之母夏姬貌美，陈国君臣常去夏家淫乐，因而征调民力在夏氏家筑造观台（可以观望的高台）。　　[19]"及陈"以下三句：等到了陈的国都，陈灵公和孔宁、仪行父都戴着楚国的帽子前往夏家，让宾客滞留，不予接见。陈灵公，陈国君主，名平国，前613年—前599年在位。孔宁、仪行父，陈国的两个卿大夫。南冠，楚国流行的头冠。

　　单子归[1]，告王曰："陈侯不有大咎[2]，国必亡。"王曰："何故？"对曰："夫辰[3]，角见而雨毕[4]，天根见而水涸，本见而草木节解，驷见而陨霜，火见而清风戒寒。故先王之教曰：'雨毕而除道[5]，水涸而成梁，草木节解而备藏，陨霜而冬裘具，清风至而修城郭宫室。'故《夏令》曰[6]：'九月除道，十月成梁。'其《时儆》曰[7]：'收而场功[8]，待而畚挶，营室之中，土功其始，火之初见，期于司里。'此先王所以不用财贿，而广施德于天下

此句可见其时我国已有较完备的有关二十八宿的知识，以及对时令的认识。

者也。今陈国火朝觌矣，而道路若塞，野场若弃^[9]，泽不陂障，川无舟梁，是废先王之教也。

"废先王之教"，是总结陈国亡象之第一层。

[注释]

[1] 单子：即单襄公。卿大夫称子。　[2] 咎：灾祸。　[3] 辰：星。"夫辰"二字绝句，"辰"包括下面"角""天根""本""驷""火"等各个星宿。　[4]"角见而雨毕"以下五句：角星出现预示雨季的结束，天根星出现预示河水就要干涸，本星的出现预示草木就要凋零，驷星的出现预示霜降，大火星的出现预示冷风到来寒冬将至。以上诸星皆属于二十八宿（二十八颗著名的恒星）中的东方苍龙七宿（其中天根即苍龙七宿中的亢宿，本即其中的氐宿，驷为其中的房宿），出现在夏历九月、十月之间东方早晨的星空。见，同"现"。节解，草木凋零，枝叶脱落。陨，降落。　[5]"雨毕而除道"以下五句：雨季结束就要修整道路，河水干涸就要完成桥梁的架设，草木凋零便要准备好粮食的收藏，霜降了就要准备好冬天的裘衣，寒风到来就要修城郭宫室。除，修整。梁，指桥梁。　[6]《夏令》：传说夏代颁布的历书。　[7] 其：第三人称代词，指《夏令》。《时儆（jǐng）》：书名，当属《夏令》的一部分。"时儆"的意思是按时节提醒人民。　[8]"收而场功"以下六句：这几句是《时儆》提醒人们的话，意思是：收拾完你们晒场上的农活，准备好你们的畚箕和抬土器具，定星出现在天空正中的时候，筑土建屋的活儿就要开始了，大火星初现的时候，到司里那儿集合。而，同"尔"，你。待（zhì），准备。畚（běn），畚箕，盛土之器。梮（jú），抬土之器。营室，星名，即二十八宿中的定星，夏历十月时出现在南方天空的正中。期，会合。　[9] 野场若弃：田野上的谷场像被人丢弃。

　　"周制有之曰[1]：'列树以表道[2]，立鄙食以守路。国有郊牧[3]，疆有寓望，薮有圃草，囿有林池，所以御灾也。其余无非谷土[4]，民无悬耜[5]，野无奥草[6]。不夺民时[7]，不蔑民功。有优无匮[8]，有逸无罢。国有班事[9]，县有序民。'今陈国道路不可知[10]，田在草间[11]，功成而不收[12]，民罢于逸乐[13]，是弃先王之法制也。

"弃先王之法制"，是总结陈国亡象之第二层。

[注释]

[1] 周制：周朝的制度。　[2] "列树以表道"二句：在路两旁栽树以标识道路，在鄙野之地设立供应饮食的庐舍以守护道路。鄙，四鄙，指国都和近郊以外的鄙野之地。周制，国都周围百里谓之郊，郊外谓之野。　[3] "国有郊牧"以下五句：在国都外的近郊之地辟有牧场，在边境地方设有旅舍和候望人员，沼泽地要让它长满茂草，园囿内要有树林和池塘，这些都是用来防御灾害的。寓望，寓舍及候望之人。薮（sǒu），少水而草木茂盛之湖泽。圃草，茂草。　[4] 其余无非谷土：其余的地方，没有一处不是用来栽种谷物的土地。　[5] 悬耜（sì）：闲置悬挂起来的农具。耜，古时翻土的农具。　[6] 奥草：深草，长得很高的野草。以上三句言民皆勤于农事，致土地皆有种植，农具无闲置，郊野亦皆垦辟。　[7] "不夺民时"二句：言统治者对农业生产的保护，意谓：不耽误民众生产的时间，不浪费民众的劳力。夺，耽误，使丧失。蔑，弃。　[8] "有优无匮"二句：保持宽裕而不匮乏，生活安逸而不疲惫。优，宽裕。罢（pí），通"疲"，疲惫。　[9] "国有班

事"二句：国都的官员按部就班地治事，县鄙有守秩序的众民。国，指国都。班事，按班次做事。序民，守序之民。　[10]不可知：不可辨认，指路旁无作标识的树木。　[11]田在草间：田地多未开垦之状。　[12]功成而不收：粮食成熟而不收获。　[13]民罢于逸乐：谓民为统治者的逸乐所疲。

"周之《秩官》有之曰[1]：'敌国宾至[2]，关尹以告[3]，行理以节逆之[4]，候人为导，卿出郊劳[5]，门尹除门[6]，宗祝执祀[7]，司里授馆，司徒具徒[8]，司空视涂，司寇诘奸[9]，虞人入材[10]，甸人积薪[11]，火师监燎[12]，水师监濯[13]，膳宰致饔[14]，廪人献饩[15]，司马陈刍[16]，工人展车[17]，百官以物至[18]，宾入如归。是故小大莫不怀爱[19]。其贵国之宾至[20]，则以班加一等，益虔。至于王吏[21]，则皆官正莅事，上卿监之。若王巡守[22]，则君亲监之。'今虽朝也不才[23]，有分族于周，承王命以为过宾于陈，而司事莫至，是蔑先王之官也。

周之《秩官》略同于《周礼》，此可考见本篇大致作成的时代。

"蔑先王之官"，是总结陈国亡象之第三层。

[注释]
[1]《秩官》：记载官员品级及职司内容的典籍。　[2]敌国：地位相等的国家。敌，相当，匹敌。　[3]关尹：主管出入关口的

官员。　[4]行理：周官名，行人（主管外交事务）的助手，又称小行人。节：符节（外交信物）。逆：迎接。　[5]郊劳：到郊外慰劳。　[6]门尹：掌门的官员。除门：打扫门庭。　[7]宗：宗伯，掌邦国祭祀。祝：太祝，宗伯的下属。执祀：执行祭祀之礼。　[8]具徒：准备服务的徒役。　[9]诘奸：查办奸盗。以上司徒、司空、司寇诸官的职掌均见前《周语上·虢文公谏宣王不籍千亩》注。　[10]虞人：周官名，司徒下属，掌管山泽。入材：供应所需器材。　[11]甸人：周官名，亦称甸师，掌薪柴等事。　[12]火师：周官名，掌照明用火。监燎：监察庭燎（庭中照明用火）。　[13]水师：周官名，掌用水。监濯（zhuó）：监督洗濯用水。　[14]饔（yōng）：熟食。　[15]廪人：周官名，掌出纳米谷。饩：此处指生的米谷。　[16]司马：周官名，本为武职，此处似指主管养马的官员。陈刍：铺开草料。　[17]工人：工匠。展车：检视车辆。　[18]以物至：带着相关的物品前来。　[19]小大：指使团上下的人员。　[20]"其贵国之宾至"以下三句：若是大国的宾客到来，那么接待官员的品级就要加一等，态度也要更加恭敬。贵国，大国。班，按照品级。虔，恭敬。　[21]"至于王吏"以下三句：至于王室的官吏到来，则各部门的官长都要亲临接待，由上卿监督。官正，官长。莅（lì），临。　[22]巡守：亦作"巡狩"，指天子离开国都巡视境内。　[23]"今虽朝也不才"以下五句：这几句是单襄公说的话，意思是：如今我单朝虽然没什么才干，但毕竟是周室亲族，禀承王命作为过路的宾客来到陈国，然而陈国的主事官员都不到场，这是蔑视先王有关职官的规定呵。分族，支族。蔑，蔑视。官，指上述周之《秩官》的有关规定。

　　"先王之令有之曰：'天道赏善而罚淫[1]，故凡我造国，无从非彝，无即慆淫，各守尔典，以承天休。’今陈侯不念胤续之常[2]，弃其伉俪妃嫔，而帅其卿佐以淫于夏氏，不亦嬻姓矣乎？陈，我大姬之后也[3]。弃衮冕而南冠以出[4]，不亦简彝乎？是又犯先王之令也。

"犯先王之令"，是总结陈国亡象之第四层。

　　"昔先王之教[5]，懋帅其德也，犹恐陨越。若废其教而弃其制，蔑其官而犯其令，将何以守国？居大国之间而无此四者[6]，其能久乎？"

　　六年[7]，单子如楚。八年，陈侯杀于夏氏[8]。九年，楚子入陈[9]。

[注释]

[1] "天道赏善而罚淫"以下六句：天道奖赏善人而惩罚淫邪之人，所以凡我周朝的封国，不得参与非法的事情，不要亲近那些轻慢淫邪之人，各自遵守你们的法规，以承受上天赐予的吉祥。非彝，非法。慆（tāo），轻慢。休，美，庆。　　[2] "今陈侯不念胤续之常"以下四句：今陈侯不念及宗族继嗣的伦常，抛弃其夫人与嫔妃，而率其下属卿大夫到夏氏家去淫乱，这不是亵渎自己的姓氏吗？胤续，宗族继嗣。常，伦常。伉俪，指陈侯夫人。嬻（dú）姓，亵渎姓氏。夏徵舒之父按辈分为陈灵公从祖父，而灵公淫其妻，是为亵渎其姓。　　[3] 大姬之后：大姬为周武王长女，陈国始封之君虞胡公的夫人，故言陈为我大姬之后。　　[4] "弃衮（gǔn）冕而南冠以出"以下三句：陈灵公抛弃公侯服用的衣帽而戴着楚国

的帽子出行，不是太轻率了吗？这又是违犯了先王的政令呵！衮冕，古代公侯服用的礼服及礼帽。简彝，即简易。彝与"夷"通用，而"夷"可解释为"易"，故简彝可释为简易（俞樾《群经平议》说）。　[5]"昔先王之教"以下六句：按照过去先王的教令，努力遵循其美德，犹担心国家的坠亡。若是废弃他们的教令，丢掉他们的制度，蔑视他们拟定的《秩官》，违犯他们的政令，将怎样守卫自己的国家呢？懋，勉，努力。帅，遵循。殒越，坠亡。　[6]四者：即上述"先王之教""周制""周之《秩官》""先王之令"。　[7]六年：即周定王六年（前601）。　[8]陈侯杀于夏氏：指陈灵公于定王八年（前599）为夏徵舒所杀。《左传》宣公十年："陈灵公与孔宁、仪行父饮酒于夏氏。公谓行父曰：'徵舒似女。'对曰：'亦似君。'徵舒病之。公出，自其厩射而杀之。"　[9]楚子入陈：指楚庄王入侵陈国。"子"是华夏之人对所谓蛮夷之君的贬称。据《左传》，周定王九年（前598），楚庄王借口讨夏徵舒弑君之罪而入侵陈国，杀徵舒，立陈成公而还。陈实际沦为楚的附庸。

[点评]

这是一篇兼具思想性与文学性的好文。它通过一位周王室使臣的亲眼所见，向人们描述了一个具有悠久历史的古国，如何被自己骄奢淫逸的统治者糟蹋，满目疮痍，呈现出一派衰落破败的景象，而濒临亡国的边缘。

这个国家即古圣王虞舜之后的陈国，属于周初分封的最早一批诸侯国。为了增强联系，周人还将周武王的长女大姬许配给了它的始封之君虞胡公。可是到了春秋时期，陈国却出了一位荒淫无比的昏君陈灵公，他竟然抛弃自己的夫人和众多嫔妃，去和自己祖父辈的同族人夏徵舒之父的夫人通奸。不仅是他自己，还带了卿佐一起去干这种丑行。为此，他甚至强迫民众在夏家建造供他们淫乐的观台。对于国事，则是不理不问，任其荒废。这给陈国带来了毁灭性的灾难。

正当此时，出使楚国的周定王的使臣单襄公路过陈国。他看到了这里破败的景象："道茀不可行，候不在疆，司空不视涂，泽不陂，川不梁，野有庾积，场功未毕，道无列树，垦田若艺。"让他更难堪的是，连本该前来迎候他的官员也一个没到，弄得他连个旅舍都找不到。他返回周都后，将这一切报告给定王，并断言说："陈侯不有大咎，国必亡。"

单襄公的判断没错。他拿了周家的制度规定，一项项地与他看到的陈国现状相对比，首先指出陈国废弃了"先王之教"，没有按时令的要求完成各项农事活动；其次指出陈国违背了周朝给各国定下的法律制度，即所谓"周制"，致使国家到处是"道路不可知，田在草间，功成而不收，民罢于逸乐"，已到了崩溃的边缘；接着指出陈国不遵守"周之《秩官》"，即有关官吏职责的规定，不按照礼节迎候外来的宾客，包括他这样的周王使臣；最后指出陈侯违反"先王之令"，不守礼义伦常，荒淫无度，国家在他手里，岂有不亡之理。这一层层的分析，直使人们相信，陈国不亡，真是天理不容。

文章结尾犹不忘指出陈国及陈侯的下场，以与单子之言相验证。这之后仅两年，陈侯便被夏徵舒杀死，他的国家接着受到楚庄王的入侵，处于被灭亡的前夕。

周　语　下

太子晋谏灵王雍谷水

灵王二十二年[1]，谷、洛斗[2]，将毁王宫。王欲雍之[3]，太子晋谏曰[4]："不可。晋闻古之长民者[5]，不堕山，不崇薮，不防川，不窦泽。夫山[6]，土之聚也；薮，物之归也；川，气之导也；泽，水之钟也。夫天地成而聚于高[7]，归物于下。疏为川谷[8]，以导其气；陂塘污庳，以钟其美。是故聚不阤崩[9]，而物有所归；气不沉滞，而亦不散越。是以民生有财用，而死有所葬。然则无夭、昏、札、瘥之忧[10]，而无饥、寒、乏、匮之患，故上下能相固，以待不虞，古之圣王唯此之慎。

"古之长民者，不堕山，不崇薮，不防川，不窦泽"，此为全篇立论的根据。

[注释]

[1]灵王：即周灵王，名泄心，东周王朝第十一位国君，前571年—前545年在位。　[2]谷、洛斗：谷水和洛水汇流，水湍急如格斗。谷，谷水，源出河南渑（miǎn）池，在洛阳北注入瀍（chán）水，再东南流经洛阳而注入洛水。洛，洛水，源出陕西洛南，东流入河南境，经洛阳南，至巩义入黄河。周灵王时，谷水盛出于洛阳王城以西，南流汇入洛水，毁王城西南，将及于王宫。　[3]壅之：堵塞住谷水，使其仍在王城北面流过。　[4]太子晋：周灵王太子，名晋。早死，未立为周王。　[5]"晋闻古之长民者"以下五句：晋听说古代那些统治民众之人，不毁坏山陵，不垫高沼泽，不堵塞河道，不溃决湖泊。堕（huī），同"隳"，毁坏。崇，使增高。薮（sǒu），泽薮，水少而草木丰盛的泽地。防，河堤，这里用作动词，堵塞之意。窦（dòu），孔穴，这里用作动词，决开之意。　[6]"夫山"以下八句：山，是土壤堆积成的；沼泽，是众生物归宿之处；河流，是地气流通之渠道；湖泊，是水流聚积的地方。钟，聚积。　[7]"夫天地成而聚于高"二句：自天地之生成，便使土石聚于高处，而使生物归养于低处。　[8]"疏为川谷"以下四句：高处疏通为河流山谷，用来引导地气；低处形成湖沼池塘，用来聚合万物。陂（bēi）塘，池塘。污庳（wā bēi），低洼积水之处。以钟其美，贾逵解释为："聚万物合之。美，大也。"（《太平御览·皇王部十》引贾逵曰）　[9]"是故聚不阤崩"以下四句：因此土壤能聚在一起而不崩塌，万物也各有依归；地气不会沉伏积滞，也不至于流散漫越。　[10]"然则无夭、昏、札、瘥（cuó）之忧"以下五句：那么就没有了对夭折、惑乱、疫死、灾病的担忧，也没有了对饥饿、寒冷、短缺、匮乏的顾虑，所以君臣上下能够关系稳固，用来防备意外事故的发生，古代圣王只对此事（指上面的"不堕山，不崇薮，不防川，不窦泽"）十分

慎重。夭，夭折，短寿。昏，惑乱。札，因瘟疫而死。瘥，疾病。不虞，意外。

"昔共工弃此道也[1]，虞于湛乐，淫失其身，欲壅防百川，堕高堙庳，以害天下。皇天弗福，庶民弗助，祸乱并兴，共工用灭。其在有虞[2]，有崇伯鲧播其淫心，称遂共工之过，尧用殛之于羽山。其后伯禹念前之非度[3]，厘改制量，象物天地，比类百则，仪之于民，而度之于群生。共之从孙四岳佐之[4]。高高下下[5]，疏川导滞，钟水丰物，封崇九山，决汩九川，陂鄣九泽，丰殖九薮，汩越九原，宅居九隩，合通四海。故天无伏阴[6]，地无散阳，水无沉气，火无灾燀，神无间行，民无淫心，时无逆数，物无害生。帅象禹之功[7]，度之于轨仪，莫非嘉绩，克厌帝心。皇天嘉之[8]，祚以天下，赐姓曰'姒'，氏曰'有夏'，谓其能以嘉祉殷富生物也。祚四岳国[9]，命以侯伯，赐姓曰'姜'，氏曰'有吕'，谓其能为禹股肱心膂，以养物丰民人也。

"高高下下，疏川导滞"，此为禹治水方法之真谛。近发现西周中期青铜器豳公盨铭文记禹治洪水，亦是用的"浚川"的方法，可与之相互印证。

"帅象禹之功"以下十五句讲夏王朝的建立，是其确实与禹治洪水有关，而非与战争、征服有关。

[注释]

[1]"昔共工弃此道也"以下六句：过去共工抛弃了这个道理，沉溺于过度享乐，骄奢淫逸，想要堵塞大小河流，刨去山陵，填平水洼，以此危害天下。共工，人名，即共工氏族的首领，姜姓，约与传说中的颛顼帝同时，居于黄河中下游地区，以善土木工程闻名。虞，安。湛乐，过于享乐。失（yì），同"佚"。堙（yīn），用土填塞。　　[2]"其在有虞"以下四句：到了有虞氏当政时期，有崇氏的首领鲧放纵自己狂妄之心，重蹈共工的过失，尧因此将他杀死在羽山。有虞，指有虞氏，传说时代著名氏族，妫姓（或说姚姓），其首领舜为传说中的帝王。有崇伯鲧（gǔn），有崇氏族的首领鲧，禹的父亲，姒姓，尧时被举荐治理洪水，因未能取得成功而被杀。称遂，重复举行。尧，陶唐氏的首领，祁姓，为舜以前的帝王，后将帝位禅让给舜。殛（jí），诛杀。羽山，传在今山东蓬莱。　　[3]"其后伯禹念前之非度"以下六句：这之后，伯禹认识到过去做法的不合法度，于是改变制度，取法天地自然，比照各种法则，以民意为准绳，不伤害到众生。伯禹，大禹。伯禹的称呼同于伯鲧，表示他们均为有崇氏的首领。厘，治，治理。制量，制度。仪，准，准则。度之，不伤害。群生，众生。　　[4]共之从孙：共工的侄孙。四岳：四位山岳的掌管者，即下文中的"四伯"。他们都是禹治水的辅佐。　　[5]"高高下下"以下十句：言禹治水的方法，意思是：按照地形，使高处更高，低地更低，疏通河道，引出积水，将水聚集到湖沼以使百物丰茂，增高了九州的山峰，疏通了九州的河流，在九州的湖泊上筑起了堤坝，使九州沼泽上的草木生长丰茂，治理了九州广平的原野，使九州的各个地方都有人居住，使九州四海得以会通。封崇，培土使增高。九山，九为数之极，言众多的山峰。以下诸句中的"九"字均是此义。韦昭注："凡此诸言九者，皆谓九州之中山川薮泽也。"韦

解更简单明了，与上举"九"的字义无大差异，故从之。决汩（gǔ），疏通，疏浚。陂鄣，堤防。汩越，治理。隩（ào），通"墺"，可居住的地方。　[6]"故天无伏阴"以下八句：这几句述禹治水的效果，意思是：从此天在夏季不会出现反常的阴冷气候，地在冬天也不会散发出夏天才有的和暖地气，水无沉积之气，火亦不会升腾为灾害，神鬼不再出来作祟，人民没有淫佚之心，四季不再颠倒，农作物没有虫害。伏阴，潜伏的阴气，导致夏天出现霜雹的气候。散阳，散佚的阳气，导致李梅在冬天结实。灾燀（chǎn），火灾烈焰升腾。间行，奸神肆虐，为害百姓。逆数，反常，颠倒。害生，指蝗虫之类为害作物的生长。　[7]"帅象禹之功"以下四句：循着禹的功劳的这些现象，按照道理法则对之进行衡量，没有一件称不上是嘉绩的，都能满足上帝的心意。帅，循。度，量，衡量。轨仪，道理与法则。克，能够。厌，满足。　[8]"皇天嘉之"以下五句：上天嘉奖大禹，将天下赏赐给他，赐给他姓叫"姒"，给他的氏族取名叫"有夏"，说他能够用福祉扩大众民的财富并使百物生长。祚（zuò），赐福。殷，盛，大。　[9]"祚四岳国"以下六句：赏赐给四岳以邦国，任命他们为侯伯，赐给他们姓叫"姜"，给他们的氏族取名叫"有吕"，说他能够担任大禹的辅佐，能够培养万物以丰富百姓的生活。侯伯，或为侯，或为伯。股肱（gōng）心膂（lǔ），大腿、胳膊、心脏、脊骨，喻重要辅佐之臣。

杞为夏后，《逸周书·王会》称其为"夏公"，可以为证。

"此一王四伯岂繄多宠[1]？皆亡王之后也。唯能厘举嘉义[2]，以有胤在下，守祀不替其典。有夏虽衰[3]，杞、鄫犹在；申、吕虽衰，齐、许犹在。唯有嘉功[4]，以命姓受祀，迄于天下。及其失之也[5]，必有慆淫之心间之。故亡其氏姓[6]，踣毙不振；绝后无主，湮替隶圉。夫亡者岂繄无宠[7]？皆黄、炎之后也。唯不帅天地之度[8]，不顺四时之序，不度民神之义，不仪生物之则，以殄灭无胤，至于今不祀。及其得之也[9]，必有忠信之心间之。度于天地而顺于时动[10]，和于民神而仪于物则，故高朗令终，显融昭明，命姓受氏，而附之以令名。若启先王之遗训[11]，省其典图刑法，而观其废兴者，皆可知也。其兴者，必有夏、吕之功焉；其废者，必有共、鲧之败焉。今吾执政无乃实有所避[12]，而滑夫二川之神，使至于争明，以妨王宫，王而饰之，无乃不可乎！

上言失天下者，必有慆淫之心间之，此言得天下者，必有忠信之心间之。是天下之得失，皆关乎在上者的道德行为。此亦可为"德者，得也"作一注释。

[注释]

[1] "此一王四伯岂繄（yī）多宠"二句：这一王和四位侯伯难道是受到了上天更多的宠爱？他们不过是亡国之君的后代罢了。一王，指大禹。四伯，即四岳。繄，是。亡王，指鲧和共工。鲧在禹建立夏朝后被追封为王；共工曾侵陵诸侯自以为王，后因与颛顼争为帝，被诛。　[2] "唯能厘举嘉义"以下三句：唯其能够改用好的方法治理了水患，因此才能有后嗣绵延，守住他们的祭祀，不废弃典常。厘，更改。胤（yìn），后嗣。不替，不

废。　[3]"有夏虽衰"以下四句：这是对上面"有胤在下"的具体阐释，言夏王朝虽然衰落，但其后嗣杞国和鄫国仍然存在；四岳后裔中的申、吕二国虽然衰落，但齐、许二国犹存在。杞、鄫，二国名，姒姓，禹后。商汤灭夏，封夏之后。周武王灭商，复封夏后，杞封在今河南杞县，鄫在今山东枣庄附近。申、吕、齐、许皆周代姜姓国名，四岳之后。其中申、吕二国皆封在今河南南阳一带，许初封在今河南许昌，齐则封在今山东淄博一带。申、吕二国在春秋时期亡于楚国，姜姓齐国的统治在战国初年为田氏取代，许则在经过多次迁徙后于战国初年灭于魏国（杨伯峻《春秋左传注》引王先谦说）。此称"申、吕虽衰，齐、许犹在"，盖此篇作于战国初年以前。　[4]"唯有嘉功"以下三句：唯有具备好的功绩，才能获得赐姓，享受祭祀，以至于享有天下。一说，受祀当作"受氏"（王引之《经义述闻》引王念孙说），即接受上天赐予的氏名。　[5]"及其失之也"二句：等到他们丢失了这些嘉绩，那一定是让过度享乐之心取代了过去的功业。慆（tāo）淫，过度享乐。间，代，代替。　[6]"故亡其氏姓"以下四句：故而使他亡失了姓氏，倒毙而一蹶不振，断绝了后世的祭祀，子孙没落，沦为奴隶。踣（bó），倒毙。主，祭祀主持人。湮替，没落废弃。圉（yǔ），养马的奴隶。　[7]"夫亡者岂繄无宠"二句：难道这些亡国之君是没有得到上天的眷顾吗？他们也都是黄帝、炎帝的后裔呵。　[8]"唯不帅天地之度"以下六句：这是对上面问句的回答，意思是：只因为他们不遵循天地的法度，不顺应春夏秋冬四时变化的秩序，不考虑民众与神灵的意愿，不遵守万物生长的规律，以至于被绝灭而没有了后嗣，直到今天也没人祭祀他们。殄（tiǎn），绝灭。　[9]"及其得之也"二句：及至后来那些又得到天下之人，必定是有忠信之心取代了（追求享乐之心）。　[10]"度于天地而顺于时动"以下六句：（他们）考虑到天地的运行，应顺四时的变化，协和民众与神灵，遵照万物的生长规律，所以能够行事高明而有好的结局，显赫长久而卓著光明，受赐姓氏，并随之以很好的名声。令，善，美好。融，长。附，随。　[11]"若启先王之遗训"以下八句：如果开启先王的遗训，研究他们的典章、图像、刑律、法令，这样来观察历代的衰落与兴盛的缘由，便都可以明白了。其中兴盛者，一定是有夏禹、四岳那样的功绩；其衰落者，亦必有共工、伯鲧那样的败政。　[12]"今吾执政无乃实有所避"以下六句：这几句回到太子晋谏灵王壅谷水的现实上，意思是：如今我们的行政恐怕确实有些偏僻，因而扰乱了谷、洛二水的神灵，使他们争强斗盛，妨害王宫，王却想去堵塞二水以修整王宫，恐怕是不可以吧！避，同"僻"，偏僻之意（徐元诰《国语集解》）。滑，通"猾"，乱，扰乱。二川，指谷、洛二水。争明，争盛、争强之意（俞樾《群经平议》）。饰，通"饬"，整治，修整。

"人有言曰：'无过乱人之门[1]。'又曰：'佐饔者尝焉[2]，佐斗者伤焉。'又曰：'祸不好[3]，不能为祸。'《诗》曰：'四牡骙骙[4]，旟旐有翩，乱生不夷，靡国不泯。'又曰：'民之贪乱[5]，宁为荼毒？'夫见乱而不惕[6]，所残必多，其饰弥章。民有怨乱[7]，犹不可遏，而况神乎？王将防斗川以饰宫[8]，是饰乱而佐斗也，其无乃章祸且遇伤乎？自我先王厉、宣、幽、平而贪天祸[9]，至于今未弭[10]。我又章之，惧长及子孙[11]，王

周人对自己祖先的缺失尚不讳饰。"贪天祸"犹言招致天的惩罚，如韦注所言："此四王父子相继，厉暴虐而流，宣不务农而料民，幽昏乱以灭西周，平不能修政，至于微弱，皆己行所致，故曰'贪天祸'。"两周合计八百年，为中国第一长的朝代，是否与他们的自我批评有关，值得探讨。

室其愈卑乎？其若之何？

[注释]

[1] 乱人：狂悖怨乱之人。不过乱人之门，以免触犯他们的怒气。　[2]"佐饔（yōng）者尝焉"二句：辅佐掌食之官的人会品尝到食物的味道，帮助打斗的人却免不了受伤。饔，饔人，周官名，掌割烹煎和之事。　[3]"祸不好"二句：想祸害那些不好财色的人，是不能造成灾祸的。不好，指不好财色。　[4]"四牡骙（kuí）骙"以下四句：见《诗经·大雅·桑柔》第二章，意思是：拉着战车的四匹公马威武雄壮，绘有鹰隼龟蛇的旗帜飘扬，祸乱发生了就不会平息，没有哪个国家不是一团乱象。牡，公马。骙骙，马行走的样子。旟（yú），绘有鸟隼的旗帜。旐（zhào），绘有龟蛇的旗帜。翩，旗帜飘扬状。夷，平。靡，没有。泯，与乱同义（王引之《经义述闻》）。　[5]"民之贪乱"二句：诘问句，见《桑柔》第十一章，意思是：民众之贪图祸乱，难道是他们宁愿做此苦毒之行么？　[6]"夫见乱而不惕"以下三句：要是见到祸乱也不加警惕，所造成的伤害必然很多，如此情形而加以阻塞和整饬，只会使祸乱更加彰显。弥，更加。章，同"彰"，彰显。　[7]"民有怨乱"以下三句：民众有怨乱，尚不可遏止，何况是神灵呢？　[8]"王将防斗川以饰宫"以下三句：王要防止二水相斗以维护对王宫的修整，这是在制造祸乱和佐助水斗呵，这岂不是使祸乱更加显著而且要遭到伤害吗？饰乱，修乱，制造祸乱，与下文"徼乱"同义。　[9] 厉、宣、幽、平：指周厉王、周宣王、周幽王、周平王。其中周厉王、周宣王、周幽王已见前注。周平王名宜臼，东周王朝第一位国君，前 770 年—前 720 年在位。贪天祸：自取天祸。贪，通"探"，取，求取。　[10] 未弭（mǐ）：未止。　[11] 惧长及子孙：惧怕祸乱延及子孙。

"自后稷以来宁乱[1]，及文、武、成、康而仅克安民。自后稷之始基靖民[2]，十五王而文始平之，十八王而康克安之，其难也如是。厉始革典[3]，十四王矣。基德十五而始平[4]，基祸十五，其不济乎！吾朝夕儆惧[5]，曰：'其何德之修，而少光王室，以逆天休？'王又章辅祸乱[6]，将何以堪之？王无亦鉴于黎、苗之王[7]，下及夏、商之季，上不象天，而下不仪地，中不和民，而方不顺时，不共神祇，而蔑弃五则。是以人夷其宗庙[8]，而火焚其彝器，子孙为隶，下夷于民，而亦未观夫前哲令德之则。则此五者而受天之丰福[9]，飨民之勋力，子孙丰厚，令闻不忘，是皆天子之所知也。

这里把康王的地位抬得很高，值得注意。《谥法解》称"安乐抚民曰康"，此称"康克安之"，是将民众的安乐放在很高位置！故"成康之治"为史上第一治世。

国家灭亡了，子孙沦为奴隶，连平民都不如，为国者岂能不惕焉戒惧！

[注释]

[1]"自后稷以来宁乱"二句：自从后稷以来平定祸乱，到文王、武王、成王、康王，才仅仅能够使人民安定下来。宁乱，平定祸乱。文、武、成、康，指周文王、周武王、周成王、周康王。周文王，名昌，周武王之父，商末周族领袖，称西伯，又受命称王，奠定了以后周王朝的基础。周武王，已见前注。周成王，名诵，周武王子，任用周公旦，为著名的"成康之治"的创建者。周康王，名钊，周成王子，继承前代，与其父共同创造了"成康

之治"的治绩。　[2]"自后稷之始基靖民"以下四句：自从后稷开始安定人民，经过十五代先王，到文王时才刚开始去平定天下，到第十八代康王才能够完全使天下平定下来，其困难就是这样。基，始。靖，安。十五王，指后稷、不窋（zhú）、鞠、公刘、庆节、皇仆、差弗、毁隃（yú）、公非、高圉、亚圉、公祖、太王、王季、文王等十五位周的先公（韦昭《国语解》）。十八王，以上十五王加上武王、成王、康王。　[3]"厉始革典"二句：厉王开始变更先王的法典，至今有十四王了。革，变更。十四王，包括西周的厉王、宣王、幽王及东周的平、桓、庄、僖、惠、襄、顷、匡、定、简、灵诸王。　[4]"基德十五而始平"以下三句：周基于德治，经过十五王才平定天下，基于祸乱也应有十五王（到下一代景王才够十五世），看来现在还不成呵！济，成，成功。　[5]"吾朝夕儆惧"以下五句：这是太子晋说自己的考虑，意思是：我早晚怀着恐惧的心情告诫自己，说："我将修炼到什么样的德性，才能稍微光大王室，迎来上天赐给的喜庆？"儆，告诫。少，稍微。逆，迎。休，美，喜庆。　[6]"王又章辅祸乱"二句：王却又助推祸乱，将祸乱弄得更加显著，周室将拿什么去承受？章，同"彰"，显著。辅，帮助。堪，承受。　[7]"王无亦鉴于黎、苗之王"以下八句：王也应当借鉴过去的黎、苗之王，以及夏朝、商朝末年的亡国之君，他们上不取法于天，下不遵守地上的自然规则，中不协和于民，于四方又不顺应四时节令，还不供奉神祇，抛弃了这五条法则。无亦，亦。"无"是发语词。黎、苗之王，传说时代南方九黎族与三苗部族的首领。据《尚书·尧典》及《国语·楚语下》，三苗是九黎族的后裔，活动在尧舜时期，因为所谓"乱德"，曾受到舜的征讨与惩罚。象天，取法于天。仪地，以大地自然规律为准则。方，四方。共，通"供"，祭祀，供奉。蔑，泯灭。　[8]"是以人夷其宗庙"以下五句：因此被人灭去宗庙，烧掉庙中的祭器，子孙沦为奴隶，下与平民相等，这也是因为他们没有看到前代哲王美德的榜样。上"夷"字释作"灭"，消灭之义；下"夷"字释作"侪（chái）"，等同、同辈的意思。又"下"字，宋庠本作"不"，"不夷于民"，谓尚不能等同于平民，义似较胜。则，准则，榜样。　[9]"则此五者而受天之丰福"以下五句：要是遵循这五个方面（象天、仪地、和民、顺时、共神），就能蒙受上天的洪福，享用臣民为国所效的功勋与劳力，子孙长享厚福，还会使民众不忘他们的好名声，这些都是天子您所知道的。勋力，功勋与劳力。令闻，好名声。

　　"天所崇之子孙[1]，或在畎亩，由欲乱民也。畎亩之人[2]，或在社稷，由欲靖民也。无有异焉[3]！《诗》云：'殷鉴不远[4]，在夏后之世。'将焉用饰宫[5]？其以徼乱也。度之天神[6]，则非祥也。比之地物[7]，则非义也。类之民则[8]，则非仁也。方之时动[9]，则非顺也。咨之前训[10]，则非正也。观之《诗》《书》[11]，与民之宪言，则皆亡王之为也。上下议之[12]，无所比度，王其图之！夫事[13]，大不从象，小不从文，上非天刑，下非地德，中非民则，方非时动而作之者，必不节矣。作又不节[14]，害之道也。"

　　王卒壅之。及景王多宠人[15]，乱于是乎始

看来，担心"饰宫"会激起祸乱，才是太子晋考虑的中心问题。

生。景王崩，王室大乱[16]。及定王[17]，王室遂卑。

[注释]

[1]"天所崇之子孙"以下三句：天所推崇的他的子孙，有的沦落在田亩之间，这是因为他们的欲望扰乱了众民。崇，推崇，看重。　[2]"畎亩之人"以下三句：在田亩之间的人，有的却到了朝廷，这是因为他们只想安定众民。　[3]无有异焉：没有什么奇怪的。　[4]"殷鉴不远"二句：见《诗经·大雅·荡》的末章，意思是：殷人的镜鉴并不算远，就在夏王那一代。鉴，镜子。夏后，夏王，指夏桀。　[5]"将焉用饰宫"二句：何必要修饰王宫呢？那样做只会招致祸乱呵！徼（yāo），通"邀"，招致。　[6]"度之天神"二句：从天神的角度考虑这件事，是不吉祥的。　[7]"比之地物"二句：比照地上万物，这件事情也是不适宜的。义，宜。　[8]"类之民则"二句：拿它与百姓的规矩相类比，则属不仁之举。　[9]"方之时动"二句：如以四时变化加以比拟，则属于不顺时的举动。方，比拟。　[10]"咨之前训"二句：若是咨询前人的遗训，此更非正道。　[11]"观之《诗》《书》"以下三句：遍观《诗经》《尚书》与民间格言，都说这是亡国之君的所为。　[12]"上下议之"以下三句：以古今上下为比照，这个举动都找不到先例，父王您还是再考虑一下吧！上下，指古今。议之，公序本作"仪之"，比照、以为榜样之义。　[13]"夫事"以下八句：凡做事，大不依从天象，小不依从《诗经》《尚书》，上不合天法，下不符地利，中不依民则，就四方而言又不顺时而动，这样做下去，必然不会有所节制。　[14]"作又不节"二句：事情做起来而又不加以节制，是招来祸害的途径呵！　[15]景王：周景王，名贵。周灵王之子，太子晋之弟，前544年—前520年在位，东周王朝第十二位国君。宠人：受宠幸之人，指景王子朝及其傅

宾孟等人。　[16]王室大乱：指景王去世后，王室内部为争夺王位继承权而发生的战乱。韦昭注："景王无嫡子，既立子猛，又许宾孟立子朝，未立而王崩，单子、刘子立子猛而攻子朝，王室大乱。"　[17]定王：即周贞定王，名介，前468年—前442年在位，东周王朝第十六位国君。其时已入战国，霸主政治已不复存在，诸侯争战更加剧烈，朝廷内部大臣专权，王室更加卑弱。

[点评]

这是一篇包含着很多历史信息的谏议文章。提出谏议的是东周时期的灵王太子晋，所要谏止的是灵王打算堵塞从北面南流而下的谷水这件事情。

灵王打算堵住谷水南流也是有原因的，就是它与南边的洛水汇合激起了较大的水势，将冲毁灵王花力气修造起来的王宫。但这个想法明显会造成祸国殃民的后果，太子晋作为灵王未来的接班人，不得不苦口婆心地对其父进行劝谏。

太子晋是从两个方面对其父进行劝谏的。一是劝其父不要去壅水，即堵塞谷水。他从人应当顺应自然规律，应当按照天地万物之本性使之各有所归这一思想出发，指出"古之长民者，不堕山，不崇薮，不防川，不窦泽"，即不随意破坏山川湖泽的本来面貌，不遏制万物的本性。强调只有按古圣王这样的做法，才能使民生有财用，死亦有所归宿，君臣上下的关系亦得以稳固。为此他举出了历史上违反此道的共工和崇伯鲧失败的例子，以及顺应此道而在治水中采取疏导方法取得成功的禹和四岳的例子，希望其父能从这些历史的兴废中汲取教训。遗憾的是，灵王并没有听取太子晋的劝告而放弃壅水。

太子晋对其父的另一项谏议，是他的"饰宫"，即修整或扩大王宫。对于太子晋来说，这是一件更迫切需要加以谏止的事情。因为灵王要堵塞南流的谷水，起因便是水流将要损毁他正在修整或扩建的王宫。太子晋认为，饰宫就是"徵乱"的行为，"度之天神，则非祥也。比之地物，则非义也。类之民则，则非仁也。方之时动，则非顺也。咨之前训，则非正也。观之《诗》《书》，与民之宪言，则皆亡王之为也"。而灵王却要坚持这一亡国之君的所为，遂使得太子晋极度担忧。这里，太子晋更是用了周家王朝治乱兴衰的历史来启发打动他的父王。他先是谈到两周之际厉、宣、幽、平诸王的"贪天祸"，至于今仍未平息的故事，复又谈到周祖先自后稷以来创业之不易，还提到过去黎、苗之王及夏、商末代之君亡国后宗庙被毁，"子孙为隶，下夷于民"的惨痛教训，希望他的父王能有所悔悟。但这一切努力仍然落了空。最终，灵王还是对谷水采取了"壅之"的做法。"饰宫"之举大概也照样进行。太子晋未能阻止灵王的昏乱行为，自己却过早死去。继位的景王照样昏庸，"乱于是乎始生"。

文献提到东周王朝的诸多君臣，太子晋算是一位较清醒的人物。以上记载他的言论，不少值得回味。惜乎早逝，未能继承君位。清人高士奇有对他的评论："王子晋，灵王长子，景王之兄也。生有神圣之姿。使得嗣位，则文、武复生，宣王不足数矣。无如周不再兴，哲嗣早世。景王以后，庶孽之祸益甚，岂非天与！"（高士奇《左传

纪事本末》)

　　本篇借助太子晋之口，保留了不少历史记忆，尤其是有关禹治洪水和建立夏朝的记忆。从历史史料的传承角度来说，亦是很宝贵的。

刘文公与苌弘欲城周

　　敬王十年[1]，刘文公与苌弘欲城周[2]，为之告晋。魏献子为政[3]，说苌弘而与之，将合诸侯。

[注释]

[1]敬王：即周敬王，名匄（gài），东周王朝第十四位国君，前519年—前476年在位。　[2]"刘文公与苌（cháng）弘欲城周"：刘文公与苌弘二位周臣想增筑成周的城墙。刘文公，名卷，又称伯蚠（fén），周敬王的卿士。苌弘，刘文公的臣属，字叔。时值周王子朝之乱始被平息，但其余党仍多盘踞在王城之中，周敬王为求安全，从王城迁移到其东面的成周居住。由于成周城狭小，敬王请晋国为之增筑成周城，使扩大规模。言刘文公与苌弘欲城周者，盖其事为二人力主并负责执行。　[3]"魏献子为政"以下三句：魏献子在晋国执政，喜欢苌弘，因而赞成苌弘的筑城主张，准备纠集诸侯来做这件事情。魏献子，名舒，魏绛之子，时为晋国执政。说，同"悦"。与，赞成。

　　卫彪傒适周[1]，闻之，见单穆公曰[2]："苌、此为全篇主题。"天"代表自然与社会历史的必然性，是不可违抗的。

刘其不殁乎[3]？周诗有之曰[4]：'天之所支，不可坏也；其所坏，亦不可支也。'昔武王克殷而作此诗也[5]，以为饫歌，名之曰《支》，以遗后之人，使永监焉。夫礼之立成者为饫[6]，昭明大节而已，少典与焉。是以为之日惕[7]，其欲教民戒也。然则夫《支》之所道者[8]，必尽知天地之为也，不然不足以遗后之人。今苌、刘欲支天之所坏[9]，不亦难乎？自幽王而天夺之明[10]，使迷乱弃德，而即慆淫，以亡其百姓，其坏之也久矣。而又将补之[11]，殆不可矣！水火之所犯[12]，犹不可救，而况天乎？谚曰：'从善如登[13]，从恶如崩。'昔孔甲乱夏[14]，四世而陨。玄王勤商[15]，十有四世而兴。帝甲乱之[16]，七世而陨。后稷勤周[17]，十有五世而兴。幽王乱之[18]，十有四世矣。守府之谓多[19]，胡可兴也？夫周[20]，高山、广川、大薮也，故能生是良材，而幽王荡以为魁陵、粪土、沟渎，其有悛乎？"

[注释]

[1] 彪傒（xī）：卫国大夫。适周：到成周去。　[2] 单穆公：周敬王卿士，名旗。　[3] 不殁：不得好死。　[4] 周诗：逸

诗，不见于《诗》三百篇之诗。下面这几句诗的意思是：上天所要支持的，便是不可败坏的；上天所要败坏的，也是不可支持的。　[5]"昔武王克殷而作此诗也"以下五句：昔日周武王克商时所作的这首诗，是用作饫（yù）礼时所唱的歌，取名叫《支》，拿它传给后人，让后人永远借鉴它。饫，下文有解释。　[6]"夫礼之立成者为饫"以下三句：礼仪中凡站着完成的叫做饫，它只是为了突出大节，少有乐曲仪式参与。立成，站着完成。典，公序本作"曲"，从韦昭注来看，作"曲"是。谓饫礼只突出大节，少有乐曲仪式。　[7]"是以为之日惕"二句：这首饫歌是用来使人们天天警惕，教育人民要知道戒惧的。　[8]"然则夫《支》之所道者"以下三句：那么《支》这首诗所说的这些话，一定是完全知道了天地的作为，不然，它是不足以留传给后人的。　[9]"今苌、刘欲支天之所坏"二句：如今苌弘、刘文公想支持天所要败坏的事物，不也是很难的吗？所坏，指周朝廷。　[10]"自幽王而天夺之明"以下五句：这是对上两句的补充，是说自从周幽王被上天夺去他的明智，使他迷乱失德，而走向纵欲享乐，以此失去百姓，他的败坏已经很久了。明，视力。即，就，接近。慆（tāo）淫，过度淫乐。　[11]补之：对周进行修补，指城周之事。　[12]"水火之所犯"以下三句：水火造成的灾害，犹不可挽救，何况是天所坏败的事物呢？　[13]"从善如登"二句：从善如同登山一样缓慢，从恶如同山崩一样快速。　[14]"昔孔甲乱夏"二句：过去孔甲祸乱夏朝，使它再经历四代就灭亡了。孔甲，夏代倒数第四个国君。《史记·夏本纪》："帝孔甲立，好方鬼神，事淫乱。夏后氏德衰，诸侯畔之。"陨，陨落，垮台。　[15]"玄王勤商"二句：契勤劳于商族的事业，经过十四代才使商族兴起，建立了商朝。玄王，指商人祖先契。十有四世，自契至商汤。　[16]"帝甲乱之"二句：帝甲祸乱商朝，使它再经历七代就灭亡了。帝甲，商朝第二十五代国君，甲骨卜辞称作祖甲，名载。《史记·殷本纪》："帝甲淫乱，殷复衰。" [17]"后稷勤周"二句：后稷勤劳于周族的事情，经过十五世才使周人兴起。十有五世，自后稷至周文王。 [18]"幽王乱之"二句：周幽王祸乱周朝，至今已有十四代了。十有四世，自后稷至周敬王。 [19]"守府之谓多"二句：守住周的社稷已称得上是超出意料的了，哪里可以让周朝再兴盛起来呢？守府，守住社稷。多，超出。 [20]"夫周"以下五句：我们周朝，就好比是高山、大河、大湖，所以能生长出这些贤才，而周幽王将它们败坏成小丘、粪土、小河沟，这没落之势怎么能止得住呵！良材，喻贤才。荡，坏，败坏。魁陵，小山丘。潢，沟洫。悛（quān），止。

単子曰："其咎孰多[1]？"曰："苌叔必速及[2]，将天以道补者也。夫天道导可而省否[3]，苌叔反是，以诳刘子，必有三殃：违天，一也；反道，二也；诳人，三也。周若无咎[4]，苌叔必为戮。虽晋魏子亦将及焉[5]。若得天福[6]，其当身乎？若刘氏[7]，则必子孙实有祸。夫子而弃常法[8]，以从其私欲，用巧变以崇天灾，勤百姓以为己名，其殃大矣。"

苌弘乃刘子之下属兼谋主，故得以诳骗刘子。

[注释]

[1]其咎孰多：刘文公与苌弘二人谁的灾祸更大？咎，灾祸。 [2]"苌叔必速及"二句：苌弘必定更快遭到灾祸，因为他

企图以天道修补人事。叔，苌弘之字。将，企图，打算。天以道补，当读为"以天道补"。　[3]"夫天道导可而省否"以下十句：天道就是引导人做可行之事，而去除不可行之事，可是苌弘却反其道而行之，还以此哄骗刘文公，这使他必定会遭到三重灾祸：违背天意，这是第一；违反天道，这是第二；哄骗他人，这是第三。导，引导。可，可行者。省，去，去除。诳，哄骗。　[4]"周若无咎"二句：要是周王室没有灾祸的话，苌弘就必定会被杀戮。　[5]虽晋魏子亦将及焉：即使是晋国的魏献子，也将会被殃及。　[6]"若得天福"二句：如果他得到上天的福佑，那么灾祸或许仅由他自身承担吧？　[7]"若刘氏"二句：至于刘文公家，则必定连他的子孙也有灾祸。　[8]"夫子而弃常法"以下五句：此人抛弃了正常的法度，用来满足他的私欲，使用取巧的手法致使天灾加重，让百姓劳苦以树立自己的功名，他的灾祸应是最大的。夫子，那个人，指刘文公。弃常法，指丢弃周法。从（zòng）其私欲，指欲城成周。从，同"纵"，满足。巧变，取巧的方法，指效法平王东迁，将敬王迁往成周。崇，加重。

　　是岁也[1]，魏献子合诸侯之大夫于狄泉，遂田于大陆，焚而死。及范、中行之难[2]，苌弘与之，晋人以为讨，二十八年，杀苌弘。及定王[3]，刘氏亡。

据《左传》，实际是田猎后返还路上而死，并非"焚而死"。《左传》《国语》二书小有差异。

[注释]

[1]"是岁也"以下四句：这一年，魏献子在狄泉会合各诸侯国的大夫，趁机到大陆这个地方去打猎，结果被火烧死。狄泉，

周地名，在今河南洛阳。田，打猎。大陆，晋地名，在今河南获嘉县西北（杨伯峻《春秋左传注》据杜预说）。　[2]"及范、中行之难"以下五句：等到晋国发生范氏、中行氏的叛乱时，苌弘参与其中，晋人以此问罪于周，到敬王二十八年，周朝廷便杀了苌弘。范、中行之难，指晋国范氏与中行氏发起的叛乱。事在周敬王二十三年（前497），后被讨平。苌弘与之，苌弘参与范氏、中行氏之叛乱。《左传》哀公三年："刘氏、范氏世为婚姻，苌弘事刘文公，故周与范氏。"晋人以为讨，指周敬王二十八年（前492）晋卿赵鞅为周与范氏的关系前来问罪。　[3]"及定王"二句：到周贞定王时，刘文公家也败亡了。有关定王的注释，见上篇《太子晋谏灵王壅谷水》注。

[点评]

"天之所坏，不可支也"，这是本篇议论的主题。发此议论的人是卫国大夫彪傒，针对的是晋人帮助周人增筑城墙这件事。由于周王子朝之乱，周敬王避居在成周，感觉成周城狭小，需要扩大规模，故请当时的盟主晋国出来帮忙，让他纠集诸侯一起完成城周的工作。

彪傒认为，周王室的衰败已经很久了，是天让它走向败落的。自从幽王以来，天就让它失去双明，"使迷乱弃德，而即慆淫，以亡其百姓"，至今已经十有四世，根本不可能东山再起。如果想挽救它，给它一些修补，勉强扶它起来，譬如这次成周增筑城墙之举，实在就是违背了天意。为此，他预言主持城周的周敬王卿士刘文公及其下属苌弘，以及帮助城周的晋卿魏献子都不得好死。

《国语》托名彪傒的这个主张尽管显得有些神秘，但其中心思想还是应该肯定的。所谓天意、天道，实际是人们对自然规律和历史必然性的概括，"天之所坏"大体可以看作是被自然和社会历史所否定的东西，这些东西谁也支撑不住，勉强支撑或变着法子支撑，一定会招来天灾和祸殃。因而从教育人们顺应历史发展规律，增强辨别历史发展方向的能力出发，本篇议论应当说具有一定积极的意义。

　　本篇内容与《左传》相仿而有出入。按《左传》，苌弘仅预言魏献子必有大咎，其当大咎的原因也并不是主持了修成周城这件事，而是他在给诸侯颁布城周的命令时站错了位置。他竟敢站在国君的位置上，"南面"而向诸侯发号施令，《左传》作者借苌弘之口，认为这是一种"干位"，是"不义"的行为，必须受到谴责，因而判定他"必有大咎"。这反映了《左传》作者尊君和维护周天子的立场，其与《国语》作者厌弃周室的态度是不可同日而语的。

鲁 语 上

臧文仲如齐告籴

鲁饥[1]，臧文仲言于庄公曰[2]："夫为四邻之援[3]，结诸侯之信，重之以婚姻，申之以盟誓，固国之艰急是为。铸名器[4]，藏宝财，固民之殄病是待。今国病矣[5]，君盍以名器请籴于齐！"公曰："谁使？"对曰："国有饥馑[6]，卿出告籴，古之制也。辰也备卿[7]，辰请如齐。"公使往。

当时，诸侯国之间的婚姻都是政治婚姻，通过婚姻加强相互间的联系。当然也要考虑同姓不婚的原则。如齐鲁之间便世通婚姻。

[注释]

[1] 鲁饥：鲁国发生饥荒。其事在鲁庄公二十八年（前 666）。
[2] 臧文仲：臧氏，名辰，文是他的谥号，鲁国正卿。庄公：即鲁庄公，名同，前 693 年—前 662 年在位。 [3] "夫为四邻之援"以下五句：我们与四邻国家结援，缔结与诸侯的信约，用婚姻来加强与国间的友好，用盟誓来申明这种关系，这些，本来就是为国家遇到艰难危急时做准备。申，申明。固，本来。 [4] "铸名

器”以下三句：铸造青铜钟、鼎等器物，贮藏宝贝财物，本来也是为了届时能够解除国民的疾病。名器，青铜重器，如钟、鼎之类。殄（tiǎn），病。　[5]“今国病矣”二句：如今国家正遭到饥荒，您何不用这些宝器向齐国请求买入粮食呢？病，指饥荒。盍（hé），何不。籴（dí），买入粮食。　[6]“国有饥馑”以下三句：国家有饥荒，由卿士出使请求购买粮食，这是自古以来的制度。告，请。　[7]“辰也备卿”二句：我臧辰为卿士，我请求出使到齐国。如，到……去，前往。

　　从者曰：“君不命吾子[1]，吾子请之，其为选事乎？”文仲曰：“贤者急病而让夷[2]，居官者当事不避难，在位者恤民之患，是以国家无违。今我不如齐，非急病也。在上不恤下[3]，居官而惰，非事君也。”

这句话是全篇的主题，岂不值得今人借鉴！

[注释]

[1]“君不命吾子”以下三句：这几句是随从的问话，意思是国君并没有命令您出使，您自己请求前往，岂不是找事吗？吾子，对臧文仲的尊称。选事，挑选事情，即自己找事。　[2]“贤者急病而让夷”以下四句：这几句是臧文仲的回答，意为贤明的人急于奔赴国家的危难，而在平时却选择谦让，担任官职的人遇事不避困难，处在高位的人体恤民众的疾患，这样国家就没有上下相互埋怨的事了。让夷，谦让于平时。夷，平，指平时。无违，韦昭注说“无相违很（恨）者也”。　[3]“在上不恤下”以下三句：在上位的人不体恤下层民众，当官而懒惰，这不是侍奉君主的行为。

文仲以鬯圭与玉磬如齐告籴[1]，曰："天灾流行[2]，戾于弊邑，饥馑荐降，民赢几卒，大惧乏周公、太公之命祀，职贡业事之不共而获戾。不腆先君之币器[3]，敢告滞积，以纾执事；以救弊邑，使能共职。岂唯寡君与二三臣实受君赐[4]，其周公、太公及百辟神祇实永饗而赖之！"齐人归其玉而予之籴。

幸亏齐人亦开明，且讲礼。其时齐国的君主是著名的齐桓公。

[注释]

[1] 鬯（chàng）圭：又称圭瓒，一种玉制的礼器，行祼（guàn）礼时用以舀取鬯酒（祭祀用的香酒）。 [2]"天灾流行"以下六句：这几句是臧文仲告求齐人的话，意思是：天灾流行，降罪到我们鲁国，饥荒频频降临，百姓病饿到几乎全都死去，我们十分害怕由于对周公、太公的祭祀困乏，以及所承担的对于朝廷的贡品和事务无法供给而获罪。戾，罪。弊邑，对自己国家的谦称。荐，频，再。赢（léi），瘦病。乏，困乏，缺少。公序本作"殄"，灭绝之意。命祀，天子所命进行的祭祀。职贡，地方诸侯或藩属对于朝廷的贡纳。共，同"供"。 [3]"不腆（tiǎn）先君之币器"以下五句：献上我们并不丰厚的先君的玉与器物，冒昧请求购买你们积存已久的粮食，以此缓解贵国仓库管理人员的负担；也用来拯救我们国家，使我们能够承担对朝廷的职事。不腆，不丰厚。币器，用作礼物的玉器等物。敢，谦词，冒昧的意思。纾（shū），缓解。执事，办事人员，指齐国的仓库管理人员。 [4]"岂唯寡君与二三臣实受君赐"二句：如果这样，岂止是我们国君和几个

臣下实实在在受到您的恩赐，就是周公、太公及各位先君、天神地祇也将有赖于此而永远享受对他们的祭祀。**百辟**，众多先君，指鲁国的先公。**飨**，通"享"，鬼神享用祭品。

[点评]

鲁庄公二十八年，国内发生严重的饥荒。这一年的《春秋》经记载，鲁"大无麦、禾"，即麦子、小米全都歉收。没有办法，鲁国只能向邻近的齐国请求输入粮食。为此，鲁国拿出了宝藏的玭圭及玉磬等物，但是，派谁出使齐国是一个问题。因为向人求救不是一件体面的事情，何况齐鲁之间不久前发生过一些纠纷，甚至还有过战争冲突。最终，是鲁国的正卿臧文仲挺身而出，前往齐国完成这一外交工作。

本篇记叙了臧文仲同鲁庄公、自己的从者，以及齐人的三段对话。其对鲁庄公之语是建议国家拿出所贮藏的宝器向齐国换取粮食，以解民众饥饿之苦，并自告奋勇地出使齐国完成这一工作。其对从者的话语，是因为从者问他："国君并没有命您出使，您自己请求前往，岂不是找事吗？"他回答说："贤者应急于奔赴国家的危难，而在平时却选择谦让，担任官职的人遇事不回避困难，处在高位的人应体恤民众的疾患，我要是不出使齐国，就不是急于奔赴国难之人了。"这两段话都充分反映了古代贤士大夫急国家人民之所急，体恤民众疾苦，勇于为国家人民利益自任的优秀品质。

其对齐人的一番话语亦充满了希望对方帮助解决自己国家灾难的迫切心情，既辞情恳切，又尊重对方，利用外交辞令，表达出对对方的殷切期望和感谢之情。最终，臧文仲用道义打动了对方，"齐人归其玉而予之柴"。

展禽论祭爰居非政之宜

海鸟曰"爰居"[1]，止于鲁东门之外三日，臧文仲使国人祭之。展禽曰[2]："越哉[3]，臧孙之为政也！夫祀，国之大节也；而节，政之所成也。故慎制祀以为国典[4]。今无故而加典[5]，非政之宜也。

展禽亦称柳下惠，孔、孟对之多有赞誉。《论语·微子》记："柳下惠为士师，三黜。人曰：'子未可以去乎？'曰：'直道而事人，焉往而不三黜？枉道而事人，何必去父母之邦？'"是展禽以行直道著称。

[注释]

[1]"海鸟曰'爰居'"以下三句：有一种叫"爰居"的海鸟，降落在鲁国都东门外已经三天了，臧文仲让国都之人前往祭祀它。国人，指国都之人。 [2]展禽：鲁国大夫，氏展，名获，字禽，谥惠，因邑于柳下，后人称之为柳下惠，又称作柳下季，以守礼闻名于世。 [3]"越哉"以下六句：迂腐呵，臧孙竟然这样处理政务！祭祀乃是国家的重大制度，而制度又是取得政治成功的保障。越，迂阔，不切实际。臧孙，指臧文仲。节，制度。 [4]故慎制祀以为国典：所以要谨慎地制定祭祀制度，以之作为国家的大法。 [5]"今无故而加典"二句：如今无缘无故增加这一项祭礼，不是政治制度所适宜的。

"夫圣王之制祀也[1]，法施于民则祀之，以死勤事则祀之，以劳定国则祀之，能御大灾则祀之，能扞大患则祀之。非是族也[2]，不在祀典。昔烈山氏之有天下也[3]，其子曰柱，能殖百谷百蔬；夏之兴也，周弃继之，故祀以为稷。共工氏之伯九有也[4]，其子曰后土，能平九土，故祀以为社。黄帝能成命百物[5]，以明民共财，颛顼能修之。帝喾能序三辰以固民[6]，尧能单均刑法以仪民，舜勤民事而野死，鲧障洪水而殛死，禹能以德修鲧之功，契为司徒而民辑，冥勤其官而水死，汤以宽治民而除其邪，稷勤百谷而山死，文王以文昭，武王去民之秽。故有虞氏禘黄帝而祖颛顼[7]，郊尧而宗舜；夏后氏禘黄帝而祖颛顼[8]，郊鲧而宗禹；商人禘舜而祖契[9]，郊冥而宗汤；周人禘喾而郊稷[10]，祖文王而宗武王；幕[11]，能帅颛顼者也，有虞氏报焉；杼[12]，能帅禹者也，夏后氏报焉；上甲微[13]，能帅契者也，商人报焉；高圉、大王[14]，能帅稷者也，周人报焉。凡禘、郊、祖、宗、报[15]，此五者国之典祀也。

黄帝、颛顼、帝喾、尧、舜，是为一般人理解的"五帝"，可见"五帝"的提法早在《大戴礼记》的《五帝德》《帝系》之前就已出现了，更不用说司马迁的《五帝本纪》了。

"禘"是祭其始祖所自出的祭祀。有虞氏和夏后氏的祖先都可以上溯到颛顼，却没有证据表明他们与黄帝有何血缘关系，因疑此语亦是按"五帝"的顺序所作的安排。

[注释]

[1] "夫圣王之制祀也"以下六句：圣王制定祭祀制度的原则是，凡定立法规施加于民者便祭祀他，为国事辛勤而死者便祭祀

他，用自己的劳绩使国家安定者便祭祀他，能防御大灾者便祭祀他，能抗拒严重的祸患者便祭祀他。　[2]"非是族也"二句：不属于以上几类的，便不在祭祀法典之中。族，类。　[3]"昔烈山氏之有天下也"以下六句：过去烈山氏统治天下的时候，他的儿子柱能够种植各种谷物蔬菜；夏朝兴起后，周弃继承了他的事业，所以便祭祀他为谷神。烈山氏，即传说中的神农氏，古代部族首领。周弃，周人始祖，善于种植，传为尧舜禹部落联盟的农官，后人尊之为后稷，即农神。　[4]"共工氏之伯九有也"以下四句：共工氏称霸九州的时候，他的儿子后土能够平治九州的土地，因此祭祀他为社神，即土地神。共工氏，见《周语下·太子晋谏灵王壅谷水》注。伯，同"霸"，称霸。九有，即九州，古代中国的代称。　[5]"黄帝能成命百物"以下三句：黄帝能够给百物命名，使民贵贱分明，又有共同享用的财物，颛顼能继承黄帝的事业。黄帝，传说中帝王之首，华夏族人文初祖。颛顼（zhuān xū），传说中上古帝王，有虞氏的祖先。修，继承。　[6]"帝喾（kù）能序三辰以固民"以下十一句：帝喾能安排日、月、星辰运行的顺序以安定人民，尧能使刑法尽量公平以为民树立善的榜样，舜勤劳民事以至于死在苍梧之野，鲧堵塞洪水而被杀死，禹能依靠自己的德行继续完成鲧的事业，契担任司徒之职而使民和睦，冥勤于职守而死在他所担任的水官任上，汤以宽治民而为民除掉暴虐的夏桀，后稷勤于种植百谷而死在山野，文王以文德著称，武王为众民除掉邪恶的商纣。帝喾，传说中的上古帝王，黄帝曾孙。序三辰，排比日、月、星的运行次序制定历法。尧，传说中的上古圣王，为帝喾之后，名放勋，出自陶唐氏。单均刑法，使刑法尽量公平。仪民，为民树立善的榜样。舜，传说中的上古圣王，出身有虞氏，名重华，颛顼之后，受尧禅得登帝位。野死，传说舜南巡，死于苍梧之野。鲧，大禹的父亲，以治水失败被诛杀。障，堵塞。殛（jí），诛杀。契（xiè），商人祖先，传为尧舜时的司徒，掌教化。辑，和。冥，商先公，契的六世孙，曾任夏朝的水官，死于任上。汤，商汤，亦称成汤，商朝的开国君主。邪，指夏桀，夏朝末代之君。稷，后稷，即弃。山死，韦昭注引《毛诗传》称，稷"勤播百谷，死于黑水之山"。纣，指商纣王，商朝末代君主。　　[7]"故有虞氏禘（dì）黄帝而祖颛顼"二句：所以有虞氏禘祭黄帝而祖祭颛顼，郊祭尧而宗祭舜。禘，禘祭，古代帝王祭祀始祖所自出之帝的祭祀。祖，祖祭，对始祖的祭祀。郊，郊祭，在郊外祭天时对祖先的配祀。宗，对开国之君的祭祀。　　[8]"夏后氏禘黄帝而祖颛顼"二句：夏后氏禘祭黄帝而祖祭颛顼，郊祭鲧而宗祭禹。夏后氏，有崇氏建立夏朝以后的改称，意为夏王所在的氏族。　　[9]"商人禘舜而祖契"二句：商人禘祭舜而祖祭契，郊祭冥而宗祭汤。禘舜，据韦昭注，当作"禘喾"，字误。　　[10]"周人禘喾而郊稷"二句：周人禘祭帝喾而郊祭后稷，祖祭文王而宗祭武王。　　[11]"幕"以下三句：幕是能够遵循颛顼的人，因而有虞氏对他施以报祭。幕，有虞氏祖先，颛顼之后。帅，遵循。报，祭名，报德之祭。　　[12]"杼（zhù）"以下三句：杼是能够遵循大禹的夏朝君主，因而夏后氏对他施以报祭。杼，夏朝君主，禹的七世孙。据《世本》及《左传》等书，杼发明了铠甲，因而使夏后氏战胜了作乱的寒浞（zhuó），复兴了夏道，故受到夏人后裔的报祭。　　[13]"上甲微"以下三句：上甲微是能遵循商祖先契的商族领袖，因此商人对他施以报祭。上甲微，商人的先公，名微，上甲是他的庙号，汤的六世祖。据《竹书纪年》，上甲微曾借师河伯以伐有易，报有易之君杀父之仇，使商族走向强大。　　[14]"高圉（yǔ）、大王"以下三句：高圉、大王都是能够遵循后稷的周人祖先，因此周人也都对他二人施以报祭。高圉，周人先祖，后稷十世孙。大（读为"太"）王，周人祖先，高圉曾孙、周文王祖父，又称古公亶（dǎn）父（"大王"实际是以后周人对他的追尊）。按古公亶父是周人祖先中第一位率领族人迁徙到周原地区的周族领袖，经对周原的开发及与姜族的联姻，周人得以从西方崛起，为以后灭亡商朝打下了基础，故言其是"能帅稷者也"。　[15]"凡禘、郊、祖、宗、报"二句：以上所说的禘、郊、祖、宗、报，这五种祭祀属于国家法定的祭祀。典祀，法典规定的祭祀。

这里借古代祭祀制度，阐明了一种积极的自然观。

　　"加之以社稷山川之神[1]，皆有功烈于民者也；及前哲令德之人[2]，所以为明质也；及天之三辰[3]，民所以瞻仰也；及地之五行[4]，所以生殖也；及九州名山川泽[5]，所以出财用也。非是不在祀典。

[注释]

[1]"加之以社稷山川之神"二句：加上土地神、谷神、山神和河流之神，因为他们都是对民众有功德的神灵。　[2]"及前哲令德之人"二句：再加上前代贤哲和有美德之人，因为祭祀他们可以凸显对民的诚信。令德，美德。　[3]"及天之三辰"二句：再加上天上的日、月、星辰，因为它们都是民众所瞻仰的。三辰，日、月、星。　[4]"及地之五行"二句：再加上地上的金、木、水、火、土这五种物质，因为它们使万物得以生长。五行，指金、木、水、火、土五种物质。　[5]"及九州名山川泽"二句：再加上九州有名的高山、大江、大湖，因为它们是财物器用的来源。

　　"今海鸟至[1]，己不知而祀之，以为国典，难以为仁且智矣。夫仁者讲功[2]，而智者处物。无功而祀之[3]，非仁也；不知而不能问，非智也。今兹海其有灾乎[4]？夫广川之鸟兽，恒知避其灾也。"

　　是岁也，海多大风，冬暖。文仲闻柳下季之言，曰："信吾过也[5]，季子之言不可不法也。"使书以为三箧[6]。

臧文仲闻过则改，不失贤士大夫之风范。

[注释]

　　[1]"今海鸟至"以下四句：如今海鸟飞来，自己不知其为何物便去祭祀它，还想把这种祭祀作为国家祀典，这实在难以称得上是仁而且智的行为啊。　[2]"夫仁者讲功"二句：仁者要讲求事功，而智者要能明察事物。处物，明察事物。　[3]"无功而祀之"以下四句：爰居无功而祭祀它，这不能说是仁；不知道爰居的来历又不去打听，不能说是智。　[4]"今兹海其有灾乎"以下三句：今年这海上将会有灾害吧？大江大海上的鸟兽常常知道躲避灾害的。　[5]"信吾过也"二句：这是臧文仲自责之语，意思是：这确实是我的过错，柳下季先生的话不可不效法啊！信，确实。　[6]三箧：三份简策。箧，同"策"，竹简文书。

[点评]

　　臧文仲作为鲁国的正卿，历经庄、闵、僖、文四朝，忠君爱民，为国家做了不少好事，但也有犯糊涂的时候。

大约鲁僖公在位的某年，鲁国发生了一件稀罕事：一只叫"爰居"的海鸟为躲避海上的大风，降落在鲁国都的东门之外，长达三日之久。臧文仲以为它是神物，竟使国人前往祭祀，还要求把这个祭祀列入国家的祀典。

此举很快遭到懂礼的鲁国闻人展禽的反对，他直斥臧文仲迂腐，说祭祀这种不知来历的海鸟是"无故而加典，非政之宜也"，甚至认为臧文仲这种举动为不仁不智。

展禽指臧文仲为"不仁"，是因为"仁者讲功"，而海鸟爰居之为物，根本谈不上对国计民生有功用，"无功而祀之"，自应是"非仁"。为此，他把鲁国奉行的祀典整个清理了一番，说"圣王之制祀也，法施于民则祀之，以死勤事则祀之，以劳定国则祀之，能御大灾则祀之，能扞大患则祀之"，例如历史上的黄帝、颛顼、帝喾、尧、舜、禹、鲧、禹、契、冥、汤、稷、文王、武王等人，加上社稷山川之神，皆是因为"有功烈于民"，所以受到国民的祭祀；还有"天之三辰""地之五行"以及"九州名山川泽"，因为它们为民所瞻仰，或为民生殖出财用，也受到人们的祭祀。除此之外，便没有何人何物能进入国家的祀典，当然也包括海鸟爰居。

好在臧文仲听到展禽这番话便迅速地改正了错误，还说"信吾过也，季子之言不可不法也"。臧文仲还称得上是一位贤士大夫。

本文的价值实在于通过展禽之口，使人们对古代的祭祀制度有了一个较全面的认识，同时对自黄帝至周文王、武王等历代圣王的功烈也有了一个较系统的了解。需要提醒的是，这里所提到的有虞氏、夏后氏、商人、

周人所实行的禘、郊、祖、宗、报五种祭仪及所施加的
对象，只是一个大致的介绍，并不完全符合历史实情。
其中反映以黄帝为首的"五帝"的祭祀顺序，大概也只
是战国时期人们的观念。这牵涉到我国传说时代的历史，
学术界对此尚有不同认识。

里革更书逐莒太子仆

莒太子仆弑纪公[1]，以其宝来奔。宣公使仆
人以书命季文子曰[2]："夫莒太子不惮以吾故杀
其君[3]，而以其宝来，其爱我甚矣。为我予之
邑。今日必授，无逆命矣。"里革遇之而更其书
曰[4]："夫莒太子杀其君而窃其宝来[5]，不识穷
固又求自迩，为我流之于夷。今日必通，无逆命
矣。"明日，有司复命[6]。公诘之[7]，仆人以里
革对。公执之[8]，曰："违君命者，女亦闻之乎？"
对曰："臣以死奋笔[9]，奚啻其闻之也！臣闻之
曰：'毁则者为贼[10]，掩贼者为藏，窃宝者为宄，
用宄之财者为奸。'使君为藏奸者[11]，不可不去
也。臣违君命者[12]，亦不可不杀也。"公曰："寡
人实贪，非子之罪。"乃舍之[13]。

此为鲁先君周
公所制《誓命》之
律条，以此批评鲁
君，鲁君乃不得不
认识错误。

[注释]

[1] "莒（jǔ）太子仆弑（shì）纪公"二句：莒国的太子仆杀死了莒纪公，带着宝器前来投奔鲁国。莒，国名，己姓，属东夷，在今山东莒县。太子仆，莒国的太子，名仆。弑，杀，特指以臣杀君、以子杀父母的行为。纪公，莒国国君，名庶其。据《左传》文公十八年，莒纪公本立仆为太子，后又改立幼子季佗（tuó），太子仆因而杀死纪公，带着宝器投奔鲁国，而其所携之宝物乃宝玉。　[2] 宣公：鲁宣公，春秋中期鲁国国君，名倭，前 608 年—前 591 年在位。仆人：官名，为国君周围掌管迎接宾客等事务的近侍。季文子：即季孙行父，鲁宣公时的正卿。　[3] "夫莒太子不惮以吾故杀其君"以下六句：这是鲁宣公给季文子的亲笔信，意思是：莒太子不畏惧因为我的缘故杀死他的君父，带着宝器来到鲁国，看来是很爱我啊。你替我赏赐给他封邑。今天一定要授给他，不要违反我的命令。惮，畏惧。逆，违反。　[4] 里革遇之而更其书：里革遇见仆人而更改了这封信的内容。里革，鲁国太史，名克，又称史克。　[5] "夫莒太子杀其君而窃其宝来"以下五句：这是里革更改过的信的内容，意思是：莒太子杀死了他的君父并偷窃了他的国家的宝物前来投奔，不知道这是穷途末路，却想求得与鲁国的亲近，你替我将他流放到东夷去。今天就一定要下达放逐的命令，不得违命。穷固，穷途末路。迩，近。流，流放。夷，东夷，指东方少数部族居住的地方。　[6] 有司：有关主管官员，这里指职掌刑狱的司寇官。复命：回复君命。盖季文子得书而使司寇执行驱逐莒太子的命令，司寇于明日反命于君。　[7] "公诘（jié）之"二句：鲁宣公责问此事，仆人将里革更改书信的情况告诉给了宣公。诘，责问。　[8] "公执之"以下四句：宣公将里革抓起来，对他说："违抗君命的人，你也听说过吧？"言下之意是要对他进行惩罚。执之，抓起来。　[9] "臣

以死奋笔"二句：这是里革回答宣公的责问，意思是：我冒死更改君上的书信，何止是我听说过的那些违反君命的事情。奋笔，指更改宣公书信。啻（chì），仅仅，只有。　[10]"毁则者为贼"以下四句：这是里革引用的前人语录，意思是：破坏法律的人叫做贼，掩护贼人的人叫做藏，盗窃珍宝的人叫做宄（guǐ），使用宄的财物者叫做奸。则，法律。藏，窝主。宄，坏人，内奸。　[11]"使君为藏奸者"二句：莒太子使君上成了藏奸之人，不可不去除他。　[12]"臣违君命者"二句：我作为违抗君命的人，也不可不杀。　[13]乃舍之：于是释放了里革。按《左传》记此事，乃季文子改君命而使司寇逐莒太子出境，然后使太史克对宣公的问责，非里革自改君命。

[点评]

公元前609年冬，鲁文公刚去世，宣公尚未正式即位，便遇上邻近的莒国太子仆前来投奔。原来，莒太子因不满其父莒纪公立他的幼弟季佗为储君，遂联络国人将纪公杀死，带着传国的宝玉来到鲁国，并将宝玉献给鲁宣公，希望鲁国助他返国立为君主。宣公贪图宝玉，不仅接纳了莒太子，还打算授予莒太子封邑。他给鲁国执政季文子下达的文书上写道："夫莒太子不惮以吾故杀其君，而以其宝来，其爱我甚矣。为我予之邑。今日必授，无逆命矣。"

没想到派去给季文子送书信的人碰到了太史里革，里革冒死将文书改作"夫莒太子杀其君而窃其宝来，不识穷固又求自迩，为我流之于夷。今日必通，无逆命矣"。这封信送到季文子手中，所造成的后果自然让鲁宣公大为震怒。待宣公将里革抓起来问罪时，里革反而慷慨激昂地对宣公讲了一番不得容留莒太子的道理。他引用鲁先君周公所作《誓命》中的一段语录"毁则者为贼，掩贼者为藏，窃宝者为宄，用宄之财者为奸"，影射鲁君"为藏奸者"，迫使宣公不得不承认自己的错误。

《国语》作者在这里宣扬了里革作为史官维护法纪，坚持原则，嫉恶如仇，敢于拼死抵抗国君错误行为的古代贤士大夫的优良品格。文章结构紧凑，语言洗练，人物形象鲜明，读之使人深受教益。

季文子论妾马

季文子相宣、成[1]，无衣帛之妾，无食粟之马。仲孙它谏曰[2]："子为鲁上卿[3]，相二君矣，妾不衣帛，马不食粟，人其以子为爱，且不华国乎！"文子曰："吾亦愿之[4]，然吾观国人，其父兄之食粗而衣恶者犹多矣，吾是以不敢。人之父兄食粗衣恶，而我美妾与马，无乃非相人者乎！且吾闻以德荣为国华，不闻以妾与马。"

文子以告孟献子[5]，献子囚之七日。自是[6]，子服之妾衣不过七升之布，马饩不过稂莠。文子闻之，曰："过而能改者[7]，民之上也。"使为上大夫。

这句话既实在又感人，比"先天下之忧而忧，后天下之乐而乐"还要说得直接。为官者多思之。

[注释]

[1] "季文子相宣、成"以下三句：季文子辅佐鲁宣公、鲁成公两代国君，他的侍妾不穿丝绸，马也不喂粮食。相，辅佐。　[2] 仲孙它：又称子服它、子服孝伯，鲁国大夫，孟献子的儿子。　[3] "子为鲁上卿"以下六句：这几句是仲孙它劝谏季文子的话，意思是：您身为鲁国的上卿，辅佐两代国君，妾不穿丝绸，马不喂粮食，别人将认为您是吝啬，况且这也不给国家添光彩啊！爱，吝啬。华国，为国添彩。　[4] "吾亦愿之"以下九句：这几句是文子对仲孙它的回答，意思是：我也愿意光彩一些，然而我看到我的国人，他们的父兄吃粗食穿破衣的还很多，所以我不敢那样。别人的父兄吃粗食穿破衣，而我却给自己的妾与马鲜衣美食，岂不是不像个辅佐国君的人吗！况且我只听说过以道德和荣耀来为国家增添光彩，没听说过以妾和马来为国添彩的。无乃，莫非，岂不是。相人者，辅佐国君之人。　[5] "文子以告孟献子"二句：季文子将仲孙它的话告诉其父孟献子，献子将仲孙它关了七天。　[6] "自是"以下三句：从那以后，仲孙它的侍妾所穿不过七升之布，马饲料也不过是一些草料。七升之布，指粗布。韦注："八十缕为升。"缕即线缕，线缕越多者布越细，普通人常服用的是十六升即一千二百八十根线缕织成的布，用七升线缕织成的布为粗布。饩（xì），马饲料。稂莠（láng yǒu），两种有害禾苗的杂草，可作饲料用。　[7] "过而能改者"二句：有过错而能改正之人，德行应当在普通百姓之上（即所谓君子）。

[点评]

此篇亦甚感人。季文子为鲁国上卿，历相宣、成两朝，然居家俭朴，"无衣帛之妾，无食粟之马"，以致有人认为他是吝啬。孟献子之子仲孙它劝他可以把日子过得更光鲜一些，他竟回答，我也愿意把日子过得光鲜一些，可是我看到鲁国的国人，他们的父兄食粗衣恶者还很多，我因而不敢有此奢求。还说："人之父兄食粗衣恶，而我美妾与马，无乃非相人者乎！"如这样的居官者，真是值得大书特书。因为他的俭朴不仅是一种生活习惯，而是考虑到了鲁国普通百姓都还过着食粗衣恶的生活，为官者不能够脱离自己的百姓，这样自觉的官吏确实少有！

　　事实上，季文子任鲁国的上卿并不止于宣、成两朝，而是历相宣、成、襄三朝。当他在襄公五年去世时，家中仍是这样的清贫。这一年的《左传》记他的家宰为其清理葬具时，家中依然是"无衣帛之妾，无食粟之马，无藏金玉，无重器备（没有重样的家具）"，以致后之"君子"亦十分难得地发出如下感叹："（季文子）相三君矣，而无私积，可不谓忠乎！""君子"，一般人认为就是孔子，得孔子这样的评价，可不是容易的事。

鲁 语 下

叔孙穆子不以货私免

虢之会[1]，诸侯之大夫寻盟未退。季武子伐莒取郓[2]，莒人告于会，楚人将以叔孙穆子为戮。晋乐王鲋求货于穆子[3]，曰："吾为子请于楚。"穆子不予[4]。梁其踁谓穆子曰[5]："有货，以卫身也。出货而可以免，子何爱焉？"穆子曰："非女所知也。承君命以会大事[6]，而国有罪，我以货私免，是我会吾私也。苟如是[7]，则又可以出货而成私欲乎？虽可以免[8]，吾其若诸侯之事何？夫必将或循之[9]，曰：'诸侯之卿有然者故也。'则我求安身而为诸侯法矣[10]。君子是以患作[11]。作而不衷[12]，将或道之，是昭其不衷也。余非爱货，恶不衷也[13]。且罪非我之由[14]，为戮何害？”楚人乃赦之[15]。

[注释]

[1]“虢之会”二句：在虢地举行盟会期间，各诸侯国的大夫为追寻过去的盟约尚未散去。虢之会，指前541年，楚、晋、齐、宋、鲁、陈、蔡、郑、许、曹等国在郑国虢地（今河南郑州北）举行的盟会。寻盟，重温过去的盟约。按公元前546年，众诸侯，包括晋、楚、宋、鲁、蔡、卫、陈、郑、许、曹等国在宋国都（今河南商丘南）东门之外曾举行过一次盟会，称为宋之盟，达成了停止兵争的协议，故此次盟会又称作弭（mǐ）兵之会。虢之会是为了重申弭兵的原则。　[2]“季武子伐莒取郓（yùn）”以下三句：鲁国的季武子征伐莒国，夺取了莒国的郓邑，莒人将此事上告到盟会，主持盟会的楚人打算将参会的鲁国使臣叔孙穆子处死。季武子，季文子之子，名夙，鲁国正卿，“武”是他的谥号。郓，莒邑，在今山东沂水北。楚人，指主持盟会的楚国令尹公子围。叔孙穆子，鲁庄公幼弟叔牙之后，鲁成公和襄公时的卿士，名豹，又称穆叔，“穆”是其谥号。戮，处死并且示众。由于虢之会与以前的宋东门之会都在强调弭兵即消除各国的兵争，作为参会国的鲁国竟然在盟会期间对附近小国大动干戈，自然引起盟主之一的楚人的愤怒，要杀死鲁国的参会者叔孙穆子，以示惩戒。　[3]“晋乐王鲋求货于穆子”以下三句：晋国的乐王鲋乘机向叔孙穆子索取贿赂，说：“我替您向楚国求情。”乐王鲋，晋国大夫，又称乐桓子。时为主持盟会的晋国执政赵武（赵文子）的副手。求货，索取贿赂。　[4]不予：不给予。叔孙穆子拒绝贿赂。　[5]“梁其踁谓穆子曰”以下五句：穆子的家臣梁其踁对穆子说：“有财货，是用来保护自身的。如果付出财货可以免罪，您何必吝惜它呢？”　[6]“承君命以会大事”以下四句：我禀承国君之命前来会商诸侯间的大

事，如今国家有罪，我却用财货私下免除罪过，这就成了我为个人的私事来参加盟会。　[7]"苟如是"二句：假若真这样做，那不就成了可以用财货满足自己的私欲吗？苟，诚，假若。　[8]"虽可以免"二句：这样虽然可以免去我的灾祸，但我将何以应对诸侯间的大事呢？　[9]"夫必将或循之"以下三句：这样必将有人来效法我，说："因为诸侯的卿士就有这样的先例。"循，依照，仿效。然，这样，这样的。　[10]则我求安身而为诸侯法矣：那样，我虽求得自身安全，却为诸侯所效法。　[11]君子是以患作：君子因此担心成为某些事情的带头人。患，担心。作，兴，起。吴曾祺《国语韦解补正》以为："作是'作俑'之作，谓始为之者也。"　[12]"作而不衷"以下三句：带头做的事情却不正确，又有人照着去做，那就更扩大了这种不正确。衷，同"中"，正。道，同"导"。昭，显，扩大。　[13]恶不衷：厌恶所作不正。　[14]"且罪非我之由"二句：况且鲁国之罪并非是我造成的，即使被杀，又有何害呢？　[15]楚人乃赦之：楚公子围于是赦免了叔孙穆子。据《左传》昭公元年记载，是因晋国的主盟者赵武为叔孙穆子求情，才使楚人赦免了叔孙。

穆子归[1]，武子劳之，日中不出。其人曰[2]："可以出矣。"穆子曰："吾不难为戮[3]，养吾栋也。夫栋折而榱崩[4]，吾惧压焉。故曰虽死于外[5]，而庇宗于内，可也。今既免大耻[6]，而不忍小忿，可以为能乎？"乃出见之。

此见鲁贵族之间亦颇识大体。

[注释]

[1]"穆子归"以下三句：叔孙穆子回到鲁国，季武子来慰劳他，

穆子直到中午也不出来与武子相见。日中，中午。韦昭注说："穆子怨其背盟伐莒，故不出见之也。"　[2] 其人：据《左传》，指穆子的家臣曾阜。　[3] "吾不难为戮"二句：我不害怕被处死，是为了保护我们国家的栋梁。不难，不以……为难。养，保养。栋，栋梁，指季武子。因为季武子是鲁国执政正卿，穆子比之为国之栋梁。　[4] "夫栋折而榱（cuī）崩"二句：如果栋梁折断，榱子崩塌，我害怕全都被压在里面。榱，榱子，栋梁上面架屋瓦的木条。　[5] "故曰虽死于外"以下三句：所以说即使是死在国外，但能使我们国家的宗庙得到庇护，也是值得的。宗，这里指国家的宗庙，即整个国家。　[6] "今既免大耻"以下三句：如今，我避免了被杀戮的耻辱，却不能忍受小的怨忿，可以称得上贤能么？

[点评]

　　本篇赞扬了叔孙穆子作为鲁国使臣在诸侯盟会上为国家利益而不计个人生命的高尚品德，以及他持身守正、光明磊落的君子言行。

　　公元前514年，诸侯在郑国虢地举行盟会，重申不久前在宋东门外缔结的弭兵之约（即制止各国再兴起兵争的盟约）。想不到就在盟会期间，鲁国操持政柄的季武子却率领军队征伐邻近的莒国，夺取了莒国的郓邑。莒国将鲁国上告到盟会，主持盟会的楚公子围大怒，马上将叔孙穆子抓起来，要杀他示众。

　　面对这个情况，叔孙穆子没有选择逃避，也没有为鲁国的罪责辩护，而是选择由自己一人承担罪责，以避免盟主对鲁国的讨伐。这时，盟会的另一位主持者晋国赵武的副手乐王鲋乘机向叔孙穆子索取贿赂，说他可以向楚人求情，免穆子死罪。穆子对此断然拒绝。穆子的家臣劝他，财货不过是用来护卫身家性命的，出财而可以免罪，您有什么舍不得呢？穆子称，自己"承君命以会大事，而国有罪，我以货私免，是我会吾私也"。《左传》昭公元年记叔孙穆子的话更为明白，他说："诸侯之会，卫社稷也。我以货免，鲁必受师。"是其宁愿个人受难，也要维护国家的安全。当然，穆子不愿用贿赂免罪的作法，也含有维护正常社会道德行为（即所谓"衷"道）的考虑，他担心自己开了"以货私免"这个先例，今后大家都"可以出货而成私欲"，诸侯间的来往将没有信义可言，作为君子，这是绝对要加以避免的。大概正是叔孙穆子的这些话语引起了楚人的重视，楚人不愿背上杀害贤人的恶名，最终释放了穆子。

　　叔孙穆子回到鲁国后，没有因对季武子的"小忿"而与之不和，他仍旧推季武子为国家的栋梁，迎接他的造访，其忍小忿、识大体的精神也是值得学习的。

公父文伯之母论劳逸

　　公父文伯退朝[1]，朝其母，其母方绩。文伯曰："以歜之家而主犹绩[2]，惧忓季孙之怒也，其以歜为不能事主乎！"

　　退朝回来先拜见寡母，这点规矩还是要讲的。

[注释]

[1]"公父文伯退朝"以下三句：公父文伯退朝回家，拜见

他的母亲，他的母亲正在纺织。公父文伯，名歜（chù），鲁国大夫，属季氏分支家族。母敬姜，为时任鲁国正卿季康子的叔祖母。 [2]"以歜之家而主犹绩"以下三句：以我歜这样的家庭还让您亲自纺织，恐怕会触怒季孙氏，他将以为我不能很好地侍奉您呢！主，指敬姜。公父文伯之父公父穆伯亦为鲁大夫，敬姜作为大夫之妻可称为主。忓（gān），公序本作"干"，触犯。季孙，指季康子，名肥。康子为季氏家族的宗子，有约束同族之人的权力，公父文伯作为季氏小宗，担心自己的行为会使康子产生怒气。事，侍奉。

这两句论劳逸关系，是全篇的中心思想。

　　其母叹曰："鲁其亡乎 [1]！使僮子备官而未之闻耶？居 [2]，吾语女。昔圣王之处民也 [3]，择瘠土而处之，劳其民而用之，故长王天下。夫民劳则思 [4]，思则善心生；逸则淫，淫则忘善，忘善则恶心生。沃土之民不材 [5]，逸也；瘠土之民莫不向义，劳也。是故天子大采朝日 [6]，与三公、九卿祖识地德；日中考政 [7]，与百官之政事、师尹维旅、牧、相宣序民事；少采夕月 [8]，与大史、司载纠虔天刑；日入监九御 [9]，使洁奉禘、郊之粢盛，而后即安。诸侯朝修天子之业命 [10]，昼考其国职，夕省其典刑，夜儆百工，使无慆淫，而后即安。卿大夫朝考其职 [11]，昼讲其庶政，夕序其业，夜庇其家事，而后即安。士朝受业^[12]，昼而讲贯，夕而习复，夜而计过无憾，而后即安。自庶人以下^[13]，明而动，晦而休，无日以怠。

[注释]

[1] "鲁其亡乎"二句：鲁国看来要灭亡了啊！让你这样的小孩子当官却怎么没让你们知晓为官之道呢？僮子，未成年的小孩子，指公父文伯。备官，充当官吏。未之闻，韦昭注说是"未闻道也"，即尚未懂得为官之道。　[2] 居：坐下。　[3] "昔圣王之处民也"以下四句：过去圣王安置百姓，选择贫瘠的土地让他们居住，使百姓辛勤劳作而后使用他们，因此能够长久地统治天下。　[4] "夫民劳则思"以下五句：百姓勤劳就会想到节俭，想要节俭便会有善心产生；若是安逸则会出现放荡，放荡便会忘记善心，忘记善心就会产生邪恶之心。思，韦昭注说"思俭约"。　[5] "沃土之民不材"以下四句：肥沃土地上的人们不能成才，因为他们太安逸了；贫瘠土地上的人们没有一个不向往仁义的，是因为他们勤劳的缘故。不材，不能成才。　[6] "是故天子大采朝日"二句：所以天子在早晨要朝拜日神，与三公九卿一起学习和了解土地上的物产。大采，记时词，指早晨日出后至大食（早饭）前的一段时间。此用语早见于殷墟卜辞，《国语》盖沿用之（陈梦家《殷墟卜辞综述》）。三公九卿，古代中央政府辅佐国君掌管各部门权力的最高职级官员，因各时期政府部门设置的不同，三公九卿的内容也有所不同，周代的三公指太师、太傅、太保，九卿则为少师、少傅、少保、冢宰、司徒、宗伯、司马、司寇、司空。祖识，学习，了解。地德，土地上的物产。　[7] "日中考政"二句：中午考察政事，与百官中的长官及职事人员、大

夫官以及众士、地方官、辅佐官全面安排民事。政事，长官与职事人员。师尹，大夫官。维，及，连词。旅，众士。牧，地方官。相，辅相，辅佐官。宣序，全面安排。　[8]"少采夕月"二句：傍晚拜祭月神，与太史、司载官一起恭敬地观察天象所显示的各种法则。少采，即小采，记时词，见殷墟卜辞，指小食（晚饭）后至日落前的一段时间（陈梦家《殷墟卜辞综述》）。夕月，拜祭月神。大史，即太史，掌天文历法及典籍图册。司载，俞樾认为是"司灾"，即掌管天文灾异之官（俞樾《群经平议》）。纠，恭。虔，敬。天刑，天象显示的法则。　[9]"日入监九御"以下三句：日落后进入宫内监督九嫔官，让她们整洁地准备好禘祭和郊祭所用的祭品，然后就寝。九御，即九嫔，宫中女官，同时也是帝王的妃子。禘，禘祭，古代帝王对祖先的祭祀。郊，郊祭，古代帝王的祭天大典。粢（zī）盛，祭祀用的谷物。即，就。安，安寝。　[10]"诸侯朝修天子之业命"以下六句：诸侯早晨处理天子布置的事情与命令，白天考察自己国家的政务，晚上省察法令执行的情况，夜里还要警戒百官，让他们不要怠慢与荒淫，然后才去就寝。修，处理。业命，事情与命令。儆，警戒。百工，百官。慆（tāo），怠慢。　[11]"卿大夫朝考其职"以下五句：卿大夫早晨考察自身的职责，白天研究各种政务，晚上依次检查自己的业务，夜里治理他的家事，然后才去休息。讲，研究，商讨。序，依次检查。庀，治理。　[12]"士朝受业"以下五句：士人早晨接受学业，白天研究学习，晚上复习检查，夜里反省过失，没有遗憾，然后再去就寝。计过，反省有无过失。　[13]"自庶人以下"以下四句：自庶人以下各色之人，天亮后就劳动，天黑就休息，没有一天可以懈怠的。庶人，平民。晦，天黑。

讲各阶层妇女都要从事纺织类劳作，并非自己一人之辛苦矣。

"王后亲织玄纮[1]，公侯之夫人加之以纮、綖，卿之内子为大带，命妇成祭服，列士之妻加之以朝服，自庶士以下，皆衣其夫。社而赋事 [2]，蒸而献功，男女效绩，愆则有辟，古之制也。君子劳心，小人劳力，先王之训也。自上以下 [3]，谁敢淫心舍力？今我 [4]，寡也，尔又在下位，朝夕处事，犹恐忘先人之业。况有怠惰 [5]，其何以避辟！吾冀而朝夕修我曰 [6]：'必无废先人。'尔今曰 [7]：'胡不自安？'以是承君之官，余惧穆伯之绝嗣也。"

　　仲尼闻之曰 [8]："弟子志之，季氏之妇不淫矣。"

此较孟子更早谈到"劳心""劳力"的问题。不过孟子在此基础上更谈到"劳心者治人，劳力者治于人"，是又有新的发挥矣。

仲尼此处不再讲"唯女子与小人为难养也"。

[注释]

[1] "王后亲织玄纮（dǎn）"以下七句：王后亲自编织王冠两侧黑色的丝绳，公侯的夫人还加织其夫冠冕上系带和罩在冠冕上的黑布，卿的夫人要为其夫编织大带，大夫的妻子要为其夫缝制祭服，列士的妻子还要为其夫加制上朝的衣服，自庶士以下各色人等的妻子，都要为其夫制作衣服。玄纮，王冠两侧黑色的丝绳，用以系瑱（tiàn，塞耳用玉）。纮（hóng），冠冕上丝织的系带。綖（yán），罩在木质冠冕上的黑布。内子，卿大夫的嫡妻。大带，束在祭服上的黑色腰带。命妇，大夫之妻。列士，元士，特指天子之士。庶士，众士。　　[2] "社而赋事"以下五句：春天社祭时安排好一年的农桑之事，冬天蒸祭时献上五谷、布帛等各种产品，

男女都尽力献出自己的成绩，犯过错则有刑罚处置，这是古代定下的制度。社，指社祭，每年春分时节举行的对土地神的祭祀。赋事，安排农桑之事。蒸，指蒸（或写作"烝"）祭，冬祭的别称。献功，献上五谷、布帛等劳动成果。愆（qiān），过错。辟，法，刑罚。　[3]"自上以下"二句：从上到下，谁敢放纵其心而不出力气？淫心，放纵其心。舍力，止力，不用力。　[4]"今我"以下五句：现在我是个寡妇，你又处在下大夫的位置，从早到晚地做事，仍害怕丢掉先人的功业。忘，通"亡"，遗失，丢掉。　[5]"况有怠惰"二句：何况有懈怠和懒惰，将如何逃避刑罚！　[6]"吾冀而朝夕修我曰"二句：我希望你早晚提醒我说："一定不要废弃先人的功业。"冀，希望。而，同"尔"，你。修，警戒。　[7]"尔今曰"以下四句：你今天却说："为什么不自求安逸？"用这种态度去承担我们国君的官职，我担心穆伯的后嗣要断绝了。绝嗣，断绝后嗣，指文伯将被诛杀，穆伯没有了后嗣。　[8]"仲尼闻之曰"以下三句：孔子听说这件事情后，说："弟子们记住她的话，季氏家的妇人不是放纵享乐之人。"仲尼，孔子之字。志，记住。

[点评]

"夫民劳则思，思则善心生；逸则淫，淫则忘善，忘善则恶心生。"这几句话出自鲁大夫公父文伯之母对他的教诲。公父文伯出自鲁国季氏家族的一个分支，算得上是一个小贵族。他看到自己母亲敬姜每天晚上还要辛勤地纺织，忍不住对她说，像我们这样的家庭，主母还要亲自纺纱织布，怕是要让人以为我不能够侍奉自己的母亲了哩！敬姜认为儿子的这个想法十分可怕，蕴含着亡国的危险，于是对他进行了一番语重心长的教诲。

这番教诲是围绕劳逸关系展开的。其母先是原则性地讲述了勤劳对于一个国家立国的重要性，以及贪图安逸对于国家的危害性（包括我们上面引述的那段话）。接着，她便从社会各阶层分工的角度依次谈到了自天子、诸侯、卿大夫、士以至普通庶人每天都要从早到晚操持自己分内的各种事务，即都要"无日以怠"地操劳。与之对应，作为妇女辈的王后、公侯夫人、卿之内子、命妇、列士之妻以及庶人以下家庭的妇人，也都在操持着与自己身份相适应的各种工作。言下之意，自己每晚的纺织也是完全应该做的。最后，她对上述内容进行归纳，说"君子劳心，小人劳力"，即社会每个成员，无论他属于哪个阶层，都要不停地操劳，这是"先王之训"，整个社会自上而下，谁都不敢放纵自己而不用力气。然而身处"下位"的公父文伯不懂这个道理，竟然对自己母亲说"您为什么不自求安逸"，这样一种"怠惰"之情，将何以逃避社会的惩罚！以此，她向公父文伯发出了"余惧穆伯（文伯之父）之绝嗣也"的警告。

公父文伯之母对勤劳的重视是一贯的。早些时候，季氏家族的主持人季康子曾经向她请教："主亦有以语肥也。"她回答："吾闻之先姑曰：'君子能劳，后世有继。'"君子只有坚持勤劳，后世子孙才能继承家业而不废。这与"君子以自强不息"的主张正有些一脉相通！

公父文伯和她的母亲生活在与孔子差不多的时代，大概他们也同住在鲁国都城，所以孔子很快便了解到公父文伯之母的这番话语。他对自己的学生说："弟子志之，季氏之妇不淫矣。"作为教育家的孔子让学生记住公父文伯之母的这些话，可见孔子对于公父文伯之母评价之高，更可见培养吃苦耐劳精神对于中华民族生存与发展的重要性。本篇称得上是一篇传播儒家优秀传统文化的很好教材。

孔丘非难季康子以田赋

本篇主要内容，又见于《左传》哀公十一年。

韦昭对此句的注解为："籍田，谓税也。以力，谓三十者受田百亩，二十者五十亩，六十还田也。"此注实非。"籍"训为"税"，没有依据。今按赵光贤先生之说另作解释，见氏著《孔学新论》，巴蜀书社1992年，第12页。

季康子欲以田赋[1]，使冉有访诸仲尼[2]。仲尼不对[3]，私于冉有曰："求来[4]！女不闻乎？先王制土，籍田以力，而砥其远迩；赋里以入[5]，而量其有无；任力以夫[6]，而议其老幼。于是乎有鳏、寡、孤、疾[7]。有军旅之出则征之[8]，无则已。其岁收[9]，田一井，出稯禾、秉刍、缶米，不是过也。先王以为足。若子季孙欲其法也[10]，则有周公之籍矣；若欲犯法[11]，则苟而赋，又何访焉！"

[注释]

[1] 以田赋：按照田亩数征收军赋。或说"田"通"甸"，谓以甸（一种地域名称）为单位征收赋税。赋，指军赋，为战争而征收的赋税。 [2] 冉有：孔子弟子，名求，字子有，其时正做季康子的家臣。 [3]"仲尼不对"二句：孔子不回答，却私下对冉有说。对，答。 [4]"求来"以下五句：冉求，你过来！你没有

听说过吗？先王制定土地制度，使用民力来耕种公田，而考虑到各家距离公田的远近。籍田，借民力耕种的公田。周代的土地分作公田与私田，公田为贵族所有，由庶民提供劳役耕作；私田为庶民自己占有之土地，庶民须"先公而后私"。籍，通"借"。以力，使用民力。砥（dǐ），平，谓平衡庶民到公田耕作路途的远近。　　[5]"赋里以入"二句：按照里中居民的收入来征收赋税，同时要衡量各家财产的有无。赋里，对里中居民征收军赋。里，邑里，居民的居住单位。以入，按照居民收入。　　[6]"任力以夫"二句：根据成年男丁之数来确定使用的力役，而对老幼免除力役。任力，使用力役。夫，丈夫，指成年男子。议，讨论免除。　　[7]于是乎有鳏、寡、孤、疾：就此也免除鳏、寡、孤、疾之人的力役。　　[8]"有军旅之出则征之"二句：国家有军旅出动时才征收军赋，没有军旅出动便停止征收。已，停止。　　[9]"其岁收"以下四句：对于有军旅之事的年份的收取标准，一井田的范围，出一稯（zōng）小米、一秉饲料和一缶大米，不会超过这个数。井，井田。按《周礼·地官·小司徒》"九夫为井"的说法，一夫受田百亩，一井之地共九百亩。稯，计量单位，六百四十斛为一稯。禾，粟，即小米。秉，计量单位，一百六十斗为一秉。刍，喂牲口的粮食。缶，计量单位，一缶为十六斗。　　[10]"若子季孙欲其法也"二句：如果季孙先生打算按法度办事，那么已经有周公制定的籍田法了。　　[11]"若欲犯法"以下三句：如果想要犯法，那就随意去征收赋税好了，又何必征求我的意见呢！苟，苟且，随意。

[点评]

　　出于"仁者爱人"的考虑，孔子十分关心下层民众的疾苦。他反对苛政，反对对民众进行聚敛，主张"敛从其薄"，希望统治者能够以民为本，"节用而爱人，使民以时"。但同时，他又比较保守，向往过去，认为当今是乱世，过去才是治世，提倡回到文、武、周公的时代。他相信那时的制度要比当今完美，包括过去的一套赋税制度。因而当鲁哀公十一年（前484）鲁正卿季康子实行一套新的按田亩征收军赋的制度时，他便立即加以反对，并搬出过去周公实行的土地管理制度和赋税制度来对季康子的新政加以指摘——"欲犯法"。在他眼里，季康子的"以田赋"显然比过去加重了农民的负担。

由于书缺有间，我们无法知道季康子"以田赋"的详情，以及"以田赋"是怎样加重了民众的负担。但从孔子对过去"先王制土"的追诉中，可以大致了解一些西周土地及赋税制度的基本情形。这正是本篇作为史料的又一重要价值。

本篇通过孔子所述周人的土地及赋税制度，可归纳为如下几点。其一，"籍田以力"，即借民力以耕种公田，也就是对土地的经营采取劳役地租的方式。其二，"赋里以入"，即按照里中居民的收入来征收军赋。其三，"任力以夫"，即根据成年男丁的人数来使用力役，同时免去老幼及鳏、寡、孤、疾者的劳役。其四，对于军赋的征收，是"有军旅之出则征之，无则已"，即只是有军旅之事的年份才会征收，并非每年都有。其五，即令征收，也限制在一井的范围内出一定量的军粮和马饲料之类。总的看来，西周（或包括春秋）时期庶民的赋税负担并不太沉重，难怪孔子要对季康子的赋税新政加以反对了。不过也应看到，孔子所要维护的毕竟是一些老旧的东西，上述周人使用的一套土地与赋税制度，是以劳役剥削为主的，它必然要为新的以实物地租或货币地租为主的土地剥削方式所代替的。在此之前，鲁国已实行了"税亩"制，即按亩征收田税的制度，今又将实行按亩征收军赋的制度，看来孔子的呼吁是无济于事的。

齐　语

管仲对桓公以霸术

桓公自莒反于齐[1]，使鲍叔为宰[2]，辞曰："臣，君之庸臣也[3]。君加惠于臣[4]，使不冻馁，则是君之赐也。若必治国家者，则非臣之所能也。若必治国家者[5]，则其管夷吾乎。臣之所不若夷吾者五：宽惠柔民[6]，弗若也；治国家不失其柄[7]，弗若也；忠信可结于百姓，弗若也；制礼义可法于四方，弗若也；执枹鼓立于军门[8]，使百姓皆加勇焉，弗若也。"桓公曰："夫管夷吾射寡人中钩[9]，是以滨于死。"鲍叔对曰："夫为其君动也[10]。君若宥而反之[11]，夫犹是也。"桓公曰："若何[12]？"鲍子对曰："请诸鲁[13]。"桓公曰："施伯[14]，鲁君之谋臣也，夫知吾将用之，

此鲍叔自谦之辞。据鲍叔孙子所作铸铭文，鲍叔因有功于齐，齐君赐给他二百九十九个邑，以及鄣地的民人都鄙，还任命他担任了大工尹、大史、大司徒、大宰等官职。是鲍叔并非庸臣。

必不予我矣。若之何？"鲍子对曰："使人请诸鲁，曰：'寡君有不令之臣在君之国[15]，欲以戮之于群臣，故请之。'则予我矣。"桓公使请诸鲁，如鲍叔之言。

[注释]

[1]桓公：齐桓公，名小白。春秋前期齐国的君主，"春秋五霸"之首。前685年—前643年在位。自莒（jǔ）反于齐：春秋初年，齐襄公无道，国内政治动荡，鲍叔牙奉其弟小白出奔莒国。随之齐公孙无知杀襄公自立，管仲又奉襄公另一个弟弟公子纠出奔鲁国。公孙无知不久为齐人所杀，国内高、国等贵族先召小白于莒。鲁闻公孙无知死，亦发兵送公子纠，而使管仲别将兵在由莒通往齐国的路上截击小白。管仲射小白，中其带钩，小白装死，骗过管仲，得以先返回齐国继位为君。莒，国名，己姓，在今山东莒县。反，通"返"。　[2]鲍叔：即鲍叔牙，姒姓，鲍为其氏，字叔牙，齐国大夫。与管仲相友善，进而向齐桓公推荐管仲，促成齐国的霸业。宰：齐官名，相当于后世的宰相。　[3]庸臣：平庸之臣。此鲍叔自谦之词。　[4]"君加惠于臣"以下三句：君主施加恩惠于我，使我不至受冻挨饿，就已是君主对我的赏赐了。馁（něi），饥饿。　[5]"若必治国家者"二句：如果说一定能治理好国家的人，那就是管夷吾了。管夷吾，即管仲，夷吾是他的名，字仲，或称管敬仲，姬姓。受鲍叔推荐任为齐相，助桓公成就齐国的霸业。　[6]柔民：安抚、怀柔民众。　[7]不失其柄：不失去国家的权柄。　[8]"执枹（fú）鼓立于军门"以下三句：打仗的时候，手执鼓槌立于军营之门，使百姓勇气倍增，我比不

上他。枹，鼓槌。徐元诰称：枹为击鼓槌，"枹"下不当有"鼓"字，《管子·小匡》篇正作"执枹立于军门"。见《国语集解》。　[9]"夫管夷吾射寡人中钩"二句：管夷吾射中了我的衣带钩，我因此差一点死去。钩，衣带钩。滨，通"濒"，濒临，临近。　[10]夫为其君动也：管仲这样做，只是为他当时的君主效劳。君，指管仲原先事奉的公子纠。动，据汪远孙引洪颐煊说，当为"勤"字之误（《〈国语〉校注本三种》），效力之意。　[11]"君若宥（yòu）而反之"二句：君主您如果赦免他并且让他返回齐国，他将会像对待公子纠那样效忠于您。宥，赦免。犹是，仍旧那样，指像忠于公子纠那样忠于齐桓公。　[12]若何：怎么办。指怎么使管仲返回齐国。　[13]请诸鲁：向鲁国请求（让他回来）。　[14]"施伯"以下四句：施伯作为鲁君的谋臣，知道我们将任用管仲，必定不会将管仲交给我们。施伯，鲁国大夫。鲁君，指鲁庄公。　[15]"寡君有不令之臣在君之国"以下三句：我们国君有一位不听从命令的臣下在您的国家，打算在群臣面前当众处死他，所以请求将他交给我们。寡君，对本国君主的谦称。不令之臣，不听从命令之臣。戮，杀死。

齐鲁不睦，且鲁弱于齐，故忧齐得管仲辅佐。

　　庄公以问施伯[1]，施伯对曰："此非欲戮之也，欲用其政也[2]。夫管子，天下之才也。所在之国，则必得志于天下。令彼在齐[3]，则必长为鲁国忧矣。"庄公曰："若何？"施伯对曰："杀而以其尸授之。"庄公将杀管仲，齐使者请曰："寡君欲亲以为戮[4]，若不生得以戮于群臣，犹未得请也。请生之[5]。"于是庄公使束缚以予齐使。

齐使受之而退。

[注释]

[1] 庄公：鲁庄公，名同，鲁桓公之子，前 693 年—前 662
年在位。 [2] 用其政：用其为政，即让管仲主持国政。 [3] "令
彼在齐" 二句：如果让他在齐国主政，就必定长期成为鲁国的忧
患。令，设词，假如之意。 [4] "寡君欲亲以为戮" 以下三句：
我们国君打算亲手处死他，如果不能得到活的管仲并在群臣面前
将他处死，等于没有得到我们的请求。 [5] 生之：让他活着。

比至 [1]，三衅、三浴之。桓公亲逆之于郊 [2]，
而与之坐而问焉，曰："昔吾先君襄公筑台以为
高位 [3]，田、狩、罼、弋，不听国政，卑圣侮士，
而唯女是崇。九妃、六嫔 [4]，陈妾数百，食必粱
肉，衣必文绣。戎士冻馁 [5]，戎车待游车之裹，
戎士待陈妾之余。优笑在前 [6]，贤材在后。是以
国家不日引 [7]，不月长。恐宗庙之不扫除 [8]，社
稷之不血食，敢问为此若何？"管子对曰："昔
吾先王昭王、穆王世法文、武 [9]，远绩以成名。
合群叟 [10]，比校民之有道者，设象以为民纪，
式权以相应，比缀以度，薄本肇末，劝之以赏赐，
纠之以刑罚，班序颠毛，以为民纪统。"桓公曰：

称先王而独举
昭、穆，是因为二
王 "远绩以成名"，
以影射桓公称霸诸
侯。

本篇仅言及"参其国"，未言及"伍其鄙"。

"为之若何？"管子对曰："昔者[11]，圣王之治天下也，参其国而伍其鄙，定民之居，成民之事，陵为之终，而慎用其六柄焉。"

[注释]

[1]"比至"二句：等管仲到达齐国，为他做了三次薰香和三次沐浴。比，及，等到。衅，同"薰"，用香薰身。　[2]"桓公亲逆之于郊"二句：桓公亲自到郊外迎接管仲，同他坐在一起，询问他治国的方略。逆，迎接。　[3]"昔吾先君襄公筑台以为高位"以下五句：过去我们的先君襄公修筑高台用来显示自己的尊位，变着花样地狩猎游乐，不听国政，看不起圣贤，侮辱士人，只崇尚女人。襄公，齐襄公，名诸儿，齐僖公之子，桓公之兄，前697年—前686年在位。田、狩、罼（bì）、弋，皆狩猎的名称。田，田猎；狩，冬猎；罼，围网而猎；弋，用带丝绳的箭射猎。　[4]"九妃、六嫔"以下四句：这几句是对"唯女是崇"的具体描述，称襄公有九妃、六嫔，姬妾数百，吃的一定是粱肉，穿的一定是文彩锦绣。妃，国君或诸侯之妻，地位仅次于后。嫔，宫中女官，实际等同于妾。陈妾，环绕在周围的侍妾。粱，精米。粱肉指精美的膳食。文绣，有花纹的丝织品。　[5]"戎士冻馁"以下三句：战士们受冻挨饿，战车都是待贵族乘坐的游车用坏后才改装的，战士们食用的也是侍妾用剩下的食品。戎士，战士。戎车，战车。游车，贵族出行乘坐之车。襄（jiān），残，残破。　[6]"优笑在前"二句：把倡优及供人取笑之人放在前头，把贤才放在后面。优笑，倡优及供人取笑之人。　[7]"是以国家不日引"二句：因此国家不能天天取得进步，月月有所增益。引，申，进步之意。长，增益。　[8]"恐宗庙之不扫除"以下三句：我担心齐国的宗

庙以后再没人来扫除，社稷也再没人来祭祀，敢问如何处理这些问题？血食，受祭祀。因祭祀时要杀牲取血。按宗庙是存放祖宗牌位的地方，社稷指土地神与谷神，是国家的象征。宗庙无人打扫，社稷不再有人祭祀，意味着国家的灭亡。　[9]"昔吾先王昭王、穆王世法文、武"二句：过去我们的先王周昭王、周穆王世代效法周文王和周武王，通过远征的功绩以成就他们的美名。昭王，指周昭王，名瑕（xiá），周康王之子，西周的第四个国君。在位十九年，以南征荆楚著名。穆王，指周穆王，名满，周昭王之子，西周的第五位国君。在位五十五年（《夏商周断代工程年表》）。曾北征犬戎，南伐徐、楚，文献中多有他"周行天下"的记录。远绩，远征的功绩。　[10]"合群叟"以下十句：召集众位长老，比较考察出民众中有道德之人，设立象阙公布法令以为民众之行为准则，以适当方法治政用民，用法度将居民组织起来，先整齐根本再端正末节，用赏赐鼓励民众为善，用刑罚纠正不良，根据头发黑白来确定人的长幼秩序，以之作为民众的纲纪。叟，老人，长老。比校，比较考察。象，象魏，亦称象阙，古代宫廷外面的阙门，用以悬挂国家法令。纪，法度，准则。式，语首助词。权，衡，治政用民之意。相应，适当，适宜。比缀，连接，组织。度，法度。塼（zhuǎn），等，整齐。肇，正，端正。劝，鼓励。班序，规定长幼秩序。颠毛，头顶上的毛发。　[11]"昔者"以下七句：过去，圣王治理天下，将国都分为三个部分，将鄙野分作五个部分。规定民众的居住区域，成就民众的事业，让他们死后都有各自的葬地，审慎地使用王者所拥有的生、杀、贫、富、贵、贱这六大权柄。参，三，三分之意。国，指国都。伍，即五，五分之意。鄙，鄙野，国都以外的郊野之地。陵，陵墓，指葬地。终，终老，指死去。六柄，指王者拥有的对于臣民的生、杀、贫、富、贵、贱等六大权柄。

桓公曰："成民之事若何？"管子对曰："四民者^[1]，勿使杂处，杂处则其言呢，其事易。"公曰："处士、农、工、商若何^[2]？"管子对曰："昔圣王之处士也^[3]，使就闲燕；处工，就官府；处商，就市井；处农，就田野。

四民，就是士、农、工、商四种不同职业之民。梁漱溟认为，中国古代社会没有阶级分化，只有职业分途。所谓职业分途，即此四民之职业划分。

[注释]

[1]"四民者"以下四句：对于士、农、工、商这四类民众，不要让他们混杂地住在一起，混杂地住在一起就会使他们的言谈杂乱，以致变易他们从事的事业。四民，古代按职业将民众分为四大类别，即士、农、工、商。呢（máng），言语杂乱。易，变易。　[2]处士、农、工、商若何：怎样安排士、农、工、商的居处呢？处，安排居处。　[3]"昔圣王之处士也"以下八句：过去圣王安排士人的居处，是使他们住在闲适安逸的地方；安排工匠的居处，是让他们住在靠近官府的地方；安排商人的居处，是让他们住在市场附近；安排农夫的居处，是让他们住在田野附近。闲燕，闲适、安逸。燕，通"宴"，安逸。市井，市场所在之地。古代城市规划市场，使其像井字形格局，故称市井。

士，从职业上讲，就是官员，或官员的预备队。

"令夫士^[1]，群萃而州处，闲燕则父与父言义，子与子言孝，其事君者言敬，其幼者言弟。少而习焉^[2]，其心安焉，不见异物而迁焉。是故其父兄之教不肃而成^[3]，其子弟之学不劳而能。

夫是^[4]，故士之子恒为士。

[注释]

[1]"令夫士"以下六句：命令士人，集中居住在一个地方，让他们闲适安逸，这样父辈们在一起谈论礼义，子辈们谈论孝道，他们中侍奉君主的人谈论恭敬，年幼之人则谈论悌的美德。群萃，成群聚集。州处，集中居住。州为古代地方行政单位，州处是让大家集中居住在一个行政单位里面。弟，通"悌"，弟弟顺从兄长的德行要求。 [2]"少而习焉"以下三句：使他们从小就学习这些品德，心理上也安于这些东西，不会见异思迁。 [3]"是故其父兄之教不肃而成"二句：因此他们父兄的教诲不用着急就会取得成功，他们子弟的学习也不用费力就能学成。肃，峻急，着急。劳，费力。 [4]"夫是"二句：这样，士的儿子就永远是士。恒，固定，长久。

"令夫工，群萃而州处，审其四时^[1]，辨其功苦，权节其用，论比协材。旦暮从事^[2]，施于四方，以饬其子弟，相语以事，相示以巧，相陈以功。少而习焉，其心安焉，不见异物而迁焉。是故其父兄之教不肃而成，其子弟之学不劳而能。夫是，故士工子恒为工。

[注释]

[1]"审其四时"以下四句：考察四季的不同需求，辨别工

具性能的美恶，衡量与把握它们的用途，选择比较材料的协调使用。审，考察。功苦，指工具的美恶。权节，衡量与把握。论比，选择比较。论，通"抡"，选择。协材，材料的协调使用。　[2]"旦暮从事"以下六句：从早到晚地制作，让产品销往四方，以此教导他们的子弟，通过工作互相交谈，用技巧互相展示，将彼此成果陈列出来。饬，整饬、教导的意思。巧，技巧。功，成果。

《史记》称齐太公刚分封到齐国，便"因其俗，简其礼，通商工之业，便鱼盐之利"，故齐之工商业向称发达，从事工商之人不少。

"令夫商，群萃而州处，察其四时[1]，而监其乡之资，以知其市之贾，负、任、担、荷，服牛、辂马，以周四方，以其所有，易其所无，市贱鬻贵。旦暮从事于此，以饬其子弟，相语以利[2]，相示以赖，相陈以知贾。少而习焉，其心安焉，不见异物而迁焉。是故其父兄之教不肃而成，其子弟之学不劳而能。夫是，故商之子恒为商。

[注释]

[1]"察其四时"以下九句：考察一年四时的节气变化，察看自己家乡的资源，以此了解它们在市场上的价格，使用背负、怀抱、肩挑、肩扛，或用牛车、马车，周游四方，用他们有的，去交换他们没有的，买贱卖贵。监，视，察看。贾（jià），通"价"，价格。服牛，用牛驾车。辂（yáo），马车。周，周游。市，买。鬻（yù），卖。　[2]"相语以利"以下三句：以利益作为相互间谈论的话题，以赢利相互展示，以了解价格相互陈述。赖，赢利。

"令夫农，群萃而州处，察其四时，权节其用[1]，耒、耜、枷、芟。及寒[2]，击菒除田，以待时耕；及耕[3]，深耕而疾耰之，以待时雨；时雨既至[4]，挟其枪、刈、耨、镈，以旦暮从事于田野。脱衣就功[5]，首戴茅蒲，身衣裞襦，沾体涂足，暴其发肤，尽其四支之敏，以从事于田野。少而习焉，其心安焉，不见异物而迁焉。是故其父兄之教不肃而成，其子弟之学不劳而能。夫是，故农之子恒为农。野处而不暱[6]。其秀民之能为士者[7]，必足赖也。有司见而不以告[8]，其罪五。有司已于事而竣[9]。"

士可以从农民中选拔，是给下层一定上升空间。

[注释]

[1]"权节其用"二句：衡量与掌握耒、耜、枷、芟等诸种农具的使用。耒（lěi），一种形状似叉的刺土农具。耜（sì），一种形状似铲的翻土农具。枷（jiā），脱谷的农具。芟（shān），镰刀。这几种农具是对上句"权节其用"的具体说明或补充，相当于句中的"其"字。　[2]"及寒"以下三句：待到大寒时节，便要除去枯草，清理田地，等待春耕。击菒（gǎo），除去枯草。菒，同"藁"，枯草。除田，清理土田。　[3]"及耕"以下三句：待到春耕时节，则要深耕并快速地平整土地，以待时雨降临。耰（yōu），本指击碎土块、平整土地的农具，这里用作动词，指平整土地。时雨，及时之雨，也就是春雨。　[4]"时雨既至"以下三句：春

雨已经到来，便要带着他们的枪、刈、耨、镈，从早到晚在田野上劳作。挟，持，带着。枪，除草的农具。刈（yì），镰刀。耨（nòu），小手锄。镈（bó），锄头。 [5]“脱衣就功”以下七句：这是综合描述农夫在田野上辛勤劳作之状，意思是：（他们）脱去上衣干活，头戴斗笠，身披蓑衣，身体沾着雨水，双脚涂满污泥，身体发肤暴露在外，使尽四肢的力量，在田野上辛勤地劳作。茅蒲，用茅草或蒲草编成的斗笠。袯襫（bó shì），蓑衣。沾体，身体沾着雨水。涂足，双脚涂着污泥。暴，暴露。四支，四肢。 [6]野处而不暱（tè）：虽然处在田野，却不会作奸犯科。暱，王念孙以为当读为“匿”。匿，古“慝”字。不慝，即不为奸慝。见王引之《经义述闻》。 [7]“其秀民之能为士者”二句：农夫中的优秀者能够成为士人的，必定值得信赖。秀民，农民中的优秀突出者。赖，信赖，依靠。 [8]“有司见而不以告”二句：有关官员发现了这样的秀民而不上报的，就要用五刑来给他治罪。其罪五，其罪当五刑。五刑指墨（刺字）、劓（割鼻）、刖（断足）、宫（去生殖器）、大辟（杀头）五种刑罚。 [9]有司已于事而竣：有关官员在做完这件事（指推举秀民）后才可以退下休息。已，完成。竣，退立。

此“国”只是国都，故只居住士及工、商之人。

桓公曰：“定民之居若何？”管子对曰：“制国以为二十一乡[1]。”桓公曰：“善。”管子于是制国以为二十一乡：工商之乡六[2]，士乡十五[3]。公帅五乡焉[4]，国子帅五乡焉，高子帅五乡焉。参国起案[5]，以为三官，臣立三宰，工立三族，市立三乡，泽立三虞，山立三衡。

[注释]

[1]制国以为二十一乡：将国都划分为二十一乡。制，制定，这里作划分讲。国，指国都。乡，地方行政单位，两千家为一乡。　[2]工商之乡六：言工、商所居共为六乡，其中工、商各为三乡。　[3]士乡十五：士，特指负有兵戎义务的战士。按春秋以前，士为一单独的社会阶层，属贵族范畴，集中居住在国都，地位在普通庶民及工、商之上。当兵既是其义务，亦是其身份的标志。十五乡士，即三万人的军队。　[4]"公帅五乡焉"以下三句：对于十五乡士，齐桓公、国子与高子各统率其三分之一，也就是五乡的军队。公，齐桓公。国子、高子，即国氏、高氏，均为齐国的上卿，世代执掌齐国的军政大权。　[5]"参国起案"以下七句：将国都的事务分作三个部分，设立三个系统的职官加以管理，设立三宰管理众臣，设立三族管理工匠，设立三乡管理市场，设立三虞管理国都内的水泽，设立三衡管理山林。参国，将国都的事务分作三个部分。起案，划分界限。三官，指士、工、商三个职官系统。三宰，即三卿，管理士乡的众臣。三族，工匠所居三乡之行业组织。族，属，盖工匠皆按其从事之行业居住在固定的乡区中。三乡，指商人所居市井的三个地区组织。虞，掌川泽之官，《周礼》中有泽虞之官。衡，林衡，掌山林之官，《周礼》中有林衡一职。

桓公曰："吾欲从事于诸侯[1]，其可乎？"管子对曰："未可，国未安。"桓公曰："安国若何？"管子对曰："修旧法[2]，择其善者而业用之；遂滋民[3]，与无财，而敬百姓，则国安矣。"

这是对正确对待和继承历史遗产的高度概括。

桓公曰："诺。"遂修旧法，择其善者而业用之；遂滋民，与无财，而敬百姓。国既安矣，桓公曰："国安矣，其可乎？"管子对曰："未可。君若正卒伍[4]，修甲兵，则大国亦将正卒伍，修甲兵，则难以速得志矣。君有攻伐之器[5]，小国诸侯有守御之备，则难以速得志矣。君若欲速得志于天下诸侯[6]，则事可以隐令，可以寄政。"桓公曰："为之若何？"管子对曰："作内政而寄军令焉[7]。"桓公曰："善。"

比较起来，这一条是管仲最重要的改革。具体内容见下。

[注释]

[1]"吾欲从事于诸侯"二句：我想在诸侯中采取称霸的行动，可以吗？从事，实行称霸之事。　[2]"修旧法"二句：修订旧有的法令，选择其中好的条文依次施行。业，俞樾以为当读为"叙"。叙用，即按次第施用。见俞樾《群经平议》。　[3]"遂滋民"以下四句：养育与爱护平民，救济无财者，敬重百姓，那么国家就安定了。遂，育。滋，据王引之，当读为慈，爱护之意（《经义述闻》）。与，同"予"，给予。　[4]"君若正卒伍"以下五句：君上如果整顿军队，修缮武器，那么其他大国也将会整顿军队，修缮武器，这样就难以快速地实现自己的心愿了。正，整顿。卒伍，军队的泛称。修，修缮。甲兵，盔甲和兵器，武器装备的泛称。　[5]"君有攻伐之器"以下三句：君上有攻伐的器械，小国有防守抵御的装备，那也是难以快速实现自己心愿的。　[6]"君若欲速得志于天下诸侯"以下三句：君上如果想尽快称霸天下诸

侯，那么在军事上可以将自己的命令隐藏起来，可以将这种命令寄寓在行政上。隐令，隐藏军令。寄政，将军事意图寄寓在行政上。　[7]作内政而寄军令焉：建立一套内政系统，用来寄寓军令。从下文看，所谓军令指的是军事编制。

管子于是制国[1]："五家为轨[2]，轨为之长；十轨为里[3]，里有司；四里为连[4]，连为之长；十连为乡[5]，乡有良人焉。以为军令[6]：五家为轨[7]，故五人为伍，轨长帅之；十轨为里[8]，故五十人为小戎，里有司帅之；四里为连[9]，故二百人为卒，连长帅之；十连为乡[10]，故二千人为旅，乡良人帅之；五乡一帅[11]，故万人为一军，五乡之帅帅之。三军[12]，故有中军之鼓，有国子之鼓，有高子之鼓。春以蒐振旅[13]，秋以狝治兵。是故卒伍整于里[14]，军旅整于郊。内教既成，令勿使迁徙。伍之人祭祀同福[15]，死丧同恤，祸灾共之。人与人相畴[16]，家与家相畴，世同居，少同游。故夜战声相闻[17]，足以不乖；昼战目相见[18]，足以相识。其欢欣足以相死[19]。居同乐[20]，行同和，死同哀。是故守则同固，战则同强。君有此士也三万人[21]，

这是最早将地方行政单位纳入军事编制的有关记载，以后的"军屯"当出自这种设计。不过此制度仅在士乡的范围内施行，广大农村实行的"五鄙"划分尚与之有所不同。

其时三万人的队伍就可以横行于天下，比之战国七雄动辄出动十万、数十万人的队伍，算是小巫见大巫了！

以方行于天下，以诛无道，以屏周室，天下大国之君莫之能御。"

［注释］

[1]制国：制定国都的管理制度。　[2]"五家为轨"二句：五家设为一轨，每轨立一轨长。　[3]"十轨为里"二句：十轨设为一里，里中设立有关管理人员。有司，有关管理人员，即里长之类。徐元诰说，这句话当为"里有有司"，见《国语集解》该句注释。　[4]"四里为连"二句：四里设为一连，每连立一连长。　[5]"十连为乡"二句：十连立为一乡，每乡设有良人之职。良人，地方官名，又称乡大夫。　[6]以为军令：按以上编制寄寓军令。　[7]"五家为轨"以下三句：五家为轨，因此五人编为一伍，由轨长率领。按伍属于军事编制，正好与行政单位轨相配合，也就是将军令寄寓在行政上了。　[8]"十轨为里"以下三句：十轨为里，因此五十人编为一小戎，由里中官员率领。小戎，兵车，此指一辆兵车配置的战斗人员。小戎作为军事编制，与行政单位里相配合。　[9]"四里为连"以下三句：四里为连，因此二百人编为一卒，由连长统率。卒亦是军事编制，与连的行政单位相配合。　[10]"十连为乡"以下三句：十连为乡，因此两千人编为一旅，由乡良人统率。旅作为军事编制单位，与乡的行政单位相配合。　[11]"五乡一帅"以下三句：五乡为一帅，因此万人编为一军，由五乡的帅统率。军为军队最高编制，与五乡一帅的行政编制相配合。　[12]"三军"以下四句：全国共组成三军，因此有传达中军即国君命令的旗鼓，有传达国子命令的旗鼓，有传达高子命令的旗鼓。　[13]"春以蒐（sōu）振旅"二句：春天通过春猎来整顿军队，秋天通过秋猎来训练士兵。蒐，

春天打猎。振旅，整顿军队。狝（xiǎn），秋天打猎。治兵，训练军队。　[14]"是故卒伍整于里"二句：因此卒、伍两级军队在里中就得到了整治，军、旅两级军队在城郊也得到了整治。郊，指城郊。古代距都城百里之内的区域谓之郊，亦属国都的管辖范围，士乡亦有分布在郊区者。　[15]"伍之人祭祀同福"以下三句：同伍之人在祭祀时共同祈福，遇死丧之事则共同体恤，灾祸也都共同担当。福，祈福。恤，担忧。　[16]"人与人相畴"以下四句：人与人相伴，家与家相伴，世代同居，从小就在一起游乐。畴，同"俦"，伴侣。　[17]"故夜战声相闻"二句：因而遇到夜战时能够听到彼此的声音，不至于发生不协调。乖，乱，不协调。　[18]"昼战目相见"二句：白天打起仗来四目相见，足以互相认识。　[19]其欢欣足以相死：他们彼此欢欣的情谊足以使他们相互为对方而死。相死，相互为对方而死。　[20]"居同乐"以下三句：大家安居之时共同欢乐，出行则彼此和睦，有谁死去则共同哀悼。　[21]"君有此士也三万人"以下五句：君上有这样三万人的队伍，用它们征战天下，讨伐无道的诸侯，并作为周王室的屏障，天下大国之君没有谁能进行抗御。方行，横行、征战之意。诛，讨伐。屏，屏障。

[点评]

春秋时期的政治特点是大国争霸。周天子失去了宰制天下诸侯的权力，各大诸侯便起来争当霸主，"挟天子以令诸侯"，取得实际上控制天下诸侯的权力和地位。一般认为，整个春秋时期出现过五位这样的霸主，即所谓"春秋五霸"，齐桓公则是五霸中的首霸。

霸主地位的取得，除了自身国力雄厚之外，还应有一些内政外交的实绩。其中内政的实绩，主要是通过国家内部一些自上而下的整顿或改革，改善民生，加强国家的凝聚力，完善赋税法律制度，整军经武，提高军队的战斗力。对外则以捍卫王室相号召，扶助小弱，尊王攘夷，以博取诸侯的拥戴。这样一些内外政策，又往往是由一些霸主下面的能臣贤士提出并加以实施的。管仲，就是辅佐齐桓公取得霸主地位的著名贤臣。管仲辅佐齐桓公实现霸业，和姜尚辅佐周武王、萧何曹参辅助汉刘邦、诸葛武侯辅助刘备相类似，成为我国历史上为人传颂的圣君贤相故事的典范。

本篇《管仲对桓公以霸术》，实际包含了两个方面的内容。前一部分是写桓公如何得到管仲以为自己辅佐的过程。这里面，既描述了齐桓公不计管仲曾经差点射杀他的前嫌，仍然对他十分器重，想方设法让他回国委以重任的大度，更描述了齐桓公的另一位能臣、也是管仲知己鲍叔的谦让与智慧。鲍叔为了国家的利益，主动推辞齐桓公对自己的任用，推荐更有治国才能的管仲担任齐国的国相，并设计将他从鲁国的控制下解救出来。这种高风亮节也一直为人传颂，"管鲍"二字更成了我国古代士人纯真友谊的代名词。

本篇另一部分内容，也是着力叙述的，是管仲向齐桓公进陈的即将在齐国施行的内政改革方案。其内涵，一是纠正齐襄公在位时期那种"不听国政，卑圣侮士"，贪图享乐的腐化之风，重申先圣王爱护民众，帮助贫穷，敬重百姓的做法，以安定国家。二是"成民之事"，即令士、农、工、商四民各自居住在规定的区域，不相混杂，致其子承父业，从小学习各自的行业技能，以成就他们的事业。三是"定民之居"，即将国都划分为二十一乡，其中工商之乡六，士乡十五，设立有关机构分别掌管，并由桓公与高、国二卿各率五乡之士，掌控全军。四是对士乡居民实行军事编制，即所谓"作内政而寄军令"，使其按轨、里、连、乡的居民组织与伍、小戎、卒、旅的军事编制相对应，以狩猎作为练兵的手段，不外迁徙，大家"居同乐，行同和，死同哀"，十五乡之士组成三万人的军队，是为齐国霸权的保证。

　　上述内容不是管仲设计的齐国政治军事改革的全部，有些内容也可能出自后来人的构拟，无论如何，它们均体现了管仲为齐国霸业所实施的大刀阔斧改革的基本精神。从理论上讲，管仲可以说是齐国霸业的创始人，更可以说是讲求强国之术的战国法家的鼻祖。

晋　语　一

史苏论献公伐骊戎胜而不吉

　　献公卜伐骊戎[1]，史苏占之[2]，曰："胜而不吉[3]。"公曰："何谓也？"对曰："遇兆[4]，挟以衔骨，齿牙为猾，戎、夏交捽。交捽[5]，是交胜也，臣故云。且惧有口[6]，携民，国移心焉。"公曰："何口之有[7]！口在寡人，寡人弗受，谁敢兴之？"对曰："苟可以携[8]，其入也必甘受，逞而不知，胡可壅也？"公弗听，遂伐骊戎，克之。获骊姬以归[9]，有宠，立以为夫人。公饮大夫酒[10]，令司正实爵与史苏，曰："饮而无肴。夫骊戎之役[11]，女曰'胜而不吉'，故赏女以爵，罚女以无肴。克国得妃[12]，其有吉孰大焉！"史苏卒爵[13]，再拜稽首曰："兆有之[14]，臣不敢

蔽。蔽兆之纪^[15]，失臣之官，有二罪焉，何以
事君？大罚将及^[16]，不唯无肴。抑君亦乐其吉
而备其凶^[17]，凶之无有，备之何害？若其有凶，
备之为瘳。臣之不信^[18]，国之福也，何敢惮罚。"

又一位敢说真
话的史官！

[注释]

[1] 献公：晋献公，晋武公之子，名诡诸。前 676 年—前
651 年在位。卜：占卜。使用龟甲或兽骨，在上面施以钻凿，然
后用火烧灼使之出现裂纹（即所谓"兆"），再根据裂纹形状来
判断所卜问事情吉凶的一种迷信活动。这里是卜问征伐骊戎之
吉凶。骊戎：西周、春秋时期居住在今陕西骊山下的一支戎族，
属于所谓姬姓之戎。献公伐骊戎在他即位的第五年，即前 672
年。　[2] 史苏：晋国大夫，主管占卜的史官。占之：观察卜兆，
判断此事吉凶。　[3] 胜而不吉：史苏对晋伐骊戎一事的占词，意
思是，能够获胜，但不吉利。　[4]"遇兆"以下四句：这是史苏
对自己占卜的解释，意思是：遇见了卜兆，表示被挟持，像口中
衔着块骨头，齿牙在那里进行咬弄，意味着戎狄和华夏相互冲突。
兆，卜兆，即上述龟甲或兽骨上出现的裂纹。挟，挟持。衔骨，
据韦昭注，此卜兆主干左右两端均出现有锯齿状的坼裂，有似齿
牙衔着块骨头，象征着谗慝之口为害晋国。猾，咬弄。戎，指骊戎。
夏，指晋国。捽（zuó），冲突。　[5]"交捽"以下三句：相互冲
突，就是相互取胜，所以我才这么说（指"胜而不吉"之语）。臣，
史苏自称。[6]"且惧有口"以下三句：并且我害怕出现口舌是非，
离间人民，使国家离心离德啊。有口，有口舌是非。携民，离间
人民。　[7]"何口之有"以下四句：哪里有什么口舌是非！口舌

是非在我掌握，我不受口舌的影响，谁敢兴起是非？　[8]"苟可以携"以下四句：假如有可以被离间的机会，这些口舌之语进入人的耳朵必定会被甘心接受，人们会只图痛快而不再有理智，怎么可以堵塞得住呢？苟，假如。入，进入，指口舌之语进入自己的耳朵。逞，快，快意。不知，没有理智。知，同"智"。胡，何。壅，堵塞。　[9]"获骊姬以归"以下三句：献公俘获骊姬，将她带回晋国，骊姬得宠，被立为夫人。骊姬，骊戎国君之女。古代女子称姓，故知骊戎属于姬姓。　[10]"公饮大夫酒"以下四句：献公请大夫饮酒，命令司正官斟满一爵酒给史苏，并对史苏说："只准饮酒，不得食用菜肴。"司正，掌管宾主间礼仪的官员。实爵，斟满一爵。爵，古代饮酒器。　[11]"夫骊戎之役"以下四句：这是献公对给予史苏"饮而无肴"待遇的解释，意思是：征伐骊戎那场战役，你说"胜而不吉"，所以赏你一爵酒，罚你不吃菜肴。　[12]"克国得妃"二句：克服骊戎而得到爱妃，还有比这更大的吉利呢！　[13]"史苏卒爵"二句：史苏喝完这爵酒，向献公再拜叩头说。卒，尽，喝完。　[14]"兆有之"二句：兆纹有这样的显示，我不敢隐瞒。蔽，隐，隐瞒。　[15]"蔽兆之纪"以下四句：隐瞒兆纹所显示的内容，失去我作为史官的职守，有这两重罪状，我用什么来侍奉国君？纪，同"记"，指卜兆所显示的内容。　[16]"大罚将及"二句：因此两重罪而受到的重大处罚将降临在我的头上，不只是没有菜肴了。　[17]"抑君亦乐其吉而备其凶"以下五句：或者国君应当在享受那些吉利的同时，对凶险也有所防备，凶险要是没有，防备它有何害处？如果真有凶险，对它的防备就会使之消弭。抑，转折连词，表"或者"之意。瘳（chōu），本意为病愈，此处指凶灾得以消弭。　[18]"臣之不信"以下三句：我的占卜若是不准，那正是国家的福分啊，我怎敢畏惧什么处罚。不信，指占卜不准。惮，畏惧。

饮酒出，史苏告大夫曰："有男戎必有女戎[1]。若晋以男戎胜戎[2]，而戎亦必以女戎胜晋，其若之何！"里克曰[3]："何如[4]？"史苏曰："昔夏桀伐有施[5]，有施人以妺喜女焉，妺喜有宠，于是乎与伊尹比而亡夏。殷辛伐有苏[6]，有苏氏以妲己女焉，妲己有宠，于是乎与胶鬲比而亡殷。周幽王伐有褒[7]，褒人以褒姒女焉，褒姒有宠，生伯服，于是乎与虢石甫比，逐太子宜臼而立伯服。太子出奔申[8]，申人、鄫人召西戎以伐周，周于是乎亡。今晋寡德而安俘女[9]，又增其宠，虽当三季之王，不亦可乎？且其兆云[10]：'挟以衔骨，齿牙为猾。'我卜伐骊[11]，龟往离散以应我。夫若是[12]，贼之兆也，非吾宅也，离则有之。不跨其国[13]，可谓挟乎？不得其君[14]，能衔骨乎？若跨其国而得其君[15]，虽逢齿牙，以猾其中，谁云不从？诸夏从戎[16]，非败而何？从政者不可以不戒[17]，亡无日矣！"

此特意提到里克，以里克为晋献公时权臣，且后来在处理骊姬之乱的后事过程中亦起过重要作用。献公死后，是他一手主持先后杀掉了骊姬与其娣所生之奚齐及卓子两位国君。甚至有记载说骊姬亦为里克所杀。

此言西周之灭亡颇值得注意。虽所谓"女色""女祸"之说不足取，但周之灭亡与申姜之间的对立应具有直接的关系。周以姬姜联盟而兴，如今姬姜之间不仅再无联盟，反而形成尖锐的对立，周室势孤而弱，加上其他一些原因，周不亡何待！

［注释］

[1]有男戎必有女戎：有男人的战争就必定有女人的战争。戎，战争。按所谓女人的战争，指由女色引起的国家战乱。　[2]"若

晋以男戎胜戎"以下三句：如果说晋国用男人的战争战胜了骊
戎，那么骊戎也必定会用女人的战争战胜晋国，这将怎么办
呢！　[3]里克：晋大夫，又称里季、里季子，为晋献公时权
臣。　[4]何如：问句，犹言有何与此类似的事情。　[5]"昔夏
桀伐有施"以下四句：过去夏桀征伐有施，有施国君将妹喜进献
给夏桀，妹喜有宠，于是与伊尹勾结而灭亡了夏朝。夏桀，夏朝
最后一位君主，又名履癸，中国历史上有名的暴君。有施，夏诸
侯国名，嬉姓，约在今山东地区。妹喜，有施国君之女。女，用
作动词，谓进献女子。伊尹，夏末商初人，又名伊挚，辅佐商汤
建立商朝，是中国历史上著名的贤臣。传说他曾受汤派遣，到夏
都去做间谍，故能与妹喜勾结而亡夏。比，勾结。　[6]"殷辛伐
有苏"以下四句：商纣王征伐有苏，有苏氏将妲己进献给商纣王，
妲己有宠，于是与胶鬲勾结而灭亡了商朝。殷辛，即商纣王，商
朝最后一位国君。殷为商后期都城，地在今河南安阳，史书上常
以殷代指后期商朝。辛为商纣王庙号。有苏，商诸侯国名，己姓，
地在今河南温县。妲己，商末有苏国君之女。胶鬲（gé），商末
周初人，原服事于商，后投奔于周，助周武王灭商。　[7]"周幽
王伐有褒"以下六句：周幽王征伐有褒，褒国的君主将褒姒进献
给幽王，褒姒有宠，生子伯服，于是与虢石甫勾结，将太子宜臼
驱逐而改立伯服。周幽王，西周最后一位国君，已见前注（《周
语上·西周三川皆震伯阳父论周将亡》篇）。有褒，西周时诸侯，
姒姓，在今陕西汉中。褒姒，褒国君主之女。伯服，周幽王与褒
姒之子，又作"伯盘"，后与周幽王一起死于西周末年犬戎之乱。
虢石甫，名鼓，周幽王时卿士，石甫是他的字。宜臼，周幽王与
原配申后所生太子，后即位为周平王。　[8]"太子出奔申"以下
三句：太子出逃到申地，申国人与鄫国人召来西戎讨伐周室，西
周于是就灭亡了。申，西周时诸侯国，姜姓，在今河南南阳，为

幽王太子母家。鄫，亦西周南阳地区诸侯国，姒姓。西戎，指犬戎，西周少数部族，在今陕西省境内。韦昭对西周末年这一段史事的注释说："鄫及西戎素与中国婚姻同好，幽王欲杀宜臼以成伯服，求之于申，申人弗予，遂伐之。故申、鄫召西戎以伐周，杀幽王于戏。"　[9]"今晋寡德而安俘女"以下四句：如今晋君缺少德行而对俘获戎女一事处之安然，还增加对她的宠爱，即使把他比作三代末年的君王，不也是可以的么？三季之王，指夏桀、商纣王、周幽王这三个末代亡国之君。　[10]"且其兆云"以下三句：何况此占卜的兆纹显示："被挟持，像口中衔着块骨头，齿牙在那里进行咬弄。"按"挟以衔骨，齿牙为猾"的注释已见上文。　[11]"我卜伐骊"二句：我占卜伐骊戎之事，龟甲上的兆纹却用晋国离散来回答我。往，指兆纹的走向。离散，兆象，象征晋国面临离散的境地，故言"不吉"。　[12]"夫若是"以下四句：如果是这样，乃是国家败亡的征兆啊，我们不再能安居，只有国家的分离。贼，败，指国家的败亡。宅，居，指个人的安居。离，国家的分离。　[13]"不跨其国"二句：不据有晋国，能够叫做挟持么？跨，据有。　[14]"不得其君"二句：不得国君的宠爱，能够将国君这块骨头衔在口中吗？衔骨，喻将国君衔在自己口中。　[15]"若跨其国而得其君"以下四句：若是骊姬据有晋国又得到晋君的宠爱，人们即使见到她用齿牙在朝中搬弄是非，谁敢说不从？　[16]"诸夏从戎"二句：众多华夏之人听从一个戎女，不是失败又是什么？　[17]"从政者不可以不戒"二句：从政之人不可以不警惕，晋国的灭亡没有几天了！戒，警惕。

郭偃曰[1]："夫三季王之亡也宜[2]。民之主也[3]，纵惑不疚，肆侈不违，流志而行，无所不疢，是以及亡而不获追鉴。今晋国之方[4]，偏侯也。其土又小[5]，大国在侧，虽欲纵惑，未获专也。大家、邻国将师保之[6]，多而骤立，不其集亡。虽骤立[7]，不过五矣。且夫口[8]，三五之门也。是以谗口之乱[9]，不过三五。且夫挟[10]，小鲠也。可以小戕[11]，而不能丧国。当之者戕焉[12]，于晋何害？虽谓之挟[13]，而猾以齿牙，口弗堪也，其与几何？晋国惧则甚矣[14]，亡犹未也。商之衰也[15]，其铭有之曰：‘嗛嗛之德，不足就也，不可以矜，而只取忧也；嗛嗛之食，不足狃也，不能为膏，而只罹咎也。’虽骊之乱[16]，其罹咎而已，其何能服？吾闻以乱得聚者[17]，非谋不卒时，非人不免难，非礼不终年，非义不尽齿，非德不及世，非天不离数。今不据其安[18]，不可谓能谋；行之以齿牙，不可谓得人；废国而向己，不可谓礼；不度而迁求，不可谓义；以宠贾怨，不可谓德；少族而多敌，不可谓天。德义不行[19]，礼义不则，弃人失谋，天亦不赞。吾观君夫人也[20]，若为乱，其犹隶农也。虽获沃田而勤易之[21]，将不克飨，为人而已。”

此言晋国小弱，是在晋献公即位之初。晋献公五年伐骊戎，获骊姬，其时尚未伐灭晋南诸国，即伐虢取虞，亦在之后。

隶农这种身份的农夫当主要出现在战国时期。《史记·陈涉世家》记涉少时尝为人佣耕，即此隶农的身份。

［注释］

[1] 郭偃：晋大夫，又称卜偃，掌占卜之事。　[2] 夫三季王之亡也宜：夏、商、周三代末世君王的灭亡是应当的。宜，适宜，应当。　[3] "民之主也"以下六句：作为万民之主，放纵惑乱而不以为病，极端奢侈而无所顾忌，任意而行，没有一处不是毛病，因此直到灭亡也未获得对过去的鉴戒。疚，病。肆，极端。不违，没有顾忌。流志，放任己意。追鉴，对于过去的鉴戒。　[4] "今晋国之方"二句：如今晋国地盘的大小，只相当于王畿内一个偏僻地方的小侯国。方，晋国土之四方。偏侯，偏僻小侯。按《左传》称"今晋，甸侯"，是晋为周畿内（"甸"）侯国，然其处在戎狄之间，地方狭小，故称偏侯。　[5] "其土又小"以下四句：它的国土又小，大国在它的旁边，虽想放纵惑乱，却未获得专擅的能力。大国，指晋的近邻齐、秦等国。专，专擅。　[6] "大家、邻国将师保之"以下三句：晋国执政的卿士家族以及晋的邻国，将会作为晋的师保维护晋国，师保既多，兼之屡次换立新君，晋国将不至灭亡。大家，指担任晋卿的晋国贵族。师保，师傅与保傅。多，指充当晋国师保者为数众多。骤立，指晋献公以后晋国屡次换立新君。骤，数。集亡，至于灭亡。集，至。按此数句及下面几句是对晋献公以后晋国形势的概括，但采用了预言的形式。　[7] "虽骤立"二句：晋献公以后即使屡次换立新君，也不会超过五位。　[8] "且夫口"二句：况且口，是用来纲纪日、月、星三辰和宣示金、木、水、火、土的门户。三五，指日、月、星三辰与金、木、水、火、土五行。门，门户。　[9] "是以谗口之乱"二句：因此谗言口舌造成的混乱，也不会超过三五位国君。　[10] "且夫挟"二句：况且挟持一事，只算得上是遭受了一次小的鲠（gěng）塞。鲠，喉咙为鱼骨所卡。　[11] "可以小戕"二句：可以受到小的伤害，但不可能亡国。戕，伤害。　[12] "当之者戕焉"二句：

只有当事者才会受到伤害，对于晋国来说有何害处？　[13]"虽谓之挟"以下四句：虽说是被挟持，但却是由齿牙咬弄骨头造成的，人口对此不能承受，这能得到几个人的拥护呢？弗堪，不能承受。与，拥护。按此用齿牙衔骨不能持久比喻口舌造成的是非亦难得到多数人的拥护。　[14]"晋国惧则甚矣"二句：晋国对此确实是恐惧的，亡国却未必。　[15]"商之衰也"以下十句：商朝衰亡的时候，钟鼎上的铭文有这样的话："小小的德行，不值得趋就，不可以自夸，这只会给自己带来忧患；小小的利禄，不足以贪占，不能用来自肥，这只能使自己遭受凶咎。"铭，指青铜钟鼎上的铭文。嗛（qiǎn）嗛，小小的。就，趋就。矜，自夸。食，食禄。狃（niǔ），贪。膏，肥。　[16]"虽骊之乱"以下三句：即使有骊姬之乱，晋国也只会遭遇凶咎而已，有谁能够服从她呢？骊，指骊姬。此预言骊姬掀不起大浪，晋国不至倾覆。　[17]"吾闻以乱得聚者"以下七句：我听说通过制造祸乱来集聚财货与民众之人，没有好的谋略存在不了一个季度，没有人支持会不免于难，不按礼法行事会维持不到一年，不行仁义将不能尽其年寿，不行德政便传位不到下一代，没有得到天命就不能历世长久。聚，兼指聚财与聚众。卒时，尽三个月，即一个季度。非人，非有人心，即得不到人的支持。不终年，不能维持一年（据俞樾《群经平议》说）。齿，年寿。及世，传位给后嗣。天，指天命。离数，经历长久。离，通"历"。　[18]"今不据其安"以下十二句：如今骊姬不是居于安全的境地，不可以说是善于谋划；依靠齿牙行事，不可以说是得到了人心；废弃国家的嗣君而只为自己，不可以说是有礼；不考虑利害关系而想博取一些不合时宜的要求，不可以说是有义；用自己的得宠换来国人的怨恨，不可以说是有德；同盟少而政敌多，不能说是得到天助。据，居。以齿牙，指以齿牙害人。废国，废弃国家的礼仪制度，指骊姬陷害群公子而谋使己子取得晋国的嗣君地位。

迁求，大而无当的要求（据汪远孙《国语考异》说）。贾，买，交换。少族，指支持骊姬的贵族数少。　　[19]"德义不行"以下四句：不行德义，不效法礼义，失去人心而又没有谋略，天也不会给予赞助。则，效法。　　[20]"吾观君夫人也"以下三句：我观察晋君夫人，如果她作乱，将似一个受人雇佣的农夫。君夫人，指骊姬。隶农，佣耕者（据徐元诰《国语集解》说）。　　[21]"虽获沃田而勤易之"以下三句：隶农即使得到一片肥沃的土田而辛勤耕作，也不能自己享用，只是为他人劳作而已。易，治。克，能够。

士萮曰[1]："诚莫如豫[2]，豫而后给。夫子诚之[3]，抑二大夫之言其皆有焉。"既[4]，骊姬不克，晋正于秦，五立而后平。

　　"夫子"指里克，王引之的辨析是有道理的。韦注说是郭偃，实非。

[注释]

[1]士萮（wěi）：晋大夫，字子舆，献公时重要谋臣。　　[2]"诚莫如豫"二句：告诫不如防备，有防备之后便能及时应对。豫，防备。给，及，谓能及时对付。　　[3]"夫子诚之"二句：您还是多做戒备吧，或许二位大夫的话都是有道理的。夫子，指里克。二大夫，指史苏与郭偃。王引之说："夫子，谓里克也。上文'里克曰"何如"'，是问史苏之词，于是史苏、郭偃相继告之。士萮深信其言，而欲里克豫为之备，故谓里克曰：'夫子诚之。'"（见王引之《经义述闻》）[4]"既"以下四句：后来，骊姬未能得逞，晋国得到秦国的辅正，先后拥立了五位国君之后，才最终平静下来。既，后来。不克，未能成功。正，辅正。五立，指晋献公之后晋国先后拥立的奚齐、卓子、惠公、怀公、文公五位君主。

[点评]

晋国是西周春秋时期的重要诸侯国，也是春秋时期第二个称霸诸侯的中原国家。然而春秋前期很长一段时间，晋国由于自身的问题，贵族内部为继统问题展开了长期的争斗，致使晋国无暇作为。最终，晋曲沃桓叔的后代作为晋的孽庶支族夺得晋的统治权力，到曲沃武公的时候，更彻底消灭了原晋国公室的势力，并被周室承认为新的晋侯。

晋献公作为晋武公的继承人，一开始颇有作为，一方面加强中央集权，尽除对自己权力构成威胁的"群公子"，另一方面加强军力，积极对外扩张，伐灭今山西西南部的耿、霍、魏诸国，又起兵灭掉今山西与河南交界处的虞、虢二国，使晋成为"表里山河"，地跨今晋豫陕三省的真正强盛的诸侯国。然而就在这个时候，晋公室内部却又闹起了内乱。原来晋献公好内，他先娶贾国女为夫人，又纳其庶母齐姜为妻，生一男一女，男名申生，被立为太子，女称穆姬，嫁与秦穆公为夫人。之后又续娶二戎女为庶妻，生二子，一名重耳，一名夷吾。以上事件都发生在献公继位之前。其继位后不久，又伐灭地在今陕西境内的骊戎，杀死骊戎国君，将其两个女儿骊姬姐娣掳掠回宫（此《国语》与《史记》之说。据《左传》，则是骊戎国君被迫献上自己的两个女儿）。骊姬工于心计，权力欲极强，并善于搬弄口舌是非，这就为晋国新的内乱播下了种子。

本篇即借助占卜的形式，通过晋国的两位卜者史苏与郭偃（即卜偃）之口，对晋国内乱及将来发展的形势做了不同的预测。其中史苏对内乱的形势估计较严重，他把晋献公对骊姬的宠幸比作三代亡国之君夏桀、商纣王以及周幽王对妹喜、妲己及褒姒的宠幸，认为晋献公实际是被骊姬所挟持，骊姬则依靠搬弄口舌是非，把持了朝政。如果从政者不加以警戒，晋国将"亡无日矣"！

郭偃对形势的估计相对和缓一些。虽然他亦认为骊姬会给晋国带来一些戕害，但尚不至于像三代末年那样，造成亡国的后果，因为晋国土尚小，大国在侧，"大家、邻国将师保之"。至于骊姬的阴谋手段，最终也不会得逞，因为她"不据其安，不可谓能谋；行之以齿牙，不可谓得人；废国而向己，不可谓礼；不度而迁求，不可谓义；以宠贾怨，不可谓德；少族而多敌，不可谓天"。这样，即使她费尽心机，也不过像为人雇佣的隶农一样，"虽获沃田而勤易之"，也只是"为人而已"。换句话说，最终晋国统治的权力，还是会落到别人的手上。

郭偃的预言被说中："既，骊姬不克，晋正于秦，五立而后平。"最终获得晋国统治权力的是著名的晋文公。晋文公雄才大略，晋国在他的手上很快实现了霸业。从晋国霸业最终实现的角度看，晋骊姬之乱这段经历，宁勿说是晋霸业产生前的一段阵痛，是晋霸业产生的前奏曲。

优施教骊姬远太子

公之优曰施[1]，通于骊姬。骊姬问焉，曰：

"吾欲作大事[2]，而难三公子之徒，如何？"对曰："早处之[3]，使知其极。夫人知极[4]，鲜有慢心；虽其慢，乃易残也。"骊姬曰："吾欲为难[5]，安始而可？"优施曰："必于申生[6]。其为人也[7]，小心精洁，而大志重，又不忍人。精洁易辱[8]，重偾可疾，不忍人，必自忍也。辱之近行[9]。"骊姬曰："重[10]，无乃难迁乎？"优施曰："知辱可辱[11]，可辱迁重；若不知辱，亦必不知固秉常矣。今子内固而外宠[12]，且善否莫不信。若外殚善而内辱之[13]，无不迁矣。且吾闻之：甚精必愚[14]。精为易辱[15]，愚不知避难，虽欲无迁，其得之乎？"是故先施谗于申生[16]。

[注释]

[1]"公之优曰施"二句：晋献公的一个优人叫施，与骊姬私通。优，俳（pái）优，宫廷中表演乐舞杂技之人。　[2]"吾欲作大事"以下三句：我想做废嫡立庶的大事，但担心三位公子的徒党反对，怎么办呢？大事，指废去太子而立己子为储君之事。三公子，指献公原来的三个儿子申生、重耳和夷吾。徒，党。或以为"之徒"二字衍（王引之《经义述闻》）。　[3]"早处之"二句：及早使三位公子的地位确定下来，使他们知道自己的地位

已经到顶了。处，定，确定。极，极限，到顶。　　[4]"夫人知极"以下四句：人知道自己的地位已经到顶，便很少再产生傲慢与不敬之心；即使有人会这样傲慢与不敬，也是易于遭到残毁的啊。慢，傲慢，不敬。　　[5]"吾欲为难（nàn）"二句：我想要发难，怎样开始才好呢？为难，发难。　　[6]必于申生：一定要先从太子申生开始。　　[7]"其为人也"以下四句：申生的为人，小心拘谨，精诚高洁，年长并且意志惇厚，又不忍心加害于人。大，韦昭注解为"年长也"。志重，意志惇厚。不忍人，不忍心加害于人。　　[8]"精洁易辱"以下四句：精诚纯洁之人易于受人污辱，意志惇厚之人可以很快倒毙，不忍心加害别人的人，必定能够忍心自杀。偾（fèn），倒毙。自忍，忍心自杀。　　[9]辱之近行：这是优施给骊姬出的主意，意思是：污辱申生，针对他近来的言行。之，指申生。近行，近来的言行。　　[10]"重"二句：意志惇厚之人，恐怕难以改变他们的主意吧？迁，移，指改变其主意。　　[11]"知辱可辱"以下四句：知道耻辱的人才可以污辱他，可以用污辱的手段使意志惇厚之人改变心绪，如果受到污辱而不自知，那他也一定不知道坚持自己平常的主张啊。迁重，使意志惇厚之人改变。不知辱，不知道自己受辱。不知固秉常，也意味着容易发生改变。秉，持。常，常谋，平常主张。　　[12]"今子内固而外宠"二句：如今您内得君心而外受宠爱，并且您的话是好是坏国君没有不相信的。子，对人的尊称，相当于现代汉语的"您"，这里指骊姬。莫不信，没有不见信的。　　[13]"若外殚善而内辱之"二句：如果您在外表尽量对申生友善而在内里用不义的污名施加在他身上，那么申生的心绪就没有不可改变的。殚善，尽量表现友善。　　[14]甚精必愚：过于精诚纯洁之人必定愚蠢。　　[15]"精为易辱"以下四句：精诚纯洁者易于受辱，愚蠢之人不知躲避灾难，即使他想不改变，能做得到吗？　　[16]是故先施谗于申生：

因此骊姬就先对申生施加谗言。

骊姬赂二五[1]，使言于公曰："夫曲沃[2]，君之宗也；蒲与二屈，君之疆也，不可以无主。宗邑无主[3]，则民不威；疆埸无主，则启戎心。戎之生心[4]，民慢其政，国之患也。若使太子主曲沃[5]，而二公子主蒲与屈，乃可以威民而惧戎，且旌君伐。"使俱曰[6]："狄之广莫[7]，于晋为都。晋之启土[8]，不亦宜乎？"公说[9]，乃城曲沃，太子处焉；又城蒲，公子重耳处焉；又城二屈，公子夷吾处焉。骊姬既远太子[10]，乃生之言，太子由是得罪。

晋向广莫的狄土开疆辟土亦是实情。这里不过是二五借此排挤二公子往边疆的托辞。

[注释]

[1]"骊姬赂二五"二句：骊姬贿赂梁五和东关五，让他们向晋献公进言说。赂，贿赂。二五，指晋献公的两位宠臣梁五与东关五。　[2]"夫曲沃"以下五句：曲沃是君主的宗邑；蒲与二屈，是君主的边疆要地，不可以没有人主持管理。曲沃，晋邑，在今山西闻喜东北，为晋献公之祖桓叔的封邑。由于桓叔夺得了晋国的统治权力，故称曲沃为晋的宗邑。宗，宗邑，即宗庙所在地。蒲，晋边邑，在今山西隰县西北。二屈，指晋国两座以屈为名的边邑。二屈相邻，其中北屈在今山西吉县东北，南屈盖在其南。　[3]"宗邑无主"以下四句：宗邑没人主管，众民会无所畏

忌；边疆没人主管，就会开启戎狄侵犯的野心。威，同"畏"。疆場（yì），边境。戎心，戎狄侵犯的野心。　[4]"戎之生心"以下三句：戎狄产生侵犯的野心，众民怠慢他们的官长，是国家的祸患。慢，怠慢。政，通"正"，长官。　[5]"若使太子主曲沃"以下四句：如果让太子申生主管曲沃，让重耳和夷吾二位公子分别主管蒲和二屈，就既可使众民畏服，也可使戎狄惧怕，而且可以彰显君主的功绩。旌，彰显。伐，功绩。　[6]使俱曰：让他们二人共同对晋献公说。　[7]"狄之广莫"二句：戎狄广阔荒凉的土地，将成为晋的邑落。广莫，指土地的广阔荒凉。都，韦昭释为"下邑"，即底层居邑。　[8]"晋之启土"二句：晋国的开辟疆土，不也是很适宜的吗？启土，开辟疆土。　[9]"公说"以下七句：晋献公很高兴，于是就修筑了曲沃城，让太子申生住在那里；又修筑了蒲城，让公子重耳住在那里；又修筑了二屈的城墙，让公子夷吾住在那里。说，同"悦"。城，此处用作动词，谓修筑城墙。　[10]"骊姬既远太子"以下三句：骊姬在使太子申生远离之后，便编造谗言，太子申生由此蒙受罪名。生，生长，引申为编造。

[点评]

　　如果说《国语》绝大多数篇章都是记各国贤士大夫的"嘉言善语"，以使后人获得治国理政的宝贵经验和增进个人道德伦理的修养，那么，本篇所记却是另外一种风格，它记载的只是几位奸佞贼人暗中施行的鬼蜮伎俩。作者的意图，应是给世人提供一种反面教材，让他们对政治生活中此类鬼蜮伎俩有所防范。

　　上节谈到晋献公伐骊戎，获骊姬以归。嗣后，骊姬很快得到献公的宠幸，被立为夫人，其娣亦受到献公的眷顾，姐娣二人分别为献公生下了奚齐与卓子。眼看着奚齐一天天长大，骊姬急切地谋划着让奚齐取得晋君继承人的位置。然而献公已经成年的三位公子，尤其是太子申生，却成了她实现这个阴谋的障碍。尽管献公已有废黜太子申生而立奚齐之意，毕竟三位公子的势力都麇集在国都周围，并不是好惹的。于是她找来自己的姘夫优施商量对付三公子的办法。

优施给骊姬出了两个主意：一是对三公子要"早处之，使知其极"，即要及早使三公子的地位定下来，让他们知道自己的贵族身份已经到顶，从而放弃与奚齐争夺君位继承人的非分之想。二是选择申生作为首先打击的对象。这不仅因为申生是献公的太子，更因为申生性格的弱点，好使用谗言加以对付："其为人也，小心精洁，而大志重，又不忍人。"这样的人，容易受到别人的污辱而又不知趋吉避难，对其表面亲善而在暗地里进行污辱，他一定会意志动摇，最终走向穷途。

骊姬照计施行。她通过贿赂献公的两位嬖臣，让他们对献公进言，以晋的宗邑曲沃及新开辟的边邑蒲与二屈无人看守为名，建议三位公子分别到那些地方去镇守。昏庸的晋献公竟然十分高兴地采纳了这个建议。于是三位公子被从国都支走，实际变成了一般的镇守地方的官员，而骊姬与其娣所生之奚齐、卓子留在国都，骊姬可以更加放任地在献公跟前施展她的阴谋诡计。文末称："骊姬既远太子，乃生之言，太子由是得罪。"晋国的内乱就这样一天天地愈演愈烈。

晋　语　二

公子重耳夷吾出奔

二十二年[1]，公子重耳出亡，及柏谷，卜适齐、楚。狐偃曰[2]：“无卜焉[3]。夫齐、楚道远而望大[4]，不可以困往。道远难通[5]，望大难走，困往多悔。困且多悔[6]，不可以走望。若以偃之虑[7]，其狄乎！夫狄近晋而不通[8]，愚陋而多怨，走之易达。不通可以窜恶[9]，多怨可与共忧。今若休忧于狄[10]，以观晋国，且以监诸侯之为，其无不成。”乃遂之狄。

狐偃为文公称霸第一谋臣，看下面的谋议即可知晓。

此狄乃白狄，与晋同为姬姓。韦昭注以为隗姓，乃误矣。隗姓即媿姓，乃赤狄鬼方之姓（见王国维《鬼方昆夷猃狁考》），二者不一事。

[注释]

[1]“二十二年”以下四句：晋献公二十二年，晋公子重耳逃亡出晋国，到达柏谷这个地方，卜问到齐国去好还是到楚国去好。二十二年，指晋献公二十二年，即前655年。公子重耳，晋太子

申生之弟，即以后的晋文公。亡，逃亡。由于骊姬的谗害，献公太子申生在这一年被蒙弑父的罪名自缢，公子重耳及夷吾被诬参与其事，献公派人抓捕二位公子，逼使二公子逃亡国外。柏谷，晋国地名，在今河南灵宝西南。卜，占卜。适，到……去。　[2]狐偃：晋大夫，狐氏，字子犯，重耳之舅，出身狄族，追随重耳出亡，是重耳的主要谋臣。　[3]无卜焉：不要占卜了。　[4]"夫齐、楚道远而望大"二句：齐、楚二国离我们路途遥远，又有很大的欲望，不可在自己困难的时候前往投奔它们。望，指欲望。韦昭注云："望大，望诸侯朝贡，不恤亡公子也。"　[5]"道远难通"以下三句：路途遥远难以通行，对方欲望很大，致使我们难于脱身，因困难前往投奔，必然带来诸多悔恨。难走，难于离走。　[6]"困且多悔"二句：既然处于困境且容易造成诸多悔恨，就不可以指望这两个国家能给予多大帮助。句中"走"字疑衍（徐元诰说）。　[7]"若以偃之虑"二句：若按照我狐偃的考虑，我们投奔的地点应当是狄国吧！其，时间副词，表"将、将要"的意思。狄，西周、春秋时北方少数族群及国家的泛称，这里应当指白狄，即狐偃出身的狄国。　[8]"夫狄近晋而不通"以下三句：狄国离晋国很近却与晋国不相交通，愚昧谫陋而又与晋国存有不少怨恨，投奔它很容易到达。多怨，指狄人同晋国存有诸多怨恨。盖之前晋的启土政策已导致狄晋之间出现矛盾冲突。　[9]"不通可以窜恶"二句：与晋国不相交通可以使与晋交恶之人得以隐藏起来，同晋国存有许多怨恨可以使我们与它共担忧患。窜，隐藏。恶，指与晋交恶的重耳一行人。　[10]"今若休忧于狄"以下四句：今天我们如果与狄人休戚与共，以此观察晋国的动向，并且监视各诸侯国之所为，那将没有什么做不成功的。休忧，喜庆与忧愁。

处一年[1]，公子夷吾亦出奔，曰："盍从吾兄窜于狄乎？"冀芮曰[2]："不可。后出同走[3]，不免于罪。且夫偕出偕入难[4]，聚居异情恶，不若走梁。梁近于秦[5]，秦亲吾君。吾君老矣[6]，子往，骊姬惧，必援于秦。以吾存也[7]，且必告悔，是吾免也。"乃遂之梁。居二年[8]，骊姬使奄楚以环释言。四年[9]，复为君。

奄楚即阉楚，亦即前受献公之命刺重耳者。可见使用阉人在我国有很早的历史。

[注释]

[1]"处一年"以下四句：重耳在狄居住了一年，公子夷吾也被迫出奔，说："何不跟从我的兄长逃亡到狄国去呢？"处，居住。盍（hé），何不。　[2]冀芮（ruì）：晋大夫，即郤（xì）芮，郤为氏名，冀为其食邑之名。公子夷吾之傅。　[3]"后出同走"二句：夷吾比重耳后出亡，却同往一个地方，难免会被扣上同谋之罪。韦昭注："同走，嫌同谋也。"　[4]"且夫偕出偕入难"以下三句：况且两人同时出走又同时回国是很难实现的，聚居在一起又各自想着回国继承君位更容易相互交恶，不如投奔到梁国去。偕，同，一起。入，入国，指回国为君。异情，指各自想着怎样回国为君。恶，交恶。梁，诸侯国名，嬴姓，在今陕西韩城。　[5]"梁近于秦"二句：是分析走梁的好处。梁近于秦，是指梁与秦国都是嬴姓国家。秦亲吾君，是指晋献公之女伯姬为秦穆公夫人，秦晋之间为翁婿关系。　[6]"吾君老矣"以下四句：我们的国君（指晋献公）已经老了，您去往梁国，骊姬害怕，必定会结交秦国。援，结交。　[7]"以吾存也"以下三句：因为我们身在梁国，骊姬必

定会对过去对我们的态度显示出后悔，这样我们就可以免罪了。存，指夷吾存身在梁国。告悔，显示后悔。免，免罪。   [8]"居二年"二句：夷吾在梁国居住的第二年，骊姬便派奄楚送来玉环，用好话对过去进行了解释。奄楚，阉人名楚。奄，同"阉"。环，玉环。环谐音"还"，送玉环表示让其返还。   [9]四年：居梁的第四年，即前651年。这一年，晋献公去世，晋里克杀奚齐、卓子并杀骊姬，夷吾通过贿赂秦人得以复国为君，是为晋惠公。

[点评]

继晋太子申生被骊姬谗害而死之后，公子重耳及公子夷吾又相继被迫出亡。不过，二公子出亡的地点却是不一样，重耳选择的是他的母国狄国，夷吾则是选择离晋国更近的梁国。

这两个地点是二位公子参考追随自己出亡的谋臣的意见择定的。其中重耳的谋臣也是重耳之舅狐偃主张逃往狄国的理由是，"狄近晋而不通，愚陋而多怨，走之易达"，即是说狄国离晋虽近却不相交通，性情愚陋却对晋国存有诸多怨恨。这样的环境不仅可以使与晋交恶的重耳一行很好地藏匿起来，还可以使重耳与狄人结成休戚与共的互助关系，这样静观晋国与诸侯间形势的变化，最有成功的把握。夷吾较重耳晚出，他的谋臣也是他的师傅冀芮反对逃往狄国，而主张去邻近的嬴姓小国梁国。其理由是，梁国与秦国都属嬴姓，彼此亲近，秦国与晋国间又存有姻亲关系，去往梁国，可以借助秦国的支援达到返国复为晋君的目的。

看起来，两者的选择都有道理，而夷吾的目的性更强，也更现实一些。事实上，也是夷吾很快得到秦国的帮助，仅仅在梁国寄住了四年，就返回国继承了君位，是为晋国史上颇遭物议的晋惠公。然而，他忽略了要求得人家的帮助，就一定得拿东西偿还的道理。从史实上看，他答应给予秦国的报偿不在少数。可是他回国后却又反悔，以致将秦晋关系弄得一塌糊涂，给自己和自己的国家造成很大损失。此是后话。相反，重耳与狐偃逃亡时没有选择齐、楚这样的大国作为自己的落脚点。这是因为他们考虑到，这样的国家"望大"，即对前来求助的国家欲求太大，好去而不好回，不如去往狄国实在。结果重耳在狄一住就是十二年，直到后来情势发生变化，才转往他国，并最终顺理成章地回到晋国继承了君位，没有给晋国带来任何损失。实践证明，还是重耳的选择明智。他最终能成为雄才大略的春秋霸主，不是偶然的。

晋　语　三

秦侵晋止惠公于秦

两军交战，粮草先行。秦人必待粮食有了收成，才能从容出兵伐晋。

此叙述韩原之战前晋国君臣便已不和，为此战晋国失败埋下伏笔。

　　六年[1]，秦岁定，帅师侵晋，至于韩。公谓庆郑曰[2]："秦寇深矣，奈何？"庆郑曰："君深其怨[3]，能浅其寇乎？非郑之所知也，君其讯射也。"公曰："舅所病也[4]？"卜右[5]，庆郑吉。公曰："郑也不逊[6]。"以家仆徒为右[7]，步扬御戎；梁由靡御韩简[8]，虢射为右，以承公。

[注释]

[1] "六年"以下四句：晋惠公六年，秦国粮食丰收且安定下来，秦穆公便率领军队入侵晋国，到达韩地。六年，指晋惠公六年，即前645年。岁，粮食丰收。韩，又称韩原，晋地名，在今山西芮城境内。按在这之前的两年，即前647年，晋国曾发生饥荒，向秦国求援，秦输粟于晋，帮助晋渡过了难关。翌年，即前646年，秦国粮食歉收而求援于晋，晋国在惠公的主持下，忘恩

负义，不予以援助。秦人怀恨在心，故在本年粮食取得丰收之后，便由秦穆公亲自率领，兴师问罪伐晋。　　[2]"公谓庆郑曰"以下三句：晋惠公对庆郑说："秦国的侵犯已经深入国境了，怎么办？"庆郑，晋国大夫。寇，侵犯。　　[3]"君深其怨"以下四句：您加深了秦国的怨恨，还能让他们不深入吗？这不是我所知道的事情，您还是去问虢射吧。射，虢射，晋大夫。这里，庆郑对晋惠公以及虢射语带讥讽，也是缘于对晋惠公去年拒绝输粟于秦的不满。当时虢射主张"勿予"秦粟，理由是即使给予了秦粟，也减轻不了秦人对晋国的怨恨，反而会增强秦的实力。晋惠公采纳了他的意见，庆郑曾当面批评他们"忘善而背德"。　　[4]舅所病也：这是晋惠公对庆郑的不满之辞，意思是：您难道还对这件事情怨恨吗？舅，舅氏，诸侯对异姓大夫的称呼，这里指庆郑。病，恨，怨恨。　　[5]"卜右"二句：晋惠公占卜谁当自己的车右吉利，结果是让庆郑担任吉利。右，车右。古时将帅乘坐的战车，主将（或主帅）居左，御者居中，另有一武士居右，起护卫作用，称车右，亦称戎右。　　[6]郑也不逊：这也是晋惠公说的话，意思是：庆郑对我出言不逊。不逊，不恭顺。　　[7]"以家仆徒为右"二句：改用家仆徒为车右，步扬为晋惠公驾驭兵车。家仆徒，晋大夫，家姓，仆徒名。步扬，晋大夫，晋公室郤氏之后，食采于步，故以为氏。御戎，驾驭惠公戎（兵）车。　　[8]"梁由靡御韩简"以下三句：继续叙述晋军的安排：梁由靡为韩简驾驭兵车，虢射为韩简的车右，跟随在晋惠公的车后。梁由靡，晋大夫。韩简，晋韩万之后，时为晋国正卿。承，承接，跟在后面。

公御秦师[1]，令韩简视师，曰："师少于我，斗士众。"公曰："何故？"简曰："以君之出也处

这一段写韩原之战，堪称层次分明。韩简视师，述秦军士气高昂，同仇敌忾，一句"师少于我，斗士众"，极为精练、传神，与下"三施而无报，故来。今又击之，秦莫不愠，晋莫不怠，斗士是故众"相互呼应。

己^[2]，入也烦己，饥食其粲，三施而无报，故来。今又击之^[3]，秦莫不愠，晋莫不怠，斗士是故众。"公曰："然^[4]。今我不击^[5]，归必狃。一夫不可狃^[6]，而况国乎！"公令韩简挑战，曰："昔君之惠也^[7]，寡人未之敢忘。寡人有众^[8]，能合之弗能离也。君若还，寡人之愿也。君若不还，寡人将无所避^[9]。"穆公衡雕戈出见使者^[10]，曰："昔君之未入，寡人之忧也。君入而列未成^[11]，寡人未敢忘。今君既定而列成^[12]，君其整列，寡人将亲见。"

秦穆公衡雕戈出见使者，一派英武形象，可见秦人尚武之精神。

[注释]

[1]"公御秦师"以下五句：晋惠公抵御秦国军队，令韩简去窥探秦军的虚实，韩简回来说："秦军的人数比我们少，但勇于战斗的士兵却很多。"斗士，勇于战斗之士。　[2]"以君之出也处己"以下五句：这是韩简模仿秦人口吻对晋惠公所说的话，意思是：因为您出亡时依靠的是我们秦国，回国继位麻烦的也是我们秦国，遭受饥荒时吃的是秦国输出的粮食，这样三次施恩于您却没有得到报答，所以我们要来对您进行讨伐。处己，居住在自己这里。己，指秦国。　[3]"今又击之"以下四句：如今您又率军进击秦人，秦人没有不愤怒的，晋军却没有不因理亏而懈怠的，所以秦军勇于战斗的士兵很多。　[4]然：对，是的。　[5]"今我不击"二句：但今天我如果不出击，回去以后，秦必养成习惯

而对我加以轻视。狃（niǔ），习惯。　　[6]"一夫不可狃"二句：一个普通的人尚且不能接受别人习惯性的轻视，何况一个国家呢！　　[7]"昔君之惠也"二句：这是韩简向秦穆公转述的晋惠公的话语，意思是：过去您对我的恩惠，我未敢忘怀。寡人，晋惠公自称。　　[8]"寡人有众"二句：我有众多兵士，只能把他们集合起来而不能使他们解散。此句的意思是我的兵众要求同您作战。离，散。　　[9]无所避：无处可避。言下之意是只能应战。　　[10]穆公衡雕戈出见使者：秦穆公横握着雕戈出见晋国使者。衡，同"横"。雕戈，雕刻有纹饰的戈。戈是先秦时期主要的兵器，属钩兵类武器。使者，指韩简。出见使者，是让韩简转告对晋惠公的答语（见下）。　　[11]"君入而列未成"二句：您回国后君位尚未稳固，我对您亦不敢忘怀。按晋惠公回国之初，以其背内外之赂，及其失德之举，遭至晋臣民的反对，君位并不稳固。这期间又遭遇饥荒，赖秦人输入粮食才得以渡过难关。秦穆公声言自己对归国后的晋惠公"未敢忘"，盖指此。列，位，指君位。未成，未定。　　[12]"今君既定而列成"以下三句：现在您已经安定下来并且君位也已稳固，就请您整理好队列，我将亲自与您会面。见，会面，指交战。

　　客还[1]，公孙枝进谏曰："昔君之不纳公子重耳而纳晋君[2]，是君之不置德而置服也。置而不遂[3]，击而不胜，其若为诸侯笑何？君盍待之乎？"穆公曰："然。昔吾之不纳公子重耳而纳晋君，是吾不置德而置服也。然公子重耳实不肯[4]，吾又奚言哉？杀其内主[5]，背其外赂，彼

这几句有如誓师词，历数对方罪行，显示自己站在天理一方和必胜的信心。

塞我施,若无天乎! 若有天,吾必胜之。”君揖大夫就车[6],君鼓而进之。晋师溃[7],戎马泞而止。公号庆郑曰[8]:“载我!”庆郑曰:“忘善而背德[9],又废吉卜,何我之载? 郑之车不足以辱君避也!”梁由靡御韩简[10],辂秦公,将止之,庆郑曰:“释来救君!”亦不克救,遂止于秦。

旁注:此写晋惠公遭庆郑唾弃,与上文晋惠公选择卜右事相呼应。此真惠公之报应!

[注释]

[1]“客还”二句:晋使者回去以后,公孙枝向秦穆公进谏说。客,指晋使者韩简。公孙枝,秦国大夫,字子桑,前年晋国遭饥荒时,曾向穆公建议输粟于晋。　[2]“昔君之不纳公子重耳而纳晋君”二句:从前您不送公子重耳回国而送这位晋君归国,是您不树立有德之人而只想树立服从于自己之人啊。　[3]“置而不遂”以下四句:树立了这样的人却未能达到目的,要是攻打他而不能取胜,将如何面对诸侯的耻笑? 您何不等待一下呢? 遂,顺,指达到目的。盍(hé),何不。待之,韦昭注称:“待其乱,将自毙。”[4]“然公子重耳实不肯”二句:但是公子重耳实在不肯让我送他回国,我又有什么话说呢? 不肯,指不肯在秦的支持下返国继位为君。奚(xī),疑问代词,什么。　[5]“杀其内主”以下六句:晋惠公杀死了晋国内主谋让他回国的大夫,对外又背弃了曾答应给我们贿赂的约定,他断绝了和我们的往来而我们却给予他施舍,这样的作为,真像是没有天理了啊! 要是说还有天理,我一定会战胜他。内主,指晋国内主谋接纳惠公归国的里克、丕郑等人。按晋惠公为取得国内对他回国的支持,曾答应对当时主持晋政的里克、丕郑等人进行赏赐,但回国后却违反诺言杀掉了

他们。外，指秦国。晋惠公为取得秦国对他返国的支持，曾答应割让晋国黄河以东的五座城邑给秦国，以后却又背弃了这些约定。塞，阻塞，断绝之义。天，指天理。　[6]"君揖（yī）大夫就车"二句：秦穆公向大夫作揖，请他们登上各自的战车，然后亲自击鼓指挥进攻。君，指秦穆公。揖，拱手行礼。　[7]"晋师溃"二句：晋军溃败，为晋侯驾车的马陷于泥泞中而不能走动。戎马，拉战车的马。泞，泥泞，这里用作动词，陷于泥泞中之意。　[8]"公号庆郑曰"二句：晋惠公向庆郑呼喊："用你的车搭载我！"号，呼喊。　[9]"忘善而背德"以下四句：你忘记善行，背弃恩德，又废弃吉利的占卜，哪用得着搭载我的车呢？我的车是不配用来让你避难的啊！废吉卜，指战前晋惠公占卜选择车右一事，当时占卜显示是使用庆郑吉利，但惠公却因嫌弃而不用。避，避难。　[10]"梁由靡御韩简"以下七句：梁由靡为韩简驾御着战车，迎战秦穆公，将要把他抓获，庆郑赶上来说："放开他去救国君吧！"也没能救成，惠公于是被秦军俘获。辂（yà），通"迓"，迎接之意，这里指迎战。止，获，抓获。释，放。克，能够。

　　穆公归，至于王城[1]，合大夫而谋曰："杀晋君与逐出之[2]，与以归之、与复之，孰利？"公子絷曰[3]："杀之利。逐之恐构诸侯[4]，以归则国家多慝，复之则君臣合作，恐为君忧，不若杀之。"公孙枝曰："不可。耻大国之士于中原[5]，又杀其君以重之，子思报父之仇，臣思报君之仇。虽微秦国[6]，天下孰弗患？"公子絷曰："吾岂

公孙枝承认晋国仍旧是大国，可谓头脑清醒。

将徒杀之[7]？吾将以公子重耳代之。晋君之无道莫不闻，公子重耳之仁莫不知。战胜大国，武也。杀无道而立有道，仁也。胜无后害[8]，智也。"公孙枝曰："耻一国之士[9]，又曰余纳有道以临女，无乃不可乎？若不可，必为诸侯笑。战而取笑诸侯，不可谓武。杀其弟而立其兄[10]，兄德我而忘其亲，不可谓仁。若弗忘[11]，是再施不遂也，不可谓智。"君曰："然则若何？"公孙枝曰："不若以归[12]，以要晋国之成，复其君而质其适子，使子父代处秦，国可以无害。"是故归惠公而质子圉[13]，秦始知河东之政。

秦人经过周密商议，最后"归惠公而质子圉"。此是最好的处置方法，避免了两国继续仇恨，还能继续控制晋国，晋国欠秦国的贿赂也能要回，实在是高明。

[注释]

[1] 王城：秦国地名，在今陕西大荔东。　[2] "杀晋君与逐出之"以下三句：杀死晋君，与将他驱逐出晋国，与将他带回秦国，与恢复他的君位，哪样对秦有利？以归之，带他回秦国。以，带领。　[3] 公子絷（zhí）：字子显，秦大夫，曾作为秦使者考察过流亡中的公子重耳及公子夷吾。　[4] "逐之恐构诸侯"以下五句：驱逐他出晋国，恐怕他与别的诸侯结交；带他回秦国，则会给国家造成祸害；恢复他的君位，则使晋君臣合作，恐成为您的忧患，不如杀掉他。构，交结。慝，恶，祸害。　[5] "耻大国之士于中原"以下四句：我们在战场上已经让晋国的将士蒙受了耻辱，若再杀掉他们的君主以加重这种耻辱，今后晋国做儿子的会

想着报父之仇，做臣子的会想着报杀君之仇。大国，指晋国。中原，原野之中，指韩原战场。重之，加重这种耻辱。 [6]"虽微秦国"二句：（对于上面这种情况）即使排除掉秦国，天下谁不对此担忧呢？微，无。弗患，不担忧，不以为患。 [7]"吾岂将徒杀之"二句：我难道是白白地将他杀死？我们将用重耳来代替他。徒，空，白白地。 [8]"胜无后害"二句：取胜并且不留下后患，是一种智慧。 [9]"耻一国之士"以下三句：羞辱了一国的将士，又对他们说，我招纳一位有道之君来统治你们，恐怕是不可以的吧？临女，统治你们。临，君临，谓统治。女，通"汝"，你们。 [10]"杀其弟而立其兄"以下三句：杀掉他的弟弟却拥立他的哥哥，做哥哥的如果只感谢我们的恩德，却忘记了自己的亲人，不可以说是仁德。 [11]"若弗忘"以下三句：如果他没有忘记兄弟之亲，那就是我们再次施加的这种恩德没取得成功，这不能叫做有智慧。 [12]"不若以归"以下五句：不如带他回到秦国，借此缔结同晋国的和约，然后恢复他的君位，而把他的嫡子当作人质，让儿子代替父亲留在秦国，这样国家就可以没有祸害了。要，缔结。成，和约。适（dí）子，即嫡子，正妻所生的儿子。适，通"嫡"。 [13]"是故归惠公而质子圉（yǔ）"二句：因此就放晋惠公回国而让晋太子圉留在秦国做人质，秦国开始管理河东五城的政事。子圉，晋惠公的儿子，名圉，后继位为怀公。知，管理。河东，指晋国割让给秦国的黄河以东的五座城邑。

[点评]

本篇记述秦晋之间著名的韩原之战。

作为秦晋之间第一次大规模的冲突，这场战争其实是早有酝酿的。前言晋惠公为避骊姬之难，逃亡到秦晋之间的梁国。他选择梁国的目的，是因为梁与秦国同姓，他好借此与秦国拉上关系，以便借着秦人的支持尽快地返回晋国登上君位。为此，他曾答应割让"河外列城五"给秦国，以作为秦人支持他返国的酬谢。秦人知其不如重耳之贤，但觉得在晋国扶立一个弱者对自己有利，便在重赂的诱惑之下，帮助惠公回到了晋国。哪知惠公一坐上君位，便立即翻脸，公然取消答应给秦国的贿赂。秦人始则忍让，并在晋国遭受饥荒之时，从大义出发，向晋国输出粮食。不料，转年秦国遇到灾荒向晋国请求粮食支援时，晋惠公竟拒绝给予！这使秦国大为光火，遂在次年取得粮食丰收后，秦穆公便亲率问罪之师，入侵晋国，要向晋侯讨个明白。

如果这时晋惠公知道错误，向秦人赔个不是，或表示重新履行曾经答应给秦人的贿赂，也就罢了。可晋惠公觉得现在自己的腰杆硬了，晋军人数众多，作为大国之君，岂能临战示弱！但他的部下韩简提醒他，因为他对当年秦人给予他的三次恩惠未给予回报，秦人都感到十分愠怒，所以部队中的"斗士"众多，而晋国军队则因为理亏反倒"莫不怠"。这等于告诉他，这场仗打不得。可是晋惠公却为了自己的面子，表示要硬抗到底。其实，晋惠公最大的隐患还是来自晋军内部，将士们不只是了解到他们的国君在处理与秦人的关系上属于理亏，更了解到晋君对待自己臣下亦是不仁不义。如秦穆公分析的那样，他不仅"背其外赂"，即背弃了给予秦人贿赂的诺言，还"杀其内主"，即杀掉了国内支持他回国继承君位的大臣里克、丕郑等人，可谓是倒行逆施，没有人性。

对待一些批评过他的人，他亦怀恨在心，不忘报复。如晋大夫庆郑，因为曾经当面指责过他对秦人"忘善而背德"，这次战前选拔车右，晋惠公便故意对他弃而不用，甚至不惜违背吉卜。晋国掌握在这样一位寡仁少德之人的手里，若不失败，便真如秦穆公所言，"若无天乎"——没有天理了！

　　战争的结果自然是晋军大败，晋惠公也当了秦军的俘虏。有意思的是，正是这位庆郑，当惠公陷于危难而求助于他时，他竟不管不顾，扬长而去。庆郑的作为自当别论，而于晋惠公本人来说，也算是遭到了报应。

　　文章接着记秦国君臣商议如何处置晋惠公，最后的决定是放他回晋国，而使其嫡子到秦国来做人质，同时迫使晋国订立重新履行割让给秦国土地的和约。可见晋惠公即使当了俘虏，也仍旧给晋国带来耻辱。

晋 语 四

重耳自狄适齐

文公在狄十二年 [1]，狐偃曰 [2]："日 [3]，吾来此也，非以狄为荣，可以成事也。吾曰：'奔而易达 [4]，困而有资，休以择利，可以戾也。'今戾久矣 [5]，戾久将底。底著滞淫 [6]，谁能兴之？盍速行乎！吾不适齐、楚 [7]，避其远也。蓄力一纪 [8]，可以远矣。齐侯长矣 [9]，而欲亲晋。管仲殁矣 [10]，多谗在侧。谋而无正 [11]，衷而思始。夫必追择前言 [12]，求善以终，厯迩逐远，远人入服，不为邮矣。会其季年可也 [13]，兹可以亲。"皆以为然。

在舒服的环境中待久了，必定会懒得再前进。此可适用于做任何事情！

"厯迩逐远"，金文与文献中的"柔远能迩"，义同于此。

[注释]

[1] 十二年：指晋文公重耳在狄十二年。按重耳自前655年奔狄，至前644年去狄，共十二年。　[2] 狐偃：字子犯，亦称

舅犯，晋大夫，重耳之舅。出身狄国，追随重耳出亡，是重耳最主要的谋臣。　[3]"日"以下四句：当初，我们来到这里，并非因为狄国是安乐之地，而是这里可以成就我们的大事。日，往日。荣，安乐。成事，成就返国之事。　[4]"奔而易达"以下四句：出逃到这里易于到达，遇到困境有人资助，在这里暂时休息以选择有利的时机，可以使自己先安定下来。按这几句是狐偃当初说的话，狐偃作为回忆，是为了表达下面的意思。奔，出奔，逃亡。戾，定，安定。　[5]"今戾久矣"二句：如今我们安定很久了，安定太久将止步不前。底（zhǐ），止，中止，停顿。　[6]"底著滞淫"以下三句：止步不前、依赖并滞留过久，谁能振兴我们的事业？何不快走啊！著，依附。滞淫，滞留过久。盍（hé），何不。　[7]"吾不适齐、楚"二句：当初我们不去往齐国、楚国，是避免路途遥远。适，往。　[8]"蓄力一纪"二句：我们经过十二年积蓄力量，可以走远路了。一纪，十二年。古者以岁星纪年，岁星（即今木星）十二年行一周天，故称十二年为一纪。远，行远。　[9]"齐侯长矣"二句：如今齐侯年纪老了，想和晋国亲近。齐侯，指齐桓公。长，老。　[10]"管仲殁矣"二句：管仲已经去世了，许多谗慝之人围绕在他的身旁。管仲，齐国著名政治家，曾辅佐齐桓公建立霸业。殁，去世。多谗，指齐桓公晚年宠幸的一帮喜欢进谗的小人，如易牙、竖刁之属。　[11]"谋而无正"二句：齐桓公即使有所谋划，也无人为他匡正，这使他内心不免怀念其初始时的情形。正，匡正。衷，心中，内心。　[12]"夫必追择前言"以下五句：齐桓公一定会追思以前管仲那些忠善之言，以求有个好的结局，会安抚近邻，求与远方诸侯交往，如有远方之人前去投奔他，是不会有错的。前言，指以前管仲留下的忠善之言。餍，公序本作"厌"，安抚之意。迩，近，指近邻。逐远，求与远方诸侯交往。逐，求。邮，过，过错。　[13]"会其季年可也"二句：如今正是齐桓公的晚年，我们可以前往齐国。会，适逢。季年，晚年。

乃行，过五鹿[1]，乞食于野人[2]。野人举块以与之[3]，公子怒，将鞭之。子犯曰："天赐也[4]。民以土服[5]，又何求焉！天事必象，十有二年，必获此土。二三子志之[6]。岁在寿星及鹑尾[7]，其有此土乎！天以命矣[8]，复于寿星，必获诸侯。天之道也[9]，由是始之。有此[10]，其以戊申乎！所以申土也。"再拜稽首，受而载之[11]。遂适齐。

此岁星纪年法。一般认为，此纪年法行于战国。

[注释]

[1]五鹿：春秋卫国邑名，在今河南濮阳南。 [2]乞食于野人：向野人乞讨食物。野人，住在郊外的农夫。 [3]块：土块。 [4]天赐：上天所赐。按《左传》僖公二十三年杜预注说："得土，有国之祥（吉兆），故以为天赐。" [5]"民以土服"以下五句：小民用献土来表示对您的服从，我们还有什么可求的呢？上天安排的事情一定会有征兆，再过十二年，您一定会获得这片土地。天事，上天安排的事情。象，表象，征兆。 [6]二三子志之：请诸位记住我的这些话吧。二三子，犹言诸位、你们几位。志，记住。 [7]"岁在寿星及鹑（chún）尾"二句：当岁星处在寿星和鹑尾两个星次之间时，就将拥有这片土地了！其，将要。按这里仍是使用岁星纪年法，这种纪年法是将岁星运行的整个周天分成十二个区间，称作十二次，每个区间皆有专门的名称，寿星与鹑

尾都是星次之名。　　[8]"天以命矣"以下三句：上天用这件事发出了告示，等岁星再次运行到寿星之次时，就一定会获得诸侯的拥戴。命，告示。复，再次。获诸侯，成为诸侯的盟主（霸主）。按晋文公于鲁僖公十六年（前644）去狄过卫，是年岁在寿星，至鲁僖公二十八年（前632）在城濮之战中战胜楚国建立霸业，其间正好十二年，故言"复于寿星"。　　[9]"天之道也"二句：上天的旨意，就从这里开始。是，指获得土块。　　[10]"有此"以下三句：占有这块土地，大概是在戊申那一天吧，因为戊申就是扩展土地的意思啊。按古人以干支纪日，以为天干中的戊于五行中属土，申为伸展、扩张的意思，故有如上解释。　　[11]受而载之：接受土块，把它装进车里。

[点评]

重耳长期流亡在外，经历了各种遭遇，最终能够返还晋国并造就晋国的霸业，主要还是依靠随他一同逃亡的臣下的辅佐。他们忠心耿耿、不离不弃，兼具各种才识，不断为之排难解困。其中最具谋略并起到重要作用的一位，乃是重耳的亲舅狐偃。本篇即叙述狐偃在此过程中所做的两件看似平凡却至关重要的事情。

一是重耳在其所流亡的狄国一住就是十二年，在那里娶妻生子，颇有乐不思蜀的样子，是狐偃不忘其所肩负的重任，适时地向重耳提出："日，吾来此也，非以狄为荣（安乐），可以成事也。"他提醒大家，在一个地方安定久了，会使人产生懈怠，不思进取，必须赶快离开这里！去往哪儿？他也观察好了，去投奔齐国。因为齐桓公老了，想追寻过去管仲的思路，安抚近邻，而与远方的晋国亲善，这个时候去投奔他，应不会出差错。这是狐偃对晋文公霸业做出的第一大贡献。设若没有狐偃的提醒与安排出行，重耳老死在狄国亦是可能的，哪有后来他在历史舞台上作为重要角色的演出！

　　二是他在艰苦环境中对重耳的激励。一行人经过五鹿，粮食断绝，以致向野人乞讨，野人竟然给他们拿来土块！我们无意对野人的行为做出何种猜测，然而狐偃却抓住这个机会，把这说成是上天赐予重耳土地的征兆，预示着重耳日后必然获得这里的土地，称霸诸侯。由是重耳转怒为喜，拜谢这来自上天的赐予，"受而载之。遂适齐"。这件事固然反映了狐偃的机智，但更重要的，是反映出狐偃乐观自信的精神。他自己必定首先充满对未来事业成就的信心，才会在艰难环境中给人以鼓励。这也是以后创业者必须具备的一种精神。

齐姜劝重耳勿怀安

　　齐侯妻之[1]，甚善焉。有马二十乘[2]，将死于齐而已矣。曰："民生安乐[3]，谁知其他？"

　　桓公卒，孝公即位[4]。诸侯叛齐。子犯知齐之不可以动[5]，而知文公之安齐而有终焉之志也，欲行，而患之，与从者谋于桑下。蚕妾在焉[6]，莫知其在也。妾告姜氏[7]，姜氏杀之，而

这两句描述重耳贪图安逸、不思进取的状态，可谓传神！

虽是从大局出发，亦够残忍的！

言于公子曰："从者将以子行，其闻之者吾以除之矣。子必从之^[8]，不可以贰，贰无成命。《诗》云^[9]：'上帝临女，无贰尔心。'先王其知之矣^[10]，贰将可乎？子去晋难而极于此^[11]，自子之行，晋无宁岁，民无成君。天未丧晋^[12]，无异公子，有晋国者，非子而谁？子其勉之！上帝临子^[13]，贰必有咎。"

[注释]

[1]"齐侯妻（qì）之"二句：齐桓公将女儿嫁给重耳，对他很好。妻，以女嫁人。　[2]"有马二十乘（shèng）"二句：重耳在齐国拥有二十辆车和八十匹马，准备老死在齐国算了。乘，量词。古时一车四马为一乘。　[3]"民生安乐"二句：人的一生就图安乐，谁想其他事情？　[4]孝公：指齐孝公，齐桓公之子昭。前642年—前633年在位。　[5]"子犯知齐之不可以动"以下五句：子犯（即狐偃）知道不可以说动齐国送公子重耳返国，又知道重耳安于留在齐国并有老死在齐国的想法，于是打算离开齐国却又担心重耳不同意，便与重耳的其他随从在一棵桑树下谋议。动，指被说动送重耳返国。终焉，终老于齐国。志，想法。患之，患重耳不肯离去。从者，指重耳的其他随从。　[6]"蚕妾在焉"二句：正好一个养蚕的女奴在桑树上，众人却谁都没有发觉她在上边。妾，女奴。　[7]"妾告姜氏"以下五句：女奴将子犯等人的谋议告诉重耳妻姜氏，姜氏（恐走漏风声）将其杀掉，然后对公子重耳说："您的随从将带着您离开，那个听到这件事的人，我

已经将他除掉了。"姜氏，重耳所娶齐桓公之女。随其国之姓，故称姜氏。　[8]"子必从之"以下三句：您一定要听从他们的安排，不可犹豫，犹豫将不能成就天命。贰，怀疑，犹豫。　[9]"《诗》云"以下三句：《诗经》上说："上帝在监视着你，你不可以有二心。"这两句诗出自《诗经·大雅·大明》篇，是周武王牧野誓师词中的话。　[10]"先王其知之矣"二句：周武王应当是知道天命的，如果犹豫，他能得到天下吗？先王，指周武王。其，语气词，表揣测之意。知之，知道天命。　[11]"子去晋难而极于此"以下四句：您逃避晋国来到这里，自从您出亡以后，晋国没有一年是安宁的，人民也没有一个稳定的国君。极，至，到达。无成君，没有稳定的国君。指晋奚齐、卓子先后被杀，惠公亦因内外不得人心而致君位不稳定。　[12]"天未丧晋"以下五句：上天不使晋国灭亡，晋国没有其他公子同您一样，能得到晋国的，不是您还是谁呢？您自己可要努力啊！无异公子，没有和您一样的公子，意谓仅重耳一人能拯救晋国。　[13]"上帝临子"二句：上帝在看着您，如再犹豫必定有灾祸降临。昝，灾祸。

顽劣如此，真无公子气度！

　　公子曰："吾不动矣[1]，必死于此。"姜曰："不然。《周诗》曰[2]：'莘莘征夫，每怀靡及。'夙夜征行[3]，不遑启处，犹惧无及，况其顺身纵欲怀安，将何及矣！人不求及[4]，其能及乎？日月不处[5]，人谁获安？西方之书有之曰[6]：'怀与安，实疚大事。'《郑诗》云[7]：'仲可怀也，人之多言，亦可畏也。'昔管敬仲有言[8]，小妾闻之，曰：'畏威如疾[9]，民之上也。从怀如流，民之下也。见怀思威，民之中也。畏威如疾，乃能威民。威在民上，弗畏有刑。从怀如流，去威远矣，故谓之下。其在辟也，吾从中也。《郑诗》之言，吾其从之。'此大夫管仲之所以纪纲齐国[10]，裨辅先君而成霸者也。子而弃之，不亦难乎？齐国之政败矣，晋之无道久矣，从者之谋忠矣，时日及矣[11]，公子几矣[12]。君国可以济百姓[13]，而释之者，非人也。败不可处[14]，时不可失，忠不可弃，怀不可从，子必速行。吾闻晋之始封也[15]，岁在大火，阏伯之星也，实纪商人。商之飨国三十一王[16]。瞽史之纪曰[17]：'唐叔之世，将如商数。'今未半也[18]。乱不长世[19]，公子唯子，子必有晋。若何怀安[20]？"公子弗听。

管仲选择做民之中等人，是其智也。

此类预言，反映作者实际已生活在晋国祚已经终止之世。即《国语》的成书年代不得在晋世系存续之前。

[注释]

[1] "吾不动矣"二句：我不想走了，一定要老死在这里。
[2]《周诗》：指《诗经·小雅·皇皇者华》。下面两句诗出自该诗的首章，意思是：众多的行人，每个人都怀着自己的心事，结果什么事也做不成。莘（shēn）莘，众多貌。每怀，每人皆怀其私

心。靡及，无所及，做不成事。按郑玄对这句话的解释是："每人怀其私相稽留，则于事将无所及。"（《毛诗郑氏笺》） [3]"夙夜征行"以下五句：这是姜氏顺着诗意对公子进行的规劝，意思是：早晚在路上行走，没有闲暇安坐休息，即使这样还害怕达不到目的，何况一个人由着自身，放纵情欲，贪图安逸，将怎样达到目的呢？夙夜，早晚。遑（huáng），闲暇。启处，坐卧，休息。顺身，由着自身。及，达到（目的）。 [4]"人不求及"二句：人自己不求达到目的，怎能达到目的呢？ [5]"日月不处"二句：时间不会停下来，谁会只图安逸？日月，太阳和月亮。这里指太阳、月亮的运行，即时间。 [6]西方之书：泛指西方周人的典籍。下面两句是该书中的话语，意思是：怀着私心与贪图安逸，实在会败坏大事。怀，同上述"每怀靡及"之"怀"，指怀其私心。疚，败坏。 [7]《郑诗》：指《诗经·郑风·将仲子》篇，下面两句诗出于该篇之卒章，意思是：仲子令我思念，但外人的闲话，也是很可怕的啊！按此诗句描述一位女子对其所爱之人的怀念，但怕人议论，不得不劝阻所爱之人前来相会。此处乃姜氏借用来表示自己不会因个人对重耳的顾念，而忘记重耳所肩负的大事。 [8]"昔管敬仲有言"二句：过去管仲说过这样的话，我也曾听过。管敬仲，即管仲。"敬"是他的谥号。小妾，姜氏在重耳面前自称。 [9]"畏威如疾"以下十七句：如果一个人像害怕疾病一样敬畏天威，他应是众人中的上等人。如果他像流水一样只追逐自己的私欲，就是民众中的下等人。见到自己所想的东西的同时也考虑到天的威严，可以说是民众中的中等人。只有敬畏天威有如害怕疾病一样的人，才能在民众中建立威信。有威信之人处在众民之上，不畏惧天威者将受到刑律的处罚。那些随波逐流，只想个人私欲之人，离建立威信就更远了，所以只能说他们是下等人。照以上所说的譬喻而言，我选择做见怀思威的中等人。《郑诗》所说的话，我将加以遵从。按此段话中"其在辟也"
之"辟"，据徐元诰《国语集解》，当解为"譬"，谓管仲诸譬喻
之言。　[10]"此大夫管仲之所以纪纲齐国"二句：这是姜氏对
上述管仲之语的概括，意思是：这就是管仲之所以能够治理齐国，
辅助先君而成就霸业的原因啊。纪纲，治理。裨（bì），补，补
助。先君，指齐桓公。　[11]时日及矣：指重耳的时机已经到来。
及，到，至。　[12]公子几（jī）矣：指重耳得国的时间很近了。
几，近，接近。　[13]"君国可以济百姓"以下三句：做国君可
以救济百姓，而放弃君位者，不是一个正常之人。释之，指放弃
君位。　[14]"败不可处"以下五句：政治败坏的齐国不可以继
续住下去，返回晋国的时机不可以丢失，随从们对您的忠心不可
以弃置不顾，贪图安逸之心不可以纵容，您一定要快些离开！从，
同"纵"，放纵。　[15]"吾闻晋之始封也"以下四句：我听说晋
国始被分封的那年，岁星正处在大火星的位次，这也就是阏（è）
伯的星啊，它实际掌管着商人的吉凶。岁在大火，指岁星正运行
在大火星的位次。阏伯，传说时代的人物，高辛氏之后，任陶唐
氏之火正官，居于商丘（今河南商丘），主管祭祀大火星，故称
大火为阏伯之星。实纪商人，指大火星掌管着商人的吉凶。按文
献称商人祖先相土后来继承了阏伯所居商丘这块土地，就是继续
主持对大火星的祭祀，这也意味着大火星掌管着商人的命运。纪，
主持，管理。　[16]商之飨国三十一王：商朝统治天下者一共有
三十一位国君。飨国，享有国家。飨，同"享"。三十一王，指
商代自商汤至商纣王共三十一位在位的国君。　[17]"瞽（gǔ）
史之纪曰"以下三句：瞽史所背诵的历史记录说："唐叔后裔享
有晋国的国君，将同商代一样的数目。"瞽史，乐师与史官的并
称。瞽，盲人。唐叔，即唐叔虞，西周成王之弟，晋国的始封者。
世，世次，一个在位的国君为一世。　[18]今未半也：指自唐叔

到晋惠公，晋国的国君只有十四位，还不到瞽史所预言的晋国国君数的一半。　[19]"乱不长世"以下三句：晋国的混乱不会长久继续下去，晋国的群公子现在只有您一人了，您一定会拥有晋国。　[20]若何怀安：为何还贪图安逸。

[点评]

本篇故事仍是围绕要成事业还是要图安逸这一对矛盾展开的，故事主人公却是重耳在齐国的新婚妻子、齐桓公之女姜氏。

重耳一行到达齐国后，齐桓公极为重视，将自己的女儿嫁给他，给予他优厚的待遇，使之"有马二十乘"。这使重耳贪图安逸的老毛病复发，他想自己就这样老死在齐国算了，还说："民生安乐，谁知其他？"

不久，齐桓公去世。狐偃等人看新即位的齐孝公并没有送重耳返回晋国的意思，又看到重耳这个样子，打算让他尽早离开齐国。没想到几个人在桑树下的谋议被姜氏手下一位养蚕的奴婢听了去，奴婢将此事告知姜氏。姜氏担心走漏风声，迅速将奴婢杀掉，然后从容告诉重耳，其手下的从者打算将他带离齐国，她自己亦希望他听从狐偃等人的安排，尽快返回晋国继承君位，不要犹豫不决。

哪知重耳这时仍想赖在齐国，说自己不想走动，"必死于此"。姜氏作为齐桓公之女及重耳的新婚妻子，深明大义，她没想着如何把重耳留在身边，过自己安乐的小日子，而是从重耳今后的事业考虑，耐心地劝他返回晋国。她先引用《周诗》中的诗句，以行道上的征夫为喻，说明一个人总顺着自己的私欲而贪图安逸，就绝对达不到目的；又引用"西方之书"中"怀与安，实疾大事"之语和《郑诗》中"仲可怀也，人之多言，亦可畏也"的诗句，劝告重耳做一个像管仲那样"见怀思威"的清醒政治家，回到晋国，救济百姓。最后，她勉励重耳，根据瞽史传唱的史书记载，作为晋国始封之君唐叔虞的后代，将有三十一位享有统治晋国的权力，同于商代国君的数目，现在这数字还不到一半呢，您作为晋国在世的唯一一位公子，怎能自暴自弃，贪恋一时的安逸呢？

　　姜氏对重耳的关心体现在对他事业的支持上，姜氏的识大体、知大局和知书达礼的形象被奉为古代妇女的楷模。成书于汉代的《列女传》将其事迹入于是书《贤明传》中，赞其"洁而不渎，能育君子于善"，可谓实评。尽管她为了不使狐偃等人企图带走重耳的计划泄密而杀死了蚕妾，从今天的道德评判标准来说是应当受到谴责的，但这只能算作古代贵族行事方法的一种局限性。从历史发展的全局看，她的作为在整体上还是应该被肯定的。

齐姜与子犯谋遣重耳

　　姜与子犯谋[1]，醉而载之以行。醒[2]，以戈逐子犯，曰："若无所济，吾食舅氏之肉，其知餍乎！"舅犯走[3]，且对曰："若无所济[4]，余

不能晓以言语，只能用绑架了！

此已是抱着必有所成的信心了。

未知死所，谁能与豺狼争食？若克有成，公子无亦晋之柔嘉，是以甘食。偃之肉腥臊，将焉用之？"遂行。

[注释]

[1]"姜与子犯谋"二句：姜氏与狐偃商量，把重耳灌醉后，将他载在车上，离开齐国。姜，即姜氏。子犯，狐偃字。　[2]"醒"以下六句：重耳酒醒之后，用戈追打狐偃，说："要是将来不成功，我就是吃您的肉，也不满足啊！"济，成功。舅氏，指狐偃，以狐偃为重耳之舅（重耳母之兄）。餍，满，满足。"其知餍乎"是反问句，也就是不知餍足的意思。　[3]"舅犯走"二句：谓狐偃一边逃避追打，一边回答重耳。走，跑，指狐偃逃避重耳的追打。且，连词，有"一边……一边……"之意。　[4]"若无所济"以下八句：要是不能成功，我连自己死在哪里都不知道，谁能去与豺狼争食我呢？要是能够取得成功，公子不就有了晋国又美又松脆的食物，您也就能够很好地进食了。我狐偃的肉腥臊难食，哪里还用得着呢？克有成，能够取得成功。无亦，不亦，也就。柔，脆，指食物的松脆柔软。嘉，美。甘食，很好地进食。

[点评]

本篇接上篇而言。姜氏既然无法用言语打动重耳，只好与狐偃一起谋划，用酒将重耳灌醉，强行将他载在车上，驶离齐国。待他醒来，已驶出很远，他只好懊恼地用戈追打狐偃一番以出气。不过，从他责骂狐偃的话中可以体会出，他已不得不接受狐偃等人要他返回晋国的现实，只是担心事情未必能够成功，所以才骂"若无所济，吾食舅氏之肉"。而狐偃的回答更加巧妙，说：要是事情不成功，我连死在哪儿都不知道，您还能去与豺狼争食我的肉么？要是事情成功了，您就会有享不尽的美食，岂会再食我这腥臊之肉？这里，狐偃实际已表示出，自己赔了老命，也一定要辅助重耳登上君位。由是，重耳才无话可说，一行人遂再踏上征途。

文章在这里用十分诙谐的语句描绘出重耳君臣在流亡途中一幅生动活泼的人物对话的场景，他们之间既充满了生活情趣，又不失君臣上下尊卑之礼，更满怀着对未来事业成功的期待。这些，都使人对重耳的流亡生活有了更真实的感受，也显示了《国语》作者在语言文学上所具有的不同寻常的造诣。

重耳婚媾怀嬴

秦伯归女五人[1]，怀嬴与焉。公子使奉匜沃盥[2]，既而挥之。嬴怒曰："秦、晋匹也[3]，何以卑我？"公子惧，降服因命[4]。秦伯见公子曰："寡人之适[5]，此为才。子圉之辱[6]，备嫔嫱焉，欲以成婚，而惧离其恶名。非此[7]，则无故。不敢以礼致之[8]，欢之故也。公子有辱[9]，寡人之罪也。唯命是听[10]。"

以上几句，十分富有戏剧性。仅摘取怀嬴"秦、晋匹也，何以卑我"两句话，便将当时气氛烘托出来，怀嬴的形象也立见丰满。也因了这两句，怀嬴为自己挣得了正式夫人的身份和地位。好个怀嬴！

[注释]

[1]"秦伯归（kuì）女五人"二句：秦穆公送给公子重耳五位女子，他的女儿怀嬴也在其中。秦伯，即秦穆公，"伯"为其爵称，嬴姓，名任好，前683年—前621年在位，春秋时的"五霸"之一。归，通"馈"，赠送。怀嬴，秦穆公之女，因曾嫁给晋怀公圉，故称怀嬴。由于怀公逃回晋国，怀嬴寡居，故为穆公转送给重耳。与，参与，在其中。　[2]"公子使奉匜（yí）沃盥"二句：重耳让她捧着青铜匜伺候自己洗手，洗完后，挥手让怀嬴离去，而将沾在手上的水滴洒在怀嬴身上。匜，一种专门用作盥洗时注水的青铜器具。沃盥，注水洗手。既，已，指重耳洗完手后。挥，洒。　[3]"秦、晋匹也"二句：秦、晋是对等的两个国家，你凭什么看不起我？匹，匹敌，对等。卑，卑视，看不起。　[4]降服囚命：脱去上衣，将自己囚禁起来，听候处罚。　[5]"寡人之适"二句：我的嫡夫人所生的女孩子中，这位（指怀嬴）是最有才的。适，通"嫡"，这里指嫡夫人所生之女。　[6]"子圉之辱"以下四句：怀嬴因为曾嫁给子圉，只能充当您的宫女，想让她与您成婚，却担心她附带着不好的名声。子圉之辱，受子圉的污辱，指怀嬴曾为子圉之妻。备，充当。嫔嫱，宫中女官，即宫女。离（lì），附着，指附在怀嬴身上的不好的名声。　[7]"非此"二句：除了这一点外，再没有什么不好之处了。　[8]"不敢以礼致之"二句：我不敢用正式的婚礼将她嫁给您，是因为我喜欢她的缘故。　[9]"公子有辱"二句：公子遭受的屈辱，是我的罪过啊。有辱，指重耳降服自囚事。　[10]唯命是听：谓对怀嬴的处置，全听从公子的意见。

公子欲辞[1]，司空季子曰[2]："同姓为兄弟[3]。黄帝之子二十五人[4]，其同姓者二人而已，唯青阳与夷鼓皆为己姓。青阳，方雷氏之甥也[5]。夷鼓，彤鱼氏之甥也[6]。其同生而异姓者[7]，四母之子别为十二姓。凡黄帝之子[8]，二十五宗，其得姓者十四人为十二姓，姬、酉、祁、己、滕、箴、任、荀、僖、姞、儇、依是也。唯青阳与苍林氏同于黄帝[9]，故皆为姬姓。同德之难也如是。昔少典娶于有蟜氏[10]，生黄帝、炎帝。黄帝以姬水成[11]，炎帝以姜水成。成而异德[12]，故黄帝为姬，炎帝为姜，二帝用师以相济也，异德之故也。异姓则异德[13]，异德则异类。异类虽近[14]，男女相及，以生民也。同姓则同德[15]，同德则同心，同心则同志。同志虽远[16]，男女不相及，畏黩敬也。黩则生怨[17]，怨乱毓灾，灾毓灭姓。是故娶妻避其同姓[18]，畏乱灾也。故异德合姓[19]，同德合义。义以道利[20]，利以阜姓。姓利相更[21]，成而不迁，乃能摄固，保其土房。今子于子圉[22]，道路之人也，取其所弃，以济大事，不亦可乎？"

方雷，见于西周穆王时期青铜器铭文，为氏族名。此可见黄帝的传说并非子虚乌有。

以上诸姓，可考者为姬、祁、己、任、僖、姞六姓，皆见于青铜器铭文。其他各姓暂不可考，或仅为氏名。其时已将姓、氏混为一谈矣。

同姓不婚，是周代的制度，商以前是否有此制，尚有待考证。见王国维《殷周制度论》。

[注释]

[1] 欲辞：指重耳打算推辞不娶怀嬴。　 [2] 司空季子：晋大夫胥臣，字季子。以食邑于臼，亦称臼季。以"多闻"著称。从重耳出亡，后任司空（主管土木工程）。　 [3] 同姓为兄弟：本意是说同父所生乃为兄弟，但这里还强调了兄弟之间同德的重要性，只有同父又同德者，才算是真兄弟，以表明重耳与夷吾虽为同父所生，由于德性不同，算不得真兄弟，故重耳之于子圉，只是道路之人，可以娶其弃妻。　 [4]"黄帝之子二十五人"以下三句：黄帝的儿子有二十五人，其中同姓者仅两人而已，只有青阳与夷鼓和自己一个姓。黄帝，传说中的上古帝王，华夏民族之始祖，实为古代姬姓部族集团首领及周族人的祖先。己姓，黄帝自己的姓，即姬姓。按此句韦昭的注解为："此二人相与同德，故俱为己姓，青阳，金天氏帝少暤。"其将"己"字误为姓己之己，又误以为青阳出自东夷少昊（即少暤）氏族，皆与史实及下文相抵牾，故不取。（参见杨希枚《〈国语〉黄帝二十五子得姓传说的分析（上）》，《史语所集刊第 34 本》下册）　 [5] 方雷氏之甥：方雷氏族的外甥。方雷氏，黄帝正妻嫘（léi）祖所在的氏族。甥，外甥。西周金文中亦有方雷氏，见师旂鼎铭。　 [6] 彤鱼氏之甥：彤鱼氏族的外甥。彤鱼氏，黄帝次妃所在的氏族。　 [7]"其同生而异姓者"二句：至于同出于一个黄帝所生却列在异姓的缘故，是因为他们属于四个母亲的儿子，分别为十二个姓。四母，据《帝王世纪》说，为西陵氏女嫘祖、方雷氏女女节、彤鱼氏女和嫫母。　 [8]"凡黄帝之子"以下四句：举凡黄帝之子，一共有二十五支宗族，其中得到姓的十四个人列为十二个姓，就是姬、酉、祁、己、滕、箴、任、荀、僖、姞、儇、依这十二个姓。按以上诸姓中，"荀"，据王引之说，当作"苟"；"依"，当作"衣"（《经义述闻》）。又"十四人"，学者虞翻、惠栋、俞樾等人皆以为乃"十三人"之误，以

姬姓两人加其他姓各一人，正好十三人。古"四"字由积划构成而写作"三"，易与"三"相混。　[9]"唯青阳与苍林氏同于黄帝"二句：只有青阳与苍林氏的德性与黄帝相同，所以都是姬姓。按这句话的意思同上文"其同姓者二人而已，唯青阳与夷鼓皆为己姓"，苍林氏或即夷鼓。　[10]"昔少典娶于有蟜（jiǎo）氏"二句：从前少典从有蟜氏那里娶妻，生下了黄帝和炎帝。少典，传说中上古氏族部落的首领，在黄帝之前。有蟜，古氏族部落名。炎帝，传说中的古帝王名，与黄帝同时，实则为古代姜姓部落集团的首领。或以为炎帝即传说中的神农氏，在黄帝之前，此实后起的传说，不足为训。　[11]"黄帝以姬水成"二句：黄帝依凭姬水成长，炎帝依凭姜水成长。姬水，古代河水名，在今陕西，具体地点不详。姜水，古代河水名，徐旭生以为即今陕西宝鸡境内的清姜河（见氏著《中国古史的传说时代》）。　[12]"成而异德"以下五句：黄帝与炎帝长成以后就有了不同的德性，所以黄帝就成了姬姓族的首领，炎帝则成了姜姓族的首领，两位首领率领军队互相排挤，就是他们德性不同的缘故啊。济，借为"挤"，挤对，相排挤。它书记载黄帝与炎帝之间曾发生过阪泉之战，或指此。　[13]"异姓则异德"二句：不同姓就有不同的德性，不同德性又导致族类的不同。类，指族类。　[14]"异类虽近"以下三句：不同族类之人尽管亲属关系很近，男女之间也可以通婚，以利于繁衍后代。近，指有很近的亲属关系。如晋献公之女伯姬为秦穆公夫人，重耳可以说是怀嬴之舅。生民，繁育人口。　[15]"同姓则同德"以下三句：同姓之人便同一德性，同一德性便同一条心，同一条心则志向相同。　[16]"同志虽远"以下三句：同一志向之人尽管亲属关系很远，男女之间也不能通婚，这是害怕亵渎了族内讲究恭敬的缘故。黩敬，亵渎族内的恭敬。黩，亵渎。　[17]"黩则生怨"以下三句：恭敬被亵渎后就会产生怨恨，怨恨造成的混乱会产生灾祸，灾祸产生就会灭掉整个姓族。毓（yù），通"育"，产生。姓，指姓族。　[18]"是故娶妻避其同姓"二句：所以娶妻要避开和自己同姓之人，就是因为害怕因混乱而产生灾祸啊。　[19]"故异德合姓"二句：因此不同德性的姓族可以结合为婚姻，而相同德性的同姓之人则应以道义相结合。合姓，合二姓结为婚姻。合义，以道义相合。　[20]"义以道利"二句：以道义相结合会引导出利益，有了利益就会使本姓族的发展更加兴盛。道，同"导"。阜，盛，大。　[21]"姓利相更"以下四句：姓族发展与获取利益二者相互接续，成长壮大不可离散，故能保持族群的稳固，保有自己的土地家园。相更，相接续。更，续。迁，离散。摄固，保持稳固（指族群的稳固）。土房，土地房屋。　[22]"今子于子圉"以下五句：如今您之于子圉，形同道路上的陌生人，娶回他所抛弃的女人，以成就自己的大事，不也是可以的吗？济，成就。按此以黄帝与炎帝长而异德并致互相挤对之故事，比喻重耳已与子圉父子形同路人，完全可以不考虑惠公与自己同出一父的顾忌，娶回子圉抛弃的妻子。

公子谓子犯曰："何如[1]？"对曰："将夺其国[2]，何有于妻，唯秦所命从也。"谓子余曰[3]："何如？"对曰："《礼志》有之曰[4]：'将有请于人[5]，必先有入焉。欲人之爱己也[6]，必先爱人。欲人之从己也[7]，必先从人。无德于人[8]，而求用于人，罪也。'今将婚媾以从秦[9]，受好以爱之，听从以德之，惧其未可也，又何疑焉？"乃

赵衰有文，故能引经据典。

归女而纳币[10]，且逆之。

[注释]

[1] 何如：怎么办才好。这是重耳向狐偃征询如何处理与怀嬴婚事的问句。　[2]"将夺其国"以下三句：既准备夺取他手中的国家，对于他的弃妻，又有何不能占有的呢，只管听从秦穆公的安排就是了。其，指晋怀公子圉。　[3] 子余：赵衰（cuī）之字。赵衰，晋文公从亡诸臣之一，与狐偃并为辅佐文公最得力之臣。后任晋卿，谥"成"，文献或称其为"成季"。　[4]《礼志》：古礼书名，已佚。　[5]"将有请于人"二句：如果将有求于人，一定要先接受别人的请求。　[6]"欲人之爱己也"二句：想要别人爱自己，一定要先去爱别人。　[7]"欲人之从己也"二句：想要别人服从自己，自己一定要先去服从别人。　[8]"无德于人"以下三句：自己对人没有恩德，却要求别人为己所用，那就是罪过呀。求用于人，求别人为己所用。　[9]"今将婚媾以从秦"以下五句：现在您用缔结（与怀嬴的）婚姻来表示服从秦穆公的安排，接受他的好意以表示对他的爱戴，听从他的话以表示对他恩德的感激，就这样还害怕不能取得秦人的信任呢，您还有什么迟疑的呢？未可，未能取得秦人的认可。可，认可，信任。　[10]"乃归女而纳币"二句：于是就将怀嬴送回去，然后献上聘礼，将正式迎娶怀嬴。归女，将怀嬴送回女家。纳币，又称"纳徵"，古代婚礼之一，指男方到女方家送上聘礼，包括财物、货币等，统称为"币"。且，将，将要。逆，迎，指亲迎，古代婚礼的最后一道礼仪，即迎娶新人。

[点评]

重耳出亡的最后一站是秦国。前 637 年，由于在秦国做质子的晋惠公的儿子子圉逃归晋国，并于翌年即位为晋怀公，秦穆公出于继续染指晋国的考虑，将重耳从楚国召请到秦国，并送给他五位女子做侍妾，这里面包括了晋怀公遗弃在秦国的妻子怀嬴。怀嬴原本是秦穆公的亲生女儿，重耳小看了她，一次在她伺候重耳盥洗的过程中，重耳大大咧咧地将手上的水滴挥洒在怀嬴身上，惹得怀嬴大为不高兴，称"秦、晋匹也，何以卑我？"重耳害怕因此失去秦国的支持，赶忙向怀嬴谢罪。秦穆公出面解释，表示怀嬴确实是自己的爱女，而自己原本是想要将怀嬴许配给重耳的，只是担心她顶着子圉弃妻的恶名，没敢使用正式的婚礼将她送到重耳身边。这样，是否正式迎娶怀嬴，就成了摆在重耳面前的一个重要的现实问题。

跟随出亡的重耳之谋臣司空季子首先出来给犹豫不决的重耳做工作。他举黄帝之子二十五人，唯青阳与夷鼓与其同姓为例，表明父子兄弟之间相同德性的重要性，以影射重耳与惠公虽为同父所生，但由于德性不同，不得为真兄弟，故惠公子子圉对于重耳来说，只是道路之人，完全可以无所顾忌地取其弃妻。又举黄帝与炎帝的关系为例，说二人本同为少典所生，但不同德，以致长大之后相互挤对，其意亦在于鼓励重耳不要在乎与子圉间的亲族关系，"取其所弃，以济大事"，成就自己的大事才是根本。

接着，重耳的两位更重要的谋臣也来帮他下决断。其中狐偃说，您都打算夺取子圉手中的国家了，何必在乎占有他的弃妻呢？赵衰则从争取秦人对重耳的支持出发，直言重耳既然想得到秦穆公的帮助以图复国，那么就要先满足秦穆公的要求，答应正式娶怀嬴为妻。

实际上，无论是秦穆公还是重耳的谋臣，都把这桩婚姻当作是一种增进双方联系的政治手段，这种婚姻就是政治婚姻。重耳此前在齐国与齐姜的婚姻也是政治婚姻，春秋列国间乃至整个古代社会各国族间的上层婚姻，无不是这种性质的。有关这方面的记载，不失为研究古代社会各国族间外交关系的很好资料。

本篇作为历史资料尤可宝贵的是，司空季子为说服重耳接受与怀嬴联姻所引黄帝的故事。其中讲黄帝之子二十五人为十二姓，以及黄帝与炎帝的关系及其所居住的地域，是先秦文献中有关黄帝、炎帝故事最可宝贵的记录，这对于我们了解我国传说时代的历史，特别是了解华夏民族的起源，无疑是十分重要的。

文公修内政纳襄王

元年春[1]，公及夫人嬴氏至自王城。秦伯纳卫三千人[2]，实纪纲之仆。公属百官[3]，赋职任功。弃责薄敛[4]，施舍分寡。救乏振滞[5]，匡困资无。轻关易道[6]，通商宽农。懋穑劝分[7]，省用足财。利器明德[8]，以厚民性。举善援能[9]，官方定物，正名育类。昭旧族[10]，爱亲戚，明

此见晋文公得返晋国，乃由秦穆公一手操办。

贤良，尊贵宠，赏功劳，事耇老，礼宾旅，友故旧。胥、籍、狐、箕、栾、郤、柏、先、羊舌、董、韩[11]，实掌近官。诸姬之良[12]，掌其中官。异姓之能[13]，掌其远官。公食贡[14]，大夫食邑，士食田，庶人食力，工商食官，皂隶食职，官宰食加。政平民阜[15]，财用不匮。

公、大夫、士、庶人、工商、皂隶，乃春秋各国社会之阶等划分，非独晋国特有之阶等。

[注释]

[1]"元年春"二句：晋文公元年的春天，文公和他的夫人嬴氏从王城回到晋国。元年，指晋文公元年，即前636年。嬴氏，即上文中的怀嬴，秦穆公之女。王城，春秋时期秦邑名，近晋，在今陕西大荔东。　[2]"秦伯纳卫三千人"二句：秦穆公交给他三千人的卫队，充实他掌管宫中各个门户的仆从队伍。纳，交给。实，充实。纪纲，掌管，管理。仆，使，泛指仆从人员。杜预于《左传》僖公二十四年注此"纪纲"云："诸门户仆隶之事，皆秦卒共（供）之，为之纪纲。"是知"纪纲"为掌管宫中门户之事。　[3]"公属百官"二句：晋文公会集百官，授予他们职务，任用有功之人。属，会集。赋职，授职。按此以下言晋文公回国后整饬内政所做的事情。　[4]"弃责薄敛"二句：废除民众所欠债务，减轻赋税，免除徭役，分给穷人财物。责，同"债"。施舍，汪远孙以为当与《周礼·小司徒》及《乡师》中的"施舍"同义，施当读为"弛"，解除之意，施舍谓免除徭役也（汪远孙《国语发正》）。分寡，谓分财物予少财之人。　[5]"救乏振滞"二句：救助贫乏之人，拯救那些被埋没的士人，匡扶困难之人，资助无财产之人。振，同"拯"，拯救。滞，阻滞，被埋

没。　[6]"轻关易道"二句：减轻关税，修整道路，沟通商旅，宽免农民负担。易，治，修整。　[7]"懋穑劝分"二句：勉励农作，鼓励互助，节省用度，备足财物。懋，勉，勉励。劝分，劝有分无，指劝说富有者分财予贫穷者。　[8]"利器明德"二句：改善工具，彰明德教，以使众民的性情趋于淳厚。　[9]"举善援能"以下三句：举荐善良，援引贤能，以政府常设机构定下各种事物（的规矩），整饬上下名分，培育善良之行为。官方，官方常设机构。方，常。定物，规定百物。育类，培育善良（类）。　[10]"昭旧族"以下八句：表彰旧臣中的有功之族，爱护亲戚，彰显贤良，尊崇国家之贵臣，奖赏有功劳之人，服侍老年人，礼貌宾客，友好故旧之人。耇（gǒu）老，老年人。宾旅，宾客。　[11]"胥、籍、狐、箕、栾、郤、柏、先、羊舌、董、韩"二句：让胥氏、籍氏、狐氏、箕氏、栾氏、郤氏、柏氏、先氏、羊舌氏、董氏、韩氏这些旧族担任朝廷官职。近官，朝廷之官。按春秋时期晋国没有以"柏"为氏之族，全祖望以为"柏"与"伯"通，伯氏当为伯宗之先，伯宗即晋襄公傅阳处父（见徐元诰《国语集解》引全祖望语）。　[12]"诸姬之良"二句：让各姬姓之族的优秀人才担任宫中的官职。中官，宫内之官。　[13]"异姓之能"二句：让异姓之族的优秀人才担任偏远地方的官职。异姓，指姬姓以外的其他族姓。远官，指国都以外的县鄙之官，即地方官。　[14]"公食贡"以下七句：国君的衣食来自下级贵族的贡献，大夫的衣食来自他们的采邑，士人的收入来自他们占有的土地，一般平民自食其力，工匠与商人的衣食靠官府供给，官私奴仆依靠各自的职役生活，卿大夫的家臣们则由各个贵族家庭供给。公，指诸侯国君。贡，贡献。邑，采邑，卿大夫的封邑。庶人，平民百姓。食官，衣食靠官府供给。皂隶，泛指各种官私奴隶、仆役。官宰，卿大夫家庭中的家臣或管家。加，同"家"

（吴曾祺说），指贵族家庭。　[15]"政平民阜"二句：经过内政的整饬后，晋国政治清明，百姓安定，国家财用不缺。阜，安，安定。匮，缺，缺乏。

　　冬[1]，襄王避昭叔之难，居于郑地氾。使来告难[2]，亦使告于秦。子犯曰："民亲而未知义也[3]，君盍纳王以教之义？若不纳[4]，秦将纳之，则失周矣，何以求诸侯？不能修身[5]，而又不能宗人，人将焉依？继文之业[6]，定武之功，启土安疆，于此乎在矣，君其务之。"公说[7]，乃行赂于草中之戎与丽土之狄，以启东道。

此见晋国东面居住着大批戎狄之族。所谓"晋居深山，戎狄之与邻"，言不虚也。

[注释]

[1]"冬"以下三句：这年冬天，周襄王为躲避他的同母弟昭叔在周都制造的祸难，出居到郑国的氾地。襄王，周襄王，名郑，东周惠王之子，前651年—前619年在位。昭叔，指周襄王的同母弟王子带。因食邑于甘，又称甘昭公。谥昭。因为周襄王所娶狄后与昭叔私通，襄王废狄后，狄人奉昭叔攻打周襄王，迫使周襄王自成周王城出居于郑国的氾地。氾（fàn），郑邑名，在今河南襄城南。　[2]"使来告难"二句：周襄王派使者到晋国来告知这场祸难，同时也派人告诉了秦国。　[3]"民亲而未知义也"二句：现在民众已经亲附君上了，但还未懂得礼义，您何不护送襄王回到国内，以此来教导民众懂得尊上之义呢？盍（hé），何不。　[4]"若不纳"以下四句：您要是不送襄王回国，秦国将会

送他回国，那么您就会失去尊周这面旗帜，还怎么取得诸侯的拥护？　[5]"不能修身"以下三句：不能整治民众的身心，又不能使他们懂得尊上之义，民众怎么会依附于您呢？修，整治。宗，尊崇。　[6]"继文之业"以下五句：继承晋文侯的事业，确立晋武公的功绩，开拓国土，安定疆域，就在于此（指送襄王回国）了，您一定要做好这件事。文，晋文侯，名仇，两周之际晋国国君，前780年—前746年在位，曾辅助周平王东迁，因功受到平王的赏赐。武，晋武公，名称，晋文公祖父，原为晋小宗曲沃武公，前678年灭晋侯缗，始并晋地而有之，尽以其宝器赂周，周釐王乃命之为侯。在位两年去世，谥"武"。启土，开拓国土。　[7]"公说（yuè）"以下三句：晋文公听了很高兴，于是就送财礼给居住在草莽中的戎人和附着在土地上的狄人，以此打开东进的道路。说，同"悦"，高兴。草中之戎，居住在草中的戎人，实为逐水草而居的游牧族人。丽土之狄，与前者相对，指附着于土地上的狄族人，亦即已定居的狄人。丽，附丽，附着。或释为骊戎，非。（参阅沈长云《骊戎考》，《中国史研究》2000年第3期）启，打开。东道，往东的道路。按此诸戎狄族人居于晋东，晋欲去往成周，需打通此道。

[点评]

本篇记叙了晋文公返国即位后所做的两件大事。一是开展对国内政治经济秩序的整饬工作，二是积极准备插手东周王朝事务，以便抓住尊周这面旗帜，号令诸侯，为晋国争取更大的利益。

针对晋惠公以来政局的混乱和人心的离散，晋文公首先召集百官，重新赋予他们各种职事，任用有功之臣，以恢复行政管理系统。接着便采取一系列安定社会，扶贫济困，劝农通商，减轻人民负担的政策，以缓和社会矛盾。然后针对国内故旧、亲戚、贵宠、耆老及各个宗姓氏族，根据他们的不同情况，分别给予安抚或任用，以协调各势力集团的利益。最终，晋国上自公卿大夫，下至庶人工商，以至官宰皂隶，其在社会经济生活中的位置，都有明确的安排，秩序井然，真正做到了"政平民阜，财用不匮"，这就为晋国的霸业奠定了坚实的基础。

护送襄王回国的建议是由狐偃提出来的。这体现了狐偃作为晋文公第一谋臣的深谋远虑。"尊周"只是求取霸业的手段，通过"尊周"求取诸侯才是目的。他告诉晋文公要学习当年晋文侯护送平王东迁的做法，以便将周天子控制在自己的手中，"挟天子以令诸侯"，这样才能树立自己的霸权。当然晋文公也听取了狐偃的建议，"公说，乃行赂于草中之戎与丽土之狄，以启东道"，表明他已经开始准备护送襄王回成周的工作了。

有关晋文公返国后在国内实施的一套治国理政的做法，不见于《左传》及其他书的记载，因而从史料价值来说，应是十分宝贵的。以下记晋人为纳王而"行赂于草中之戎与丽土之狄"等语，也不见于《左传》，细考起来，其所揭示的晋与周围少数民族的关系也很有意思。凡此，均可以考见《国语》确实具有自己独到的史料价值。

胥臣论教诲之力

　　文公问于胥臣曰[1]："吾欲使阳处父傅讙也而教诲之[2]，其能善之乎？"对曰："是在讙也[3]。蘧蒢不可使俯[4]，戚施不可使仰，僬侥不可使举，侏儒不可使援，矇瞍不可使视，嚚瘖不可使言，聋聩不可使听，童昏不可使谋。质将善而贤良赞之[5]，则济可竢。若有违质[6]，教将不入，其何善之为！臣闻昔者大任娠文王不变[7]，少溲于豕牢，而得文王不加疾焉。文王在母不忧[8]，在傅弗勤，处师弗烦，事王不怒，孝友二虢，而惠慈二蔡，刑于大姒，比于诸弟。《诗》云[9]：'刑于寡妻[10]，至于兄弟，以御于家邦。'于是乎用四方之贤良。及其即位也[11]，询于八虞，而谘于二虢，度于闳夭而谋于南宫，诹于蔡、原而访于辛、尹，重之以周、邵、毕、荣，亿宁百神，而柔和万民。故《诗》云[12]：'惠于宗公[13]，神罔时恫。'若是[14]，则文王非专教诲之力也。"公曰："然则教无益乎？"对曰："胡为[15]？文益其质，故人生而学，非学不入。"公曰："奈夫八

此言文王修身，然后齐家，然后治国、平天下，见文王是儒家心目中最理想的圣人。

疾何[16]！"对曰："官师之所材也[17]，戚施直镈，蘧蒢蒙璆，侏儒扶卢，矇瞍修声，聋聩司火。童昏、嚚瘖、僬侥[18]，官师之所不材也，以实裔土。夫教者[19]，因体能质而利之者也。若川然有原[20]，以卬浦而后大。"

[注释]

[1] 胥臣：即臼季，又称司空季子。见上《重耳婚媾怀嬴》篇注。　[2]"吾欲使阳处父傅讙（huān）也而教诲之"二句：我打算让阳处父做讙的师傅来教诲他，处父能教好他吗？阳处父，晋国大夫。讙，晋文公之子，后即位为晋襄公，前 627—前 621 年在位。善之，指担任好师傅。　[3] 是在讙也：这件事主要取决于讙。　[4]"蘧蒢（qú chú）不可使俯"以下八句：患鸡胸的人不能使他俯身，驼背之人不能使他仰身，身材矮小的人不能使他举起重物，患侏儒病的矮子不能使他攀高，目盲之人不能使他看见东西，哑巴不能使他说话，聋子不能使他听到声音，无知而又昏乱之人不能使他谋划事情。蘧蒢，或作"籧篨"，患鸡胸残疾而不能俯身向下之人。戚施，驼背的别名。僬侥（jiāo yáo），传说中南方矮人国名，这里指身材矮小之人。侏儒，身材短小之残疾人。矇瞍（méng sǒu），盲人。韦昭注："有眸子而无见曰矇，无眸子曰瞍。"嚚瘖（yín yīn），哑巴。韦昭注："口不道忠信之言为嚚。瘖，不能言者。"聩（kuì），先天性耳聋者。童昏，或作"僮昏"，童指愚昧无知者，昏指昏乱糊涂之人。　[5]"质将善而贤良赞之"二句：本质好的人又得到贤良师傅的佐助，那么他的成就便指日可待。赞，辅佐，佐助。济，成，成就。竢（sì），同"俟"，等

待。　[6]"若有违质"以下三句：若是有邪恶性质之人，再教诲他也听不进去，如何能够使他变善良呢！违，邪，邪恶。　[7]"臣闻昔者大任娠（shēn）文王不变"以下三句：我听说过去大任怀文王的时候体型没有什么变化，临产前她去小便，在厕所很顺利地就将文王生下来了，没给自己增加什么病痛。大任，周文王母亲，王季之妃，挚国任姓之女。娠，怀孕。不变，指身体没有什么大的变化。少溲，解小便。豕牢，厕所。按豕牢本是猪圈的称呼，因过去厕所一般都连着猪圈，故亦作厕所的代名词。此言大任生产文王十分顺利，文王的出生未给母亲带来病痛。　[8]"文王在母不忧"以下八句：文王在母亲怀他的时候不给母亲带来忧虑，在受保傅照看期间未使保傅操劳，与师长相处也未给他们增加烦恼，侍奉父王不惹他发怒，善待他的两个兄弟虢仲和虢叔，对待自己的两个儿子蔡仲、蔡叔亦很慈祥，给妻子太姒做出好榜样，对同宗兄弟更是亲近。傅，保傅，古代保育和辅导贵族子弟的专职人员。孝友，指对兄弟的友爱。二虢，指文王的两个兄弟虢仲和虢叔。二蔡，指文王的两个儿子蔡仲和蔡叔。刑，同"型"，榜样。大姒，文王之妻，出自有莘氏，姒姓。比，亲近。　[9]《诗》：出自《诗经·大雅·思齐》篇。　[10]"刑于寡妻"以下三句：引诗出自该诗的第二章，意思是：为自己的妻子做榜样，亲近众兄弟，以此治理自己的家族和国家。寡妻，嫡妻。御，治理。家邦，家族和国家。　[11]"及其即位也"以下八句：等到文王即位以后，他便经常咨询于八位贤良之士，向虢仲、虢叔征询意见，与闳夭一起策划，与南宫适（kuò）相谋议，听取祭、原二公的意见，并常访问辛甲与尹佚二位贤臣，再加上周公、邵公、毕公、荣公的辅佐，使得众神安宁，而万民谐和。八虞，也称八士，周文王手下的八位贤良之士，据称为伯达、伯适、仲突、仲忽、叔夜、叔夏、季随、季骒（贾逵、唐固说）。闳夭，周文王时贤臣。南宫，即南宫适，周初姬姓贵族。诹（zōu），咨询。蔡（zhài），当读为祭，指祭公。原，原公。祭公、原公皆为周朝姬姓贵族。辛，辛甲，为商末周初有莘氏首领，姒姓，投奔周文王，被任为周太史。尹，即尹佚，周初太史。周，周公，即周公旦，周文王之子、周武王之弟，周初著名政治家。邵，邵公（召公），即邵公奭，周武王时任太保，周初重臣，与周公并称。毕，毕公，周初贵族。荣，荣公，周初贵族。亿宁，安宁。柔，安抚。　[12]《诗》：出自《诗经·大雅·思齐》篇。　[13]"惠于宗公"二句：文王孝顺于宗庙中的各位先公，使祖先没有感受到怨痛。惠，顺，顺从。宗公，宗庙中的先公。罔，没有。恫（tōng），怨痛。　[14]"若是"二句：如果是这样，那么文王（的成功）就不仅仅是依靠了教诲的力量啊。专，独，仅仅。　[15]"胡为"以下四句：怎能说教诲没有益处呢？文采可以增进一个人美好的本质，所以人生下来就应当好学，不学习就不能入于正道。为，通"谓"，"胡谓"犹言"怎能这么说呢？"按此处断句及训释采徐元诰之说，诸家以"文"字属上读，似不如这样通达。"文益其质"，韦昭注称"言有美质，加以文采乃善"。　[16]奈夫八疾何：对于患有上面提到的八种恶疾之人该怎么办呢？　[17]"官师之所材也"以下六句：他们都由官府的师长进行安排，其中驼背者让他去撞击钟镈，患鸡胸者让他去敲击玉磬，患侏儒病的让他去扶持那矛戟的木柄，眼盲者让他去辨识音乐，耳聋者让他去管理用火。材，同"裁"，安排之意。直，侍，侍候。镈为大钟，悬挂在钟架的下端，故安排驼背者撞击之。蒙，戴。璆（qiú），玉磬。玉磬值其头上，喻敲击之也。患鸡胸者不能俯身，故使值磬。卢，为戈戟之秘（bì），秘长而使侏儒扶持之，实为戏弄之。修声，贾逵注本作"循声"，谓辨识音乐。司火，管理用火。　[18]"童昏、嚚瘖、僬侥"以下三句：至于无知昏乱之人、哑巴以及身材矮小之人，官府的师长都无法安排者，就把他们充实到边远的地方去。裔土，边远之地。　[19]"夫教者"二句：教育，就是根据人的才能和素质来利导他的事情啊。　[20]"若川然有原"二句：就好像河流的源头，因为有许多支流汇入之后，才变得更加广阔宽大。原，同"源"。卬，当为"御"字之误，迎接的意思。浦，小河汇入江海的入口处。

[点评]

　　本篇所述是有关教育的问题，然论述的重点并非是如何开展教育，而是教育的作用，即篇题所谓"教诲之力"。包括教育对象的选择，以及不同对象所受教育的性质等内容。

　　这个话题是由晋文公向胥臣征询要给自己儿子谨选择师傅一事的看法引起的。文公问胥臣，我想让阳处父做谨的师傅来教诲他，是否能使谨学好呢？胥臣回答，这主要取决于谨自己。有些人本质就很偏邪，怎么教他也听不进去，根本就不可能使他变好，如同患有鸡胸残疾之人不能使其俯身向下、驼背之人不能使其仰身、身材矮小的人不能使他举起重物、得了侏儒病的矮子不能使其攀高、眼盲之人不能使他看到东西、哑巴不能使其开口讲话、聋子不能使他听到声音、无知而又昏乱之人不能使他谋划事情一样。只有本质就很好的人，再受到贤良师傅的辅助，他的成功才是可期的。

　　接着，胥臣又向文公举了周文王的例子，说文王就是一个材质很高的人。他在母亲肚子里就很听话，没给母亲带来忧愁，也没让母亲产生病痛。在接受保傅照看期间，他未使保傅操劳，也未给师长增添烦恼。他敬事父王，不惹他发怒，善待两个兄弟虢仲和虢叔。对待自己的两个儿子蔡仲、蔡叔亦很慈爱，还给妻子太姒做出了好榜样，对同宗兄弟更是亲近。所以他即位后能很好地征集贵戚大臣们的意见，"亿宁百神，而柔和万民"，"惠于宗公，神罔时恫"，整个周族一派兴旺和谐的景象。胥臣说，文王之所以取得这样的成功，主要还是因为他个人的材质，而非只是教育所起的作用。当然也不能说教育没有用处，教育的作用在于"文益其质"，即在人好的质地上增添文采，所以人还是要学习，"非学不入（入其正道）"。

比较后来的孔子、孟子和荀子，胥臣对于教育的重视程度似有所不及，但他提出要因材施教这一点，还是对人有所启发的。如其所谓"文益其质，故人生而学，非学不入"，"夫教者，因体能质而利之者也"等语，都可以纳入有关教育的经典名言中。另外，他对文王时期，包括文王本人的历史提供了不少信息，也是十分宝贵的，他不愧是晋文公身边一位"多闻"的参谋。

晋 语 五

赵宣子论比与党

赵宣子言韩献子于灵公[1]，以为司马。河曲之役[2]，赵孟使人以其乘车干行，献子执而戮之。众咸曰："韩厥必不没矣[3]。其主朝升之[4]，而暮戮其车，其谁安之！"宣子召而礼之[5]，曰："吾闻事君者比而不党[6]。夫周以举义[7]，比也；举以其私[8]，党也。夫军事无犯[9]，犯而不隐，义也。吾言女于君[10]，惧女不能也。举而不能[11]，党孰大焉！事君而党[12]，吾何以从政？吾故以是观女[13]。女勉之。苟从是行也[14]，临长晋国者，非女其谁？"皆告诸大夫曰："二三子可以贺我矣[15]！吾举厥也而中[16]，吾乃今知免于罪矣。"

赵宣子即赵孟，人称"宣孟之忠"，是以其为晋国的忠臣。此言赵宣子为晋室推荐人才，亦显示其忠。

后韩厥亦任晋中军帅，果为晋之中流砥柱。

[注释]

[1]"赵宣子言韩献子于灵公"二句:赵宣子向晋灵公推荐韩献子,灵公任命韩献子为司马。赵宣子,即赵盾,赵衰之子,晋灵公时正卿,亦称赵孟,"宣"是他的谥号。韩献子,晋国大夫,即韩厥,后亦任晋卿,"献"是他的谥号。灵公,晋灵公,晋襄公之子,名夷皋,前620年—前607年在位。司马,官名,掌军中执法。　[2]"河曲之役"以下三句:在秦、晋河曲之战时,赵宣子派人驾驶自己乘坐的战车干扰了部队的行列,韩献子立即将他抓了起来并加以惩罚。河曲之役,指前615年秦康公率师攻打晋国,晋出兵抵御,双方战于河曲的一次战役。河曲,晋地名,在今山西永济南,因黄河在此转弯东流而得名。干行,干扰、打乱部队的行列。执,抓起来。戮,惩罚并示众。　[3]必不没:一定不会有好结果。没,终,结果。　[4]"其主朝升之"以下三句:这是众人对韩厥的议论,意思是:他的主人早晨才把他提升上去,到晚上他就对主人的乘车进行处罚,谁能够忍受这种事情!升,升职,指赵宣子推荐韩厥为司马。安之,安于此事。此是诘问句,言不能忍受之意。　[5]召而礼之:谓召见韩厥,且以礼相待。　[6]吾闻事君者比而不党:我听说侍奉君主的人应当以义相结,而不应当结党营私。比,结合,这里指以义相结。党,指结党营私。　[7]"夫周以举义"二句:秉承忠信而推举正义之人,就叫做比。周,忠信。　[8]"举以其私"二句:为私利而举荐人,就叫做党。　[9]"夫军事无犯"以下三句:对于军国之事谁也不能干扰,对干扰者谁也不得包庇,这样做就是义。犯,干扰。隐,隐瞒,包庇。　[10]"吾言女于君"二句:我在国君面前推荐你,尚担心你不能胜任。不能,指不能胜任。　[11]"举而不能"二句:举荐人而不能胜任,没有比这更大的结党营私了!　[12]"事君而党"二句:侍奉君主而结党营私,我拿什么来执掌军国大政?　[13]吾故以是观女:我是故

意让人用这件事（指派人用自己的乘车干扰部队的行列）来考察你的。故，故意。观，观察，考验。　[14]"苟从是行也"以下三句：如果你今后照此做下去，那么今后执掌晋国大权的，除了你还能有谁呢？临，从高处往下看，引申为监视、统治。长，帅，统领。　[15]二三子：诸位，你们几位。　[16]"吾举厥也而中"二句：我举荐韩厥是对的，到如今我才知道自己可以免于承担结党营私的罪责了。中，符合、做对了。

[点评]

赵盾即赵宣子，在晋国历史上以敬忠职守著称。本篇记叙了他在任晋国正卿时为国家举荐贤才的事迹，同时记叙了他就此事提出的事君者须比而不党的主张。

赵宣子不仅举了韩厥，还故意让人驾着自己的乘车去扰乱部队的行列，借以观察担任军中执法者的韩厥是否会徇私枉法。结果韩厥毫不犹豫地将驾车者抓了起来，并对其进行公开惩罚。韩厥此举令赵宣子大加赞许，他说，这表明自己的举荐完全正确！他为此进一步论证说，按照忠信去举荐正义之人，那叫做比；出于私利去推举人，那叫做党，事君者须"比而不党"。韩厥能够做到"军事无犯，犯而不隐"，称得上是正义，亦证明自己举荐的对象非无能之辈。他最后勉励韩厥说："女勉之。苟从是行也，临长晋国者，非女其谁？"

赵宣子和韩厥（韩献子）都是春秋时期晋国历史上有名的能臣，并为晋卿族中赵氏家族和韩氏家族承前启后的重要人物。晋国自献公以后无公族，军政外交均掌握在非公族手中。赖诸卿族的扶持，包括赵宣子、韩献子这样的能臣为晋国尽忠效力，晋一直保持着国家的强盛而屡称霸于诸侯。晋国后来出现六卿专政的局面，乃时势发展使然。而其中赵、韩、魏三家一直保持着良好的发展势头，以致最终分晋被列为诸侯，看来并不是偶然的。

郤献子等各推功于下

靡笄之役[1]，郤献子见，公曰："子之力也夫！"对曰[2]："克也以君命命三军之士，三军之士用命，克也何力之有焉？"范文子见[3]，公曰："子之力也夫！"对曰："燮也受命于中军，以命上军之士，上军之士用命，燮也何力之有焉？"栾武子见[4]，公曰："子之力也夫！"对曰："书也受命于上军，以命下军之士，下军之士用命，书也何力之有焉？"

景公问候三子与三子对景公之语全是一律，此种记叙实是一种修辞，人并不觉得重复，反觉三子一致地谦虚，为之而起敬意。

[注释]

[1]"靡笄（jī）之役"以下四句：靡笄之战胜利后，郤（xì）献子前来晋见晋景公，景公对他说："这次获胜是你的功劳啊！"靡笄之役，一称鞌之战，前589年晋、齐二国在齐国鞌地（今山东济南西北）展开的一次战役。靡笄为鞌地附近的一处山名，今名千佛山，在今济南市南。鞌之战前，晋师先至于靡笄山下，接受齐顷公

的挑战，次日在鞌地排兵布阵，展开决战。战争以齐师败绩而告结束。郤献子，即郤克，谥献，故称郤献子，晋大夫，此次战役中任晋中军帅，亦是整个晋军的统帅。公，即晋景公，名獳（nòu），前599年—581年在位。力，功劳。　[2]"对曰"以下四句：郤献子回答说："我奉您的命令号令三军将士，三军将士听从命令努力战斗，我郤克有什么功劳呢？"按晋三军分作中军、上军和下军，中军帅同时负责指挥全军。　[3]范文子：即范燮，又称士燮，晋大夫，时为晋上军佐，即上军副帅。　[4]栾武子：即栾书，晋大夫，时为晋下军帅。

[点评]

晋景公时期发生在齐、晋二国之间的鞌之战（即本文提到的靡笄之役），是春秋时期一场重要的战争。这场战争以晋国将帅的齐心协力和勇敢作战而使晋国获得了胜利。战争结束后，晋军几位主要将帅，包括中军帅郤克、上军佐范燮、下军帅栾书前往晋见晋景公。景公对他们一一进行嘉奖，然而他们都一致把功劳推给了下面，称自己不过是听从了上级的命令，谈不上什么功劳，全靠下属将士的用命，才取得了胜利。本文记叙三位将领与晋景公的对话，都是这个意思。

按文献记载古代战争多矣，获胜一方的将领亦多有不善于争功而保持低调者，但如靡笄之役这样所有将帅一致推功于下级士卒的情况还是少有的。其实各位将帅在此次战役中是比较卖力的，如主帅郤克，《左传》记他在战场上"伤于矢，流血及履，未绝鼓音"，可谓身先士卒。之所以他们一致推功于下面的士卒，乃是他们认识到，真正在战场上流血牺牲的，还是广大的士卒，是他们最终决定了战争的胜负。多给士兵一些关怀，把功劳让给他们，乃是最好的带兵方法。这和统治者历来提倡体恤民情，"以民为本"，是一个道理。

晋　语　六

范文子论胜楚必有内忧

鄢之役[1]，晋伐郑，荆救之。栾武子将上军[2]，范文子将下军。栾武子欲战，范文子不欲，曰："吾闻之[3]，唯厚德者能受多福，无德而服者众，必自伤也。称晋之德[4]，诸侯皆叛，国可以少安。唯有诸侯[5]，故扰扰焉，凡诸侯，难之本也。且唯圣人能无外患又无内忧[6]，讵非圣人，不有外患，必有内忧，盍姑释荆与郑以为外患乎！诸臣之内相与[7]，必将辑睦。今我战又胜荆与郑[8]，吾君将伐智而多力，怠教而重敛，大其私暱而益妇人田，不夺诸大夫田，则焉取以益此？诸臣之委室而徒退者[9]，将与几人？战若不胜[10]，则晋国之福也；战若胜，乱地之秩者也，

范文子乃晋贤臣，它篇多有介绍。

"不有外患，必有内忧"，这句话有哲理。有一个外患可以给国内造成压力，促使内部小心谨慎，加强团结，未必不是好事。

其产将害大，盍姑无战乎！"

[注释]

[1]"鄢之役"以下三句：晋、楚鄢陵之战前，晋国先讨伐郑国，楚国前来救郑。鄢之役，指前 575 年晋、楚二国为争夺对中原的控制权在鄢陵（今河南鄢陵）进行的一场大战。这场战争是由晋国讨伐叛晋的郑国开始的，楚救郑，晋、楚双方在鄢陵遭遇并展开战斗，最终，由于楚主将子反临阵醉酒，楚军失去指挥而导致失败。荆，楚国别称。　[2]"栾武子将上军"二句：此说法与《左传》异，据《左传》，乃是栾武子（栾书）将中军，范文子（范燮）为之佐。按本节《国语》下文栾书有"今我任晋国之政"之语，表明栾书确实为晋中军将（中军将为全军统帅），是应从《左传》的记载。　[3]"吾闻之"以下四句：我听说过，唯有德行淳厚之人才能够享受多种福分，没有德行之人而又有很多人臣服于他，必定会伤害到自己。　[4]"称晋之德"以下三句：衡量一下晋国的德行，如果诸侯都叛他而去，国家还可以稍微安定一些。按这里范文子实际上是说晋国之德不配拥有众多服从于他的诸侯，应当停止征战，搞好国家的内务。称，衡量。少，稍微。　[5]"唯有诸侯"以下四句：如今晋国正因为拥有了一批诸侯，所以才弄得纷纷扰扰而不得安宁，这些诸侯，正是晋国祸乱的根源。扰扰，纷纷扰扰，混乱的样子。　[6]"且唯圣人能无外患又无内忧"以下五句：况且，只有圣人才能做到既无外患又无内忧，如果不是圣人，没有外患，就必定有内忧，何不姑且把楚国与郑国放开，把他们当作晋国的外患呢！讵，如果。盍，何不。释，放，放开。　[7]"诸臣之内相与"二句：这样，诸位大臣在国内相互来往，不争战功，一定会团结和睦。内，指在国内。　[8]"今我战又胜荆与郑"以下六句：现在我们如果与楚国、郑国开战而又

战胜了他们，我们的国君将会夸耀自己的智慧和武力，从而怠弃德教而加重赋敛，增加他宠幸的嬖臣的俸禄并更多地赏赐给他的爱妾以田地，他不夺取诸位卿大夫的田产，到哪里取得更多的田地来给这些宠幸之人呢？吾君，指晋厉公，名州蒲，晋景公之子，前580年—前573年在位。伐，夸耀，自夸。大，增加。私暱（nì），宠幸之人，嬖臣。妇人，指国君的爱妾。　[9]"诸臣之委室而徒退者"二句：诸位卿大夫中，能够舍弃家产而白白地退出爵禄者，又有几人呢？委，弃。室，指家产，包括土地与臣妾等。徒，空，白白地。退，指退出爵禄。　[10]"战若不胜"以下六句：这次战争如果未取得胜利，那是晋国的福气；要是战争胜利了，就会打乱晋国土地占有的秩序，产生的后果将危害巨大，何不暂且不打这场战争呢！乱地之秩，打乱土地（占有）的秩序。产，产生。

栾武子曰："昔韩之役[1]，惠公不复舍；邲之役，三军不振旅；箕之役，先轸不复命：晋国固有大耻三。今我任晋国之政[2]，不毁晋耻，又以违蛮、夷重之，虽有后患，非吾所知也。"

范文子曰："择福莫若重[3]，择祸莫若轻，福无所用轻，祸无所用重，晋国故有大耻，与其君臣不相听以为诸侯笑也，盍姑以违蛮、夷为耻乎。"

栾武子不听，遂与荆人战于鄢陵，大胜之。于是乎君伐智而多力，怠教而重敛，大其私昵，

据《左传》，说这话的不是栾书，乃郤至。其时郤氏家族势大气盛，力主战争，故有此语。然战后郤氏也第一个遭到晋厉公的清算（见下文，晋厉公"杀三郤而尸诸朝"），岂不报应！

杀三郤而尸诸朝[4]，纳其室以分妇人[5]。于是乎国人不蠲[6]，遂弑诸翼，葬于翼东门之外，以车一乘。厉公之所以死者[7]，唯无德而功烈多，服者众也。

此见晋"国人"尚有不少政治影响力。

[注释]

[1]"昔韩之役"以下七句：过去韩原之战，晋惠公未能返回自己国家；邲之战中，晋国三军溃散不能整齐而归；箕之战时，主帅先轸阵亡在战场：这是晋国固有的三大耻辱。韩之役，指前645年秦、晋两国在韩原（今山西芮城）展开的一场大战。战争中，由于晋惠公与属下庆郑等将领不和而致晋国失败，晋惠公也被俘虏到了秦国。不复舍，未能回家，乃惠公被俘的委婉之辞。邲之役，指晋、楚于前597年在邲地（今河南荥阳北）进行的一场大战。晋军因将帅间步调不统一而致战败。不振旅，队伍不振作，实指战败而溃散。箕之役，指前627年晋襄公时期与狄族发生在箕地（今山西蒲县东北）的一场战争。晋人虽取得这场战争的胜利，但主帅先轸却死在这场战争中。先轸，亦称原轸，晋大夫。曾随晋文公出亡，在城濮之战中任晋中军帅，击败楚军。箕之战中，先轸仍担任晋中军帅，只身冲入狄阵，力战至死。不复命，未能回复君命，指战死在战场。　[2]"今我任晋国之政"以下五句：如今我担任晋中军主帅，不洗刷掉晋国的耻辱，又因为躲避蛮夷而加重这种耻辱，（我不会这样做，）即使与楚交战会引起后患，那不是我能考虑的啊。毁，除去，洗刷掉。违，避，躲避。蛮夷，指楚国。重之，加重耻辱。　[3]"择福莫若重"以下七句：选择有福之事不如选择福大的，选择灾祸不如选择祸轻的，

福事没有用场会变得越来越轻，祸事没有用场会变得越来越重，与其君臣间相互闹矛盾而被诸侯耻笑，何不姑且选择躲避蛮夷这件耻辱小的事呢？无所用，没有用场。　[4]杀三郤而尸诸朝：指前574年晋厉公杀死三郤的事件。三郤，指晋郤氏中的郤至、郤犨（chóu）、郤锜（qí）三位卿大夫。晋厉公欲消除诸大夫的势力，作为诸卿族中势力最大的郤氏首当其冲，三郤欲谋反抗，然终为厉公手下的嬖臣攻而杀之。尸诸朝，陈尸在朝廷。　[5]纳其室：收取他们的家产。室，家产，包括土地、臣妾等。　[6]"于是乎国人不蠲（juān）"以下四句：于是乎国人都认为厉公的作为太不干净，便将他杀死在翼都，把他埋葬在翼的东城门外，只用了一辆车子随葬。不蠲，不洁，不干净。翼，晋国故都，在今山西翼城东南。据《左传》，杀死厉公的实际是栾书和中行偃，这里统称为国人，盖国人都不满于厉公的行为而站在栾书一边。以车一乘，用一辆车随葬。按诸侯国君礼当用七辆车随葬，这里只用一乘，是未把他当正常的国君看待。　[7]"厉公之所以死者"以下三句：这几句总结晋厉公的死因，是说：厉公之所以被杀，就是因为他没有德行而多有功业，征服的诸侯太多了啊。

[点评]

这是一篇晋国政治家反对争霸战争的言论记录。前575年发生的鄢陵之战，是晋、楚二国争夺中原霸权的最后一次较大规模的战争。战前，任晋中军副帅的范文子公开反对这场战争，要求晋军撤出战斗，放过楚国和郑国的军队，回到晋国搞好自己家内的事情。他称，按照晋国目前这个德性，诸侯都背叛他而去，晋国还可以稍微取得一些安宁，正因为目前晋国控制的诸侯多了，才造成这样纷纷扰扰的混乱局面。

范文子是一位清醒的政治家。他之所以主张休兵回国，是因为他看到国内潜伏着更大的危机。这就是他所说的"君臣不相听"，即晋国君臣相互间的不信任和勾心斗角。首先，晋厉公就是一个好大喜功而又贪婪无忌的昏君，如果这次战争获胜了，他将夸耀自己的才智与武功，从而怠弃德教并加重对国人的赋敛，直到夺取诸大夫的土地，以赏赐给自己的私暱及爱妾，这样将直接搅乱晋国土地占有的秩序。正因为预见到这些巨大的危害，范文子提出"盍姑无战乎"，即暂且不打这场战争。

范文子没能阻止这场战争。靠着楚人自己的失误，晋人取得了战争的胜利。然而正如范文子预料的那样，晋厉公得胜归国以后马上就与诸大夫翻脸，"杀三郤而尸诸朝，纳其室以分妇人"，结果引起国人的愤怒，执政的栾书等人乘机发动兵变，将他杀死在他的嬖臣家中。战争并未给晋国带来任何好处。

范文子提出退出晋楚间的这场战争，同时也意味着绵延半个多世纪的晋楚争霸战争走到了尽头。表面上看晋国取得了这场战争的胜利，实际上并未改变晋楚二国拉锯的形势，倒是长期的争战使得双方都渐至精疲力竭，国内诸多矛盾亦开始激化。中原一些小国如郑、宋等更是吃尽了争霸战争的苦头。因此在这场战争前后，便有这些小国的一些政治家出来沟通二国不要再进行兵争，二国也就顺势答应下来，于是便有了不久后的弭兵之盟，整个春秋的形势也就发展到一个新的阶段。

晋　语　七

悼公始合诸侯

　　始合诸侯于虚杅以救宋[1]，使张老延君誉于四方，且观道逆者。吕宣子卒[2]，公以赵文子为文也，而能恤大事，使佐新军。三年[3]，公始合诸侯。四年[4]，诸侯会于鸡丘，于是乎布命、结援、修好、申盟而还。令狐文子卒[5]，公以魏绛为不犯，使佐新军。使张老为司马[6]，使范献子为候奄。公誉达于戎[7]。五年[8]，诸戎来请服，使魏庄子盟之，于是乎始复霸。

看来，在国际上宣传领导人的形象，历来是国家的一项要事。

[注释]

　　[1] "始合诸侯于虚杅（chēng）以救宋"以下三句：晋悼公为救援宋国，初次会合诸侯于虚杅，派遣张老到各处播扬晋君的声誉，并且观察诸侯中的顺命者或逆反者。晋悼公，名周，晋襄

公之曾孙，前 573 年—558 年在位。晋栾书弑厉公，使人迎之于周而立之。虚杅，宋地名，在今河南延津东。前 573 年，宋鱼石叛逃至楚，楚伐宋，取宋彭城以封鱼石，故晋悼公合诸侯以救宋。张老，晋大夫，名老，亦称张孟。延，播扬。道逆，顺从和逆反。王引之说："道，犹顺也。"　[2]"吕宣子卒"以下四句：吕宣子去世后，悼公认为赵武有文德，而且能处置大事，便任命他为新军的主帅。吕宣子，即晋大夫吕相，宣子是他的谥号。赵文子，即赵武，赵盾之孙，后曾主持晋政，文子是他的谥号。佐新军，当为"将新军"，即任新军的主帅（据王引之说）。此谓赵武代替去世的吕相的职务。　[3] 三年：晋悼公即位后的第三年，即前 571 年。　[4]"四年"以下三句：晋悼公四年（前 570），在鸡丘会合诸侯，于是由悼公发布命令，缔结相互救援的约定，建立友好关系，重申过去的盟誓，然后返回。鸡丘，晋地名，亦称鸡泽，在今河北邯郸东南。　[5]"令狐文子卒"以下三句：令狐文子去世后，悼公认为魏绛能严守法纪，便任命他为新军的副将。令狐文子，晋大夫，即魏颉，令狐为其封邑名，谥文子。魏绛，晋大夫，又称魏庄子，庄子为其谥。不犯，不可以非法之事干犯，即严守法纪。　[6]"使张老为司马"二句：任命张老为司马，任命范献子为候奄。司马，官名，掌军中执法。按这里的司马当为中军司马（元司马），因为张老是接替魏绛担任这一职务的，而魏绛所任即中军司马（见下文）。范献子，即士匄，范文子族弟。候奄，晋官名，又称候正，掌军中侦察敌情等事。这里的候奄亦为中军候奄（元候），因为范献子是接替张老担任这一职务的，而张老原任即元候（中军候奄）之职。以上皆属正常的职务升迁和调整。　[7] 公誉达于戎：晋悼公的声誉传播到戎狄族中。戎，指晋国周围的戎狄族，包括白狄与赤狄。　[8]"五年"以下四句：晋悼公五年（前 569），晋国北方的诸戎狄部落来请求归服，悼公

派魏庄子和他们订立盟约，于是晋国开始重新称霸诸侯。有关魏
庄子结盟于诸戎的情况，具见于本书下一节内容。

　　四年^[1]，会诸侯于鸡丘，魏绛为中军司马，
公子扬干乱行于曲梁，魏绛斩其仆。公谓羊舌赤
曰^[2]："寡人属诸侯，魏绛戮寡人之弟，为我勿
失。"赤对曰："臣闻绛之志^[3]，有事不避难，有
罪不避刑，其将来辞。"言终，魏绛至，授仆人
书而伏剑^[4]。士鲂、张老交止之^[5]。仆人授公，
公读书曰："臣诛于扬干^[6]，不忘其死。日君乏
使^[7]，使臣狃中军之司马。臣闻师众以顺为武^[8]，
军事有死无犯为敬，君合诸侯，臣敢不敬？君不
说，请死之。"公跣而出^[9]，曰："寡人之言^[10]，
兄弟之礼也。子之诛^[11]，军旅之事也，请无重
寡人之过。"反役^[12]，与之礼食，令之佐新军。

公子贵人，不好施刑，杀其仆以示惩戒。此盖"刑不上大夫"之义。

[注释]
[1]"四年"以下五句：晋悼公四年，会诸侯于鸡丘，魏绛正
任晋中军司马，因公子扬干在曲梁扰乱了军队的行列，魏绛杀了
他的驾车人。扬干，晋悼公之弟。行，军行，军队的行列。曲梁，
晋地名，在今河北邯郸东南，与鸡丘相近。仆，驭，驾车人。按
扬干当是驾车扰乱了部队的行列，魏绛不便对扬干施刑，只好杀

了扬干的车夫以示惩罚。以下整段实际都是对上面"四年……公以魏绛为不犯，使佐新军"的补充说明，以说明魏绛"不犯"的具体内涵和悼公何以提拔魏绛使佐新军。　[2]"公谓羊舌赤曰"以下四句：悼公对羊舌赤说："我在这里会合诸侯，魏绛却侮辱我的弟弟，你替我抓住他，别让他跑掉。"羊舌赤，晋大夫，羊舌氏，名赤，字伯华，又称铜鞮（dī）伯华（铜鞮为其食邑，在今山西沁县），时任中军尉佐。戮，辱。　[3]"臣闻绛之志"以下四句：我听说过魏绛的秉性，有事不躲避祸难，有罪不逃避刑罚，他将会前来说明情况的。　[4]授仆人书而伏剑：魏绛把说明情况的文书交给仆人而自己负剑准备自杀。仆人，为晋悼公传达命令的官员。伏剑，即负剑。伏、负音同通用（杨伯峻《春秋左传注》）。　[5]士鲂、张老交止之：士鲂与张老二人交相制止了他。士鲂，晋大夫，晋卿士会之少子，因食邑于彘，又称彘季、彘恭子（"恭"为其谥）。　[6]"臣诛于扬干"二句：我责罚了扬干，没有忘记自己的死罪。诛，责，责罚。　[7]"日君乏使"二句：日前国君缺乏使用的人，派我充当中军的司马。日，日前。狃（niǔ），就，充当。　[8]"臣闻师众以顺为武"以下六句：我听说军队以服从命令为威武，军中之事以宁死不犯军规为敬肃，国君会合诸侯，我怎敢执法不敬，国君为此而不高兴，我请求一死。师众，军队。顺，顺从，服从命令。军事，军中之事。敢，岂敢。说，通"悦"，高兴。　[9]跣（xiǎn）：赤足，没穿鞋。古人入室脱鞋，悼公恐魏绛自杀，来不及穿鞋，赤足而出。　[10]"寡人之言"二句：我刚说的话，只是出于兄弟间的礼义。　[11]"子之诛"以下三句：你对扬干的责罚，乃是军中执法之事，请不要再加重我的过错了。重，加重。指魏绛若因此而死，是使自己的错误加重。　[12]"反役"以下三句：悼公回国后，特地按国君招待大夫的礼仪，设宴招待了魏绛，并任命他为新军的副将。反，同"返"。役，指本次会盟的行程。礼食，国君招待大夫之礼仪。《仪礼》有《公食大夫礼》，叙国君于宗庙宴享大夫之礼仪，即此。

[点评]

本文包含了两部分内容：第一部分实际概述了晋悼公恢复晋国霸业的整个过程；第二部分讲述了晋悼公时期大臣魏绛刚正执法，以及悼公对他的奖掖、使用等情况。第二部分是重点。

晋悼公十四岁继承君位，鉴于晋厉公在位时期与诸卿大夫的关系处理失当以致晋国内乱的惨痛教训，他十分注重与众卿族间的和谐共处。他不忘使用功臣贵族的后代，安排他们到各重要的岗位，同时也注意选拔贤才，使他们各尽其能。当他在位的第四年，也就是前570年，晋与诸侯会于鸡丘，晋国的军队则驻扎在附近的曲梁一带。不知出于何种原因，悼公的弟弟扬干竟然乘坐着自己的马车扰乱了部队的行列。按律应对其进行严厉惩罚。时任晋中军司马的魏绛处理这事，一方面顾及悼公的面子，同时也出于维护军纪的严肃性，只将扬干的车夫处以斩刑。消息传到悼公那里，悼公大怒，吩咐手下说："魏绛竟敢羞辱寡人的亲弟，赶紧为我把他拿下，不得有失！"魏绛毫不慌乱，挺身来到悼公跟前，一方面交给为悼公传达命令的官员一封说明情况的书信，一方面伏剑准备自杀。信中重申了严明军纪对于树立军威、保障军事胜利的重要性，同时表明自己为维护军法宁肯一死的心迹。终于，悼公为魏绛刚正不阿的精神所感动，"跣而出"，公开向魏绛承认了错误，并升任他为新军的副将。

历史上，像魏绛这样守正不阿、严明执法的忠贞之士不乏其人，但如晋悼公这样知人善任并肯当面承认自己过失的君主却不多见。有这样的大臣，加上这样的君主，正是晋国重新得到治理的前提条件，亦是悼公恢复晋国霸业的根本原因。

魏绛谏悼公伐诸戎

五年[1]，无终子嘉父使孟乐因魏庄子纳虎豹之皮以和诸戎。公曰[2]："戎、狄无亲而好得，不若伐之。"魏绛曰："劳师于戎[3]，而失诸华，虽有功，犹得兽而失人也，安用之？且夫戎、狄荐处[4]，贵货而易土。予之货而获其土，其利一也；边鄙耕农不儆[5]，其利二也；戎、狄事晋，四邻莫不震动，其利三也。君其图之！"公说[6]，故使魏绛抚诸戎，于是乎遂伯。

此传统的夷夏观，带有对少数民族的偏见。实际上，先秦白狄族人文明水平并不低，早期周人亦出自白狄。可参见徐中舒等有关著作。

魏绛和戎，是春秋史上的一段佳话。

[注释]

[1]"五年"二句：晋悼公五年，无终国的国君嘉父派遣孟乐通过魏绛向悼公进献虎豹皮，以此请求晋国与诸戎狄族和好。五年，晋悼公五年（前569）。无终，青铜器铭文作"亡终"，先秦时期北方少数部族名，属白狄族系。始居于今陕北临近黄河的绥德一带，春秋时移居至今山西太原以北地区，为众戎狄部族之首。

子，春秋时期华夏之人对少数民族首领的称呼。嘉父，无终国首领之名。孟乐，无终国大臣名。魏庄子，魏绛。　[2]"公曰"以下三句：晋悼公说道："戎、狄之人不讲亲情而贪图财货，不如讨伐他们。"公，指晋悼公。　[3]"劳师于戎"以下五句：劳累军队去讨伐戎人，而失去华夏诸国，即使取得战胜之功，也好比得到野兽而失去人民，有什么用处呢？诸华，亦称诸夏，指中原华夏诸国。按当时晋国与楚国正在争夺对中原华夏诸国的控制权，如晋国将军队大量投放于对戎、狄的战争，必然失去对华夏诸国的控制，魏绛虑及此事，故有此言。　[4]"且夫戎、狄荐处"二句：再说戎、狄之人逐水草而居，重视财货而轻视土地。荐处，在草地上居处。荐，草。易，轻，轻视。　[5]边鄙耕农不儆：边境地区耕作的农民（因为与戎、狄之人和平共处），也不用再设置警戒。边鄙，边疆农村地区。儆，警戒。　[6]"公说"以下三句：晋悼公很高兴，因而派魏绛去安抚众戎、狄部族，于是晋国再次称霸于诸侯。伯，通"霸"。

[点评]

本篇实际是对上一篇言悼公复霸诸侯的补充。上篇已指出晋悼公"五年，诸戎来请服，使魏庄子盟之，于是乎始复霸"，本篇进一步说明"诸戎"之所指，以及魏绛作为"和戎"政策的提出者和执行者对"和戎"之利的具体考虑。

"和戎"政策是根据晋国实际情况提出来的。长期以来，晋国就是一个处在"居深山，戎狄之与邻，而远于王室"（《左传》昭公十五年）恶劣环境中的国家，其东部居住着赤狄诸部，西部与北部更散居着众多的白狄族部落。他们多数都与晋国保持着敌对的态势，而晋国则以华夏老大自居，对戎、狄部族动辄予以挞伐。经过长期争战，晋景公年间依靠对赤狄部族的分化，终于灭掉赤狄。然西北广大地区的白狄部族仍旧与晋处于对立状态。此番无终国君主动向晋国示好，请求晋国与诸戎和好，魏绛从大局出发，劝说悼公放弃对戎、狄一味使用武力的做法，从而为华戎关系的改善翻开了新的篇章。魏绛指出，"和戎"政策除了避免"劳师于戎，而失诸华"的损失外，将会在三个方面给晋国带来实际利益："戎、狄荐处，贵货而易土。予之货而获其土，其利一也；边鄙耕农不儆，其利二也；戎、狄事晋，四邻莫不震动，其利三也。"看来，晋悼公是采纳了魏绛的意见，并且派遣魏绛去执行这项政策，从而使晋国后方出现了一个安定的局面，为晋国霸业的恢复创造了必要条件。

本篇关乎古代国家统治者如何处理与周边少数部族关系的问题。一般来说，凡是采取使各民族和平相处的做法者，多数都能取得好的治理效果。如这次晋国君臣采取的"和戎"政策，不仅使晋国"边鄙不扰，民事以修，故得一意南向"（高士奇《左传纪事本末》论晋悼公复霸之语），恢复过去的霸业，而且对于以后晋国的北向发展也是十分有利的。反观那些一味采取武力征服的做法，却鲜有好的结果。如本书第一篇所论周穆王之伐犬戎，穆王不听从祭公的劝阻，执意对同属于北方少数部族的犬戎用兵，结果只是获得"四白狼、四白鹿"以归，却从此造成"荒服者不至"，即所有北方少数部族都不再服从周王朝并与之对立的恶果。历史的经验与教训，可不慎乎！

晋 语 八

叔向谏杀竖襄

平公射鴳[1]，不死，使竖襄搏之，失。公怒，拘将杀之。叔向闻之[2]，夕，君告之。叔向曰："君必杀之。昔吾先君唐叔射兕于徒林[3]，殪，以为大甲，以封于晋。今君嗣吾先君唐叔[4]，射鴳不死，搏之不得，是扬吾君之耻者也。君其必速杀之，勿令远闻[5]。"君忸怩[6]，乃趣赦之。

唐叔射兕事不见于它书，其封晋之事亦与它书所述不同。兼听之可也。

[注释]

[1]"平公射鴳（yàn）"以下四句：晋平公射鴳雀，没有射死，让内侍襄去捕捉，结果鸟飞走了。平公，晋平公，悼公之子，名彪，前557年—前532年在位。鴳，或作"鷃"，一种小鸟。竖，内竖，宫中近侍小臣。襄，小臣名。搏，捕捉。　[2]"叔向闻之"以下三句：叔向听说这事，当晚进宫朝见平公，平公将此事告诉了叔向。叔向，晋国大夫，复姓羊舌，名肸（xī），字叔向，晋国著名

贤臣。夕，晚朝，《左传》成公十二年孔《疏》曰："旦见君谓之朝，莫（暮）见君谓之夕。"　[3]"昔吾先君唐叔射兕（sì）于徒林"以下四句：从前我们的先君唐叔曾射杀犀牛于徒林，一箭就将它射死，还把犀牛皮制成了一副大铠甲，因此才能而受封为晋君。唐叔，晋始封之君，周武王之子、成王之弟，名虞。以其始封地在唐（今山西临汾一带），故称唐叔。兕，犀牛。徒林，林地名。殪（yì），一箭射死。　[4]"今君嗣吾先君唐叔"以下四句：如今您继承我们的先君唐叔，射只鸒雀而射不死，捕捉它又捉不到，这简直是在宣扬我们国君的耻辱啊！嗣，继承。　[5]勿令远闻：不要让它传到远方去。按叔向这里说的是反话，表面附和晋君杀死竖襄的意见，实际是让晋君认识到自己的错误，放了竖襄。　[6]"君忸怩（niǔ ní）"二句：晋君不好意思，于是赶紧赦免了竖襄。忸怩，羞愧、不好意思的样子。

[点评]

　　叔向是晋国有名的贤臣，《左传》《国语》记有他不少的嘉言善语，足可为后人起到劝勉或劝诫的作用。这篇短文记叙叔向对晋平公的一次规劝过程：平公射鸒而不死，使竖襄去捕捉又让鸒雀飞走了，这使他十分恼怒，一气之下要杀掉这位可怜的小臣。叔向得知此事，乃对平公进行谏止。他采用巧妙的语言，表面上附和平公，说一定要处死这位小臣，却在数落小臣罪过的同时对晋平公的无能及滥杀无辜的行为做了辛辣的揭露。他先赞扬晋先君唐叔射杀犀牛的勇武，以反衬晋平公射鸒不死的无能；他不直接批评晋平公试图杀害无辜的错误，却说竖襄抓不到鸒雀是"扬吾君之耻"，因而活该被杀。一席话弄得平公十分难堪，他自知理亏，只好赶紧赦免竖襄了事。

本篇故事总共才一百来字，却写得十分生动有趣。两位主要人物的性格：叔向的仗义直言与幽默机智，晋平公的无能、残暴与愚蠢，都跃然纸上。一句"君忸怩"，把晋平公受到批评与讥讽时那种羞愧而无地自容的神情表现得十分到位。这些都足以体现《国语》作者所具有的驾驭文字的水平和文学功底。

春秋时期，各国实行的是君主与贵族联合专政的体制，尚未出现有如战国秦汉以后那样的君主专制中央集权的政治制度，各级贵族还都拥有一定的政治经济权力。尤其在晋国，各卿大夫家族在国家政治军事与外交中常扮演着重要角色，并常涌现出一些政治上的贤人。明乎此，我们对叔向在国君面前能够这样直言不讳，甚至使国君下不来台，也能够有进一步的理解了。

叔向论忧德不忧贫

叔向见韩宣子[1]，宣子忧贫，叔向贺之。宣子曰："吾有卿之名[2]，而无其实，无以从二三子，吾是以忧，子贺我何故？"对曰："昔栾武子无一卒之田[3]，其宫不备其宗器，宣其德行，顺其宪则，使越于诸侯，诸侯亲之，戎、狄怀之，以正晋国，行刑不疚，以免于难。及桓子骄泰奢

韩宣子即韩起，在晋国也算是一位贤臣了。即令如此，他亦免不了忧贫，可见其时晋国各大家族追逐财货之风气。

"宣其德行，顺其宪则"，是行政的正道！

侈^[4]，贪欲无艺，略则行志，假贷居贿，宜及于难，而赖武之德，以没其身。及怀子改桓之行^[5]，而修武之德，可以免于难，而离桓之罪，以亡于楚。夫郤昭子^[6]，其富半公室，其家半三军，恃其富宠，以泰于国，其身尸于朝，其宗灭于绛。不然^[7]，夫八郤，五大夫三卿，其宠大矣，一朝而灭，莫之哀也，唯无德也。今吾子有栾武子之贫^[8]，吾以为能其德矣，是以贺。若不忧德之不建^[9]，而患货之不足，将吊不暇，何贺之有？"宣子拜稽首焉，曰："起也将亡^[10]，赖子存之，非起也敢专承之，其自桓叔以下嘉吾子之赐。"

郤氏家族盛时，何其风光！一朝而灭，国人谁也不为其表示哀悼。

[注释]

[1]"叔向见韩宣子"以下三句：叔向会见韩宣子，宣子正在忧虑自己的贫穷，叔向却向他表示祝贺。韩宣子，即韩起，晋大夫，时为晋国正卿，宣子是他的谥号。　[2]"吾有卿之名"以下五句：我仅有卿的名分，却没有卿的财富，没什么东西用来与卿大夫们交往，我因此感到忧愁，您向我祝贺是什么缘故呢？实，指财富。　[3]"昔栾武子无一卒之田"以下十句：过去栾武子家无一卒人所耕之田，家里连祭祀用的器具都置备不全，可是他能宣扬德行，遵守法规，使其美名传播到各个诸侯国，诸侯们都亲近他，戎、狄部族也都归附于他，他凭借这些来治理晋国，执行刑法没有弊病，因而免于祸难。栾武子，即栾书，晋厉公及悼公

时正卿。一卒之田，一卒人所耕之田（"卒"为居民编制单位，或百人，或二百人、三百人，各国不统一）。宫，室，指栾书家里。宗器，祭器。越，播越，传播。疢，病。免于难，免于祸难。难，指其弑杀晋厉公造成的祸难。按厉公因与诸大夫的矛盾而杀死"三郤"，其手下更欲除掉栾书，致栾书发动兵变杀死厉公，然而继位的悼公并未追究栾书的责任，故曰"免于难"。　　[4]"及桓子骄泰奢侈"以下七句：到了他的儿子栾桓子，却是骄横奢侈，贪婪得没有止境，违犯法纪，恣意妄为，借贷牟利，贮积财货，本该遭到祸难，多亏仰赖栾武子的德行，才得以善终。桓子，指栾书的儿子栾黡（yǎn）。无艺，无止境，无限度。略则，违犯法纪。假贷，借贷。居贿，贮积财货。没其身，终其一身。　　[5]"及怀子改桓之行"以下五句：到了桓子的儿子栾怀子，一改他父亲的所作所为，而效法其祖父栾武子的德行，本来是可以免除祸难的，但却遭到他父亲桓子罪过的连累，不得不流亡楚国。怀子，栾怀子，栾黡之子栾盈。离，同"罹"，遭受。亡于楚，指晋平公六年（前552）范宣子为政时期驱逐栾盈，迫使其逃亡至楚之事。栾盈后来被杀，事在叔向此番会见韩宣子之后，故未言及。　　[6]"夫郤昭子"以下七句：再谈到郤昭子，他的财富抵得上半个晋国公室，他家族的人员占了晋国三军将帅的一半，仗恃着家族的财富和荣宠，他在晋国骄横跋扈，结果被杀而陈尸在朝堂，他的宗族也在绛都被灭掉。郤昭子，即郤至，因食邑于温，又称温季。绛，指新绛，晋景公以后的晋国都城，在今山西曲沃西南。前574年晋厉公杀"三郤"于此。　　[7]"不然"以下七句：如果不是这样的骄侈，郤氏家族一共八人，有五位任大夫，三位任职为卿，他们受到的荣宠够大的了，可是一朝被灭，却没有一个人对其表示哀悼，这只是因为他们没有德行的缘故啊。三卿，指郤至、郤锜和郤犨，他们作为同一宗氏出身之人而同时任职为卿，此外还有五人任大夫，可以说受到相当荣宠。　[8]"今吾子有栾武子之贫"以下三句：如今您有栾武子的清贫，我认为您也能够达到他的德行，因此向您表示祝贺。　[9]"若不忧德之不建"以下四句：若是您不担心德行的不建立，却只担心财货的不够多，我吊唁您还来不及，哪里还会来祝贺您呢？　[10]"起也将亡"以下四句：我韩起将要灭亡了，仰赖您保全了我，不是我一人独自承受您的恩德，自我的祖先桓叔以下都要感谢您的恩赐。桓叔，又称曲沃桓叔，晋韩氏之祖。桓叔生子万，封在韩邑，称韩万，故韩氏尊桓叔为先祖。

[点评]

本篇在吴楚材、吴调侯所选的《古文观止》中又题为《叔向贺贫》，是一篇著名的古文。"贺贫"是本篇故事一开始就提到的叔向的一个举动。因为当时晋国执政韩宣子"忧贫"，即担忧自己家贫穷，叔向却认为贫穷是好事，故前往祝贺。叔向这一举动当然有自己的用意。他回答韩宣子自己之所以向他祝贺的理由，用了晋国历史上两个家族兴衰成败的例子。一是栾氏家族。栾武子任晋国正卿时并不追求田产与财货，而是"宣其德行，顺其宪则"，结果他的美名"越于诸侯"，使得诸侯都很亲近他，连戎、狄也都服从于他，他凭借这些治理晋国，没给晋国造成弊端，所以最终得以避免祸难。他的儿子栾桓子骄泰奢侈，贪得无厌，本应受到祸难的惩罚，却因为栾武子积下的阴德，而得以善终。到他的孙子栾怀子，一改其父的所作所为，重新效法栾武子的德行，看来可以免于祸难，却又因其父罪行的连累，以致被迫流亡楚国。再者是郤氏家族的例子。郤昭子的财富顶得上半个晋国公室，他家出身的人占了晋国三军将帅的一半，依靠自家的财富和荣宠，他在晋国为所欲为，结果被杀而陈尸于朝，他的整个宗族也遭到一朝覆灭的下场。时人对他没有表示同情的，其原因就是他没有德行。叔向最终对韩宣子说，您现在有栾武子那样的清贫，我认为您也一定会有他那样的德行，所以向您表示祝贺。要是您不忧德行之不建，而只担忧财货之不足的话，我吊唁您还来不及，还有什么向您祝贺的呢？一席话说得韩宣子茅塞顿开，赶紧对叔向表示感谢，说自己整个家族，上自祖先桓叔，都要拜谢叔向给予的恩赐。

　　叔向作为晋国的贤人与智者，对执政韩起细说忧德而不忧贫的道理，对古代士君子的道德追求具有典型的意义。这也是孔孟儒家一贯倡导的"君子忧道不忧贫"（《论语·卫灵公》）主张的翻版。孔子称赞自己的学生颜回："贤哉回也！一箪食，一瓢饮，在陋巷，人不堪其忧，回也不改其乐。贤哉回也！"（《论语·雍也》）孟子主张"行天下之大道，……富贵不能淫，贫贱不能移"（《孟子·滕文公下》），这些对于当代人的思想道德建设，也是具有一定积极意义的。

晋　语　九

董叔欲为系援

范氏乃晋六卿之一，历史悠久，祁姓，或与陶唐氏有关。后灭于赵氏与其他家族的联合。

董叔将娶于范氏[1]，叔向曰："范氏富[2]，盍已乎？"曰："欲为系援焉[3]。"他日[4]，董祁愬于范献子曰："不吾敬也。"献子执而纺于庭之槐[5]。叔向过之，曰："子盍为我请乎[6]？"叔向曰："求系[7]，既系矣；求援，既援矣。欲而得之，又何请焉？"

[注释]

[1] 董叔将娶于范氏：晋大夫董叔要娶范氏家族之女为妻。董叔，晋国大夫。范氏，晋国著名贵族，这里指时任晋卿的范献子，即范鞅。　[2] "范氏富"二句：这是叔向劝告董叔的话语，意思是：范氏家富贵，何不取消这门亲事呢？盍，何不。已，止，取消。　[3] 欲为系援焉：我想通过这桩婚姻给自己找到依附并得到援助哩。系援，依附以求援助。　[4] "他日"以下三句：婚后

有一天，董祁告诉范献子说："董叔不尊敬我啊。"董祁，范献子之妹，嫁与董叔为妻者。古时女子称姓，董祁出身范氏家族，未嫁之前称范祁（范氏祁姓）；既嫁董氏，则称董祁。愬，同"诉"。不吾敬，即"不敬吾"，宾语前置句。　　[5]献子执而纺于庭之槐：范献子当即把董叔抓起来并把他吊在庭院中的槐树上。纺，悬挂，吊起来。　　[6]请：求情。董叔希望叔向为他向范献子求情，将其放还。　　[7]"求系"以下六句：这是叔向对董叔的讽刺之语，意思是："你想求'系'，现在已经给你系上了（指被执）；你想求'援'，现在已经让你攀援上了（指被悬挂，如同向上攀援）。你想要的，都已经得到了，还有什么请求的呢？"

[点评]

这是一篇极具幽默的讽刺性短文，讽刺那些企图借助各种关系攀附权贵，结果自取其辱的愚人。

大夫董叔想通过婚姻攀附上晋国大族范氏。这桩婚姻的不对称连叔向都看出来了，叔向好心地劝告董叔，范氏家富贵，何不取消这门婚事呢？董叔回答叔向，说自己是想通过这桩婚姻攀附上范氏以求得援助。董叔联姻范氏的目的算是达到了，没想到过门的范家媳妇却不好伺候，稍有不顺，便回家向范氏家长范献子诉说董叔对她的"不敬"。范献子一怒之下，立刻把董叔抓起来，吊在庭院的槐树上示众。恰巧叔向从树下经过，董叔便求叔向去向范献子说情，放他回家。叔向讽刺董叔说："你不是想求'系'吗？现在已经给你系上了；你不是想求'援'吗？现在也让你援上了。你想要的都得到了，还有什么可求的呢？"这里，叔向故意将董叔欲得系援的"系""援"二字反用来形容董叔的被绑缚和被悬挂在树上，以讽刺他攀附权贵以致自食恶果的下场。世人自可从叔向的这段幽默话语中得到应有的启示。

上面这段故事不见于《左传》。《左传》中的董叔作为栾氏家族的支持者被送上断头台，乃是范献子父亲范宣子之所为。《国语》所述，或是另有所本，或是出自作者的善意编造，其目的则是利用贤人君子之口，以鞭挞社会中各种丑陋的行为，以教育后世之人。

邮无正谏赵简子无杀尹铎

赵简子使尹铎为晋阳[1]，曰："必堕其垒培[2]。吾将往焉[3]，若见垒培，是见寅与吉射也。"尹铎往而增之[4]。简子如晋阳，见垒怒曰："必杀铎也而后入。"大夫辞之[5]，不可，曰："是昭余仇也[6]。"邮无正进[7]，曰："昔先主文子少蜕于难[8]，从姬氏于公宫，有孝德以出在公族，有恭德以升在位，有武德以羞为正卿，有温德以成其名誉。失赵氏之典刑[9]，而去其师保，基于其身，以克复其所。及景子长于公宫[10]，未及教训而嗣立矣，亦能纂修其身以受先业，无谤于国，顺德以学子，择言以教子，择师保以相子。今吾

只此一句，尹铎的敢于担当便跃然纸上。

《史记·赵世家》称之为"下宫之难"，然以下所述是难之具体情节却大异于《左传》《国语》的有关叙述。本处注解只取后者。

子嗣位[11]，有文之典刑，有景之教训，重之以师保，加之以父兄，子皆疏之，以及此难。夫尹铎曰：'思乐而喜[12]，思难而惧，人之道也。委土可以为师保[13]，吾何为不增？'是以修之[14]，庶曰可以鉴而鸠赵宗乎！若罚之，是罚善也，罚善必赏恶，臣何望矣！"简子说[15]，曰："微子[16]，吾几不为人矣！"以免难之赏赏尹铎[17]。

　　初[18]，伯乐与尹铎有怨，以其赏如伯乐氏，曰："子免吾死，敢不归禄。"辞曰[19]："吾为主图，非为子也。怨若怨焉。"

简子闻过则改，倒也痛快。

此见邮无正的无私与耿直，值得赞赏！

［注释］

[1] 赵简子使尹铎为晋阳：赵简子派尹铎去管理晋阳。赵简子，名鞅，字志父，"简"是他的谥号，也称赵孟，为晋定公时的正卿。尹铎，赵简子家臣。为，治，管理。晋阳，赵氏封邑，在今山西太原。　[2] 必堕（huī）其垒培：你一定要拆毁那里的壁垒。堕，通"隳"，毁坏。垒培，壁垒。　[3]"吾将往焉"以下三句：我将去那儿视察，要是看见这些壁垒，就等于看到我的仇人荀寅和范吉射。荀寅，又称中行寅，晋国的"六卿"之一（"六卿"为春秋后期六支轮流担任晋国卿士的强宗大族，包括智、赵、韩、魏、中行、范等族）。范吉射，亦称士吉射，晋"六卿"之一，与荀寅为姻亲关系。其时晋公室已日见衰微，晋政实际为"六卿"把持，"六卿"相互间则为争夺土地、人口不停地展开争

斗。在此之前的数年间，赵氏即联合韩、魏、智诸家与荀、范二氏展开过殊死斗争，荀、范二氏曾在此期间一度打败过赵氏，并将其围困于晋阳。后赵氏虽联络诸家，反败为胜，并将范氏和荀氏驱逐到齐国，但赵简子仍不愿回忆昔时为荀、范二氏围困的情景。因为晋阳的壁垒即荀寅、范吉射为围困赵氏所筑，故简子下令毁掉这些东西。　　[4] 增之：增高壁垒。　　[5] 辞：请，请求，即为尹铎求情。　　[6] 昭余仇：彰显我的仇敌。赵简子认为，保留并增高荀寅、范吉射所筑的壁垒，等于是彰显或炫耀自己的这两位仇敌。昭，彰显，炫耀。仇，指荀寅、范吉射。　　[7] 邮无正：晋国大夫，又称邮良，字伯乐。《左传》作"邮无恤"，《国语》此称当是避赵襄子之讳而改（襄子名赵无恤）。　　[8]"昔先主文子少蚌于难"以下六句：过去我们的先主赵文子少年时曾遭受祸难，随从母亲姬氏住在晋公的宫中，因为有孝顺的德行而做了公族大夫，因为有恭敬的德行而升到卿位，因为有勇武的德行而进为正卿，更因为有温良的德行而成就了他美好的名誉。文子，指赵武，赵简子的祖父，曾在晋平公时任晋国执政，即正卿，谥号为"文"。蚌，遭受。难，即所谓"下宫之难"。赵武幼时，赵氏因受其他卿族忌恨而遭到族诛之祸，赵武因是晋景公之甥，得以随其母赵庄姬隐匿在公宫而躲过这场大难。姬氏，即赵庄姬，乃晋成公之女，嫁与赵氏家族中的赵朔为妻。公族，即公族大夫，春秋时期晋国设立的一种特殊官职，掌公族及卿大夫之子弟。在位，在卿位。羞，进。赵武后来韬光养晦，谨慎行事，逐渐恢复晋公室及主要当政者的信任，至晋悼公时便名列卿位，到晋平公十年（前 548）进为晋国的正卿。　　[9]"失赵氏之典刑"以下四句：赵文子虽然失去了赵氏家族常法的训导，也离开了师、保的教训，但是基于他自身的修养，还是能够恢复先人的业绩和职位。典刑，常法，指家族中传统的教育方法。师保，师氏和保傅，古代负责教导贵族子弟的官员。其所，指赵氏先人曾经担任的职位。　[10]"及景子长于公宫"以下七句：到您父亲景子，也是生长在公宫，没有受到很好的教育就继承了父亲的爵禄而立于世，但他也能继续加强自身修养以承受先辈的德业，国中没有人说他坏话，他顺应先世的德业以教养自家儿子，选择他们的善言以教育儿子，挑选师氏、保傅来辅助儿子。景子，赵文子次子，名成，赵简子之父。文子去世，由他继承赵氏宗子的位置。曾任晋中军佐，位列于卿。谥"景"，人或称"景叔"。嗣立，继承父位而立。纂，继，继续。修，修饰，引申为修身。谤，诽谤，说坏话。学子，教育儿子。相子，辅助儿子。　[11]"今吾子嗣位"以下七句：这是批评赵简子的话，意思是：如今您继承先人职位，有赵文子制定的常法，有赵景子对其子弟的教训，还有师氏和保傅的辅助，加上同族父兄的帮助，而你却一概对其疏远，结果造成此次祸难。父兄，指同族父兄。此难，指荀寅、范吉射造成的祸难。　[12]"思乐而喜"以下三句：这是邮无正引尹铎为自己增筑垒培进行解释所说的话，意思是：人想到安乐之事便高兴，想到祸难就会恐惧，这是人之常情。　[13]"委土可以为师保"二句：是尹铎继续为自己辩解说的话，意思是：积土可以借用作师、保，我为什么不去增高它呢？此言"委土"，实际就是加高保护壁垒的意思，通过让大家看见壁垒以保持对祸难的戒惧，是足可以当师、保教训之用。委，积，积聚。　[14]"是以修之"以下六句：这是邮无正对尹铎所作善事的表扬，意思是：所以尹铎增筑了这些壁垒，或许他想说，这样做可以作为鉴戒从而安定赵氏宗族啊！要是惩罚尹铎，那就是惩罚善良，惩罚善良必定会奖赏邪恶，那么做臣下的还有什么希望呢！庶，庶几，或许。鸠，安定。　[15]说：通"悦"。　[16]"微子"二句：要是没有您，我几乎不能做人了啊！微，无，没有。　[17]以免难之赏赏尹铎：赵简子按立有免除国家祸难的军功给尹铎以赏赐。　[18]"初"以下六句：当初，邮无正与尹铎有仇怨，尹铎便带着这些赏赐到邮无正家去，说："您免我一死，我怎敢不把这些赏赐交归您呢。"禄，指所得赏赐。　[19]"辞曰"以下四句：邮无正辞谢说："我只是为君主考虑，不是为您。过去的怨仇照样是怨仇。"若，如，照样。

[点评]

晋国赵氏家族，也就是以后战国七雄之一的赵国的建立者，无疑是春秋时期晋国史上最富传奇色彩的一个家族。它的发展，曾经历过不少艰难险阻，几次面临覆亡的危险，但都一次次被克服。本篇所记，即春秋后期赵氏宗主赵简子及其臣下在经历了一场祸难之后所采取的有关安定赵氏家族的措施。

为了争夺土地与人口，赵简子曾联合韩、魏、智三家与荀、范二氏展开过殊死搏斗。其初，由于二氏的反扑，赵氏曾一度处于劣势，被围困在其宗邑晋阳城内。后来赵氏取得了胜利，荀寅和范吉射失败后逃往齐国。为了逐出心中自己被围的那段时间留下来的阴霾，赵简子命令前去管理晋阳的尹铎拆除荀、范二氏当初建在晋阳外围的壁垒。没想到尹铎到任后不是去拆除，反而增高了这些壁垒。赵简子见状大怒，表示要杀掉尹铎。关键时刻，晋大夫邮无正站了出来。他劝谏赵简子，告诉他其祖父赵文子及父亲赵景子创业之不易，说他们谨守各方面的德行，才造就了简子今日在位的基础。而简子您却忘记了他们留给您的典刑和教训，疏远了族中的父兄及辅相后人的师保，以致造成了这场祸难。

如今尹铎保留并增高这些壁垒，实际就是要让它们起到师保的作用，让人看见它们就不由得想起这场祸难，从而引以为鉴，安定整个赵氏宗族。您要是惩罚尹铎，岂不是罚善而奖恶吗？一席话使赵简子茅塞顿开，他赶忙做出自我批评，并给予尹铎奖赏，表彰他使国家免于祸难。

这段文字中的三位人物：尹铎忠于职守，不是简单地应付君上，而是为了赵氏家族的整体利益敢于"抗上"；邮无正敢于直谏，正面揭露问题，尖锐而辛辣；赵简子善于纳谏，闻过则改，改而彻底。如此君臣协作，乃有赵氏的不断发展壮大。

本文最后一段颇能引发人们思考。原来邮无正与尹铎素有仇怨。这次他帮尹铎说了话，使之免于一死，可是当尹铎为了表示感谢，拿着被赏赐的钱物到邮无正家要转送给他时，他却毫不领情，推辞说："我这样做只是为君主考虑，不是为了您。我们之间的怨仇照样是怨仇！"如此公私分明，直使人物的思想境界达到新的高度。

晋阳之围

晋阳之围[1]，张谈曰[2]："先主为重器也，为国家之难也，盍姑无爱宝于诸侯乎？"襄子曰[3]："吾无使也。"张谈曰："地也可[4]。"襄子

如此类只知求
饫主人之欲而不知忠
谏之人，古今多矣，
襄子认识到他们只
是些"养吾疾而干
吾禄"的鼠辈，可
谓有识！

曰："吾不幸有疾[5]，不夷于先子，不德而贿。夫地也求饮吾欲，是养吾疾而干吾禄也。吾不与皆毙。"襄子出，曰："吾何走乎[6]？"从者曰："长子近[7]，且城厚完。"襄子曰："民罢力以完之[8]，又毙死以守之，其谁与我？"从者曰："邯郸之仓库实[9]。"襄子曰："浚民之膏泽以实之[10]，又因而杀之，其谁与我？其晋阳乎[11]！先主之所属也，尹铎之所宽也，民必和矣。"乃走晋阳，晋师围而灌之[12]，沉灶产蛙，民无叛意。

一句话点出民
众对赵氏铁了心的
追随。

[注释]

[1]晋阳之围：指前455年晋智瑶（又称智伯、智襄子）联合韩、魏二家出兵包围赵氏据守的晋阳城，欲在消灭赵氏以后三分其邑的历史事件。晋阳为赵的食邑，在今山西太原南。其时晋国只剩下智、赵、韩、魏四家的势力，智氏最强。智瑶常倚势欺凌赵、魏、韩三家，事前，又无理地向三家索取土地。韩康子、魏桓子不敢反抗，都忍气吞声地献给了智氏，至赵氏，却遭到赵襄子的断然拒绝。智瑶大怒，遂联合韩、魏二家进攻赵氏，赵襄子退走晋阳以图据守。　[2]"张谈曰"以下四句：这是赵襄子家臣张谈（又称张孟谈）对襄子说的话，意思是：赵氏先人置备圭璧及青铜钟鼎等贵重器物，就是为了解救国家遇到的各种急难，何不姑且不要吝惜这些宝物，拿它们向别的诸侯贿赂以求援助呢？先主，赵氏先前的宗主，指赵襄子之父赵简子。重器，指陈放在宗庙里的圭璧及钟鼎等宝器。　[3]"襄子曰"二句：赵襄子

说："我没有合适的人可派遣。"襄子，即赵襄子，名无恤，赵简子之子，赵国的实际建立者。　[4]地：赵襄子臣下之名。　[5]"吾不幸有疾"以下六句：我不幸有疾病，赶不上我的先主，德行不够，以致用先主的宝器去行贿于人。地这个人平时只求满足我的欲望，这是在助长我的毛病而求取他的俸禄啊。我不愿与这样的人同归于尽。不夷，不平，不及。饮吾欲，满足我的欲望。饮，当为"饫"字，形近而误。饫，厌也，满足之意。此谓地但求厌足襄子的欲望，无忠谏也（徐元诰说，见《国语集解》）。养，助长。毙，死亡。　[6]何走：逃到哪里去。走，逃，逃跑。　[7]"长子近"二句：长子这个地方离得很近，而且城墙厚实、完备。长子，晋邑名，在今山西长治西南。　[8]"民罢（pí）力以完之"以下三句：民众精疲力竭地修筑了这座城池，又要让他们拼死守住它，谁还肯跟随我呢？罢，通"疲"，疲敝。　[9]邯郸之仓库实：邯郸的仓库充实，可以作为退守之地。邯郸，晋邑名，在今河北邯郸。　[10]"浚（jùn）民之膏泽以实之"以下三句：榨取民脂民膏充实了仓库，又因此让他们被杀戮，谁还会跟随我呢？浚，取，索取，榨取。　[11]"其晋阳乎"以下四句：这是襄子对何处可为退守之地所做的表态，襄子说：还是晋阳吧！这是先主嘱咐过的地方，尹铎曾在那里实行过宽民的政策，民众一定会和我们同心协力的。先主之所属，指赵简子在世时曾告诫襄子："晋国有难，而无以尹铎为少，无以晋阳为远，必以为归。"属，同"嘱"，嘱咐。尹铎之所宽，指简子之臣尹铎在晋阳实行的宽民政策。按尹铎受简子命治理晋阳，为争取民心，使晋阳成为日后赵氏的保障，曾在那里减少应征收赋税的民户数目，以减轻民众的负担。见《国语·晋语九》（本书未收）。　[12]"晋师围而灌之"以下三句：晋军于是包围了晋阳，并引汾水灌城，致民众的灶台都淹没在水里，甚至生出了蛤蟆，但晋阳之民却始终没有背叛赵氏的意思。

晋师，指智氏联合韩、魏两家的军队。沉灶，灶台被水淹没。产蛙，指城中水持续不退，以致生出蛤蟆。据《史记·赵世家》："三国（指智、韩、魏）攻晋阳，岁余，引汾水灌其城，城不浸者三版（差三个版筑就没过城墙），城中悬釜而炊，易子而食。"

[点评]

本篇通过春秋末期晋国赵襄子为了保守自己的城邑晋阳而与智氏展开的一场斗争，颂扬了赵襄子关心民众、爱护和依靠民众的以民为本的精神。

赵襄子作为赵氏宗主，同时也是战国七雄之一的赵国的创始人。当他接替父亲赵简子担任晋卿之时，遭到了他在晋国的竞争对手、时任晋国执政的智伯（智瑶、智襄子）的打压。其时晋国只剩下智、韩、赵、魏四家势力，智伯好利而又刚愎自用，常依仗自己家族的势力及政治地位，欺压实力稍逊于他的韩、赵、魏三家。韩、魏二家怕事，对此忍气吞声，赵襄子年轻，性情刚烈，不愿受欺而与智伯发生冲突，智伯遂联络韩、魏对赵氏进行讨伐。

本文一开始便讲赵襄子和他的家臣商量如何解救眼前这场急难，本想用宝器到别的诸侯国那里求取援助，因无人可使而作罢。后又考虑到哪里去躲避智伯的讨伐更为合适，在各种选择中，襄子首先考虑的是平民。有人提出去附近的长子躲避，因为那里的城墙厚实完备，襄子立即表示，厚实的城墙是民众竭尽精力修筑起来的，现在又让民众拼死去守卫它，今后谁还会与自己同心协力？有人提出去仓廪充实的邯郸躲避，襄子又表示，仓廪的粮食是榨取民脂民膏取得的，现在又让他们冒着被杀戮的危险，今后也不会有人与自己同心协力了。最后他选定逃往晋阳避难，因为这里不仅是先主指给他的避难之所，更是先主手下尹铎使用宽民政策治理过的地方，民众一定会和赵氏保持同心协力。果然，后来智伯的军队包围了晋阳，并引汾水灌入晋阳城中，致城中百姓家的灶台被水淹没，水中生出了蛤蟆，但民众始终团结在赵氏周围，没有任何人产生叛意。这样持续到第三个年头，赵襄子乃令其亲信家臣张孟谈秘潜出城，约会韩、魏二国之君，说以赵亡必致二国唇亡齿寒之理。韩、魏本亦对智伯怀有戒心，三国遂达成密约，约以三月丙戌为期，三家同时举兵，反攻智伯。智伯果然大败，他本人被襄子抓住后处死，智氏的地盘亦被三家瓜分，形成赵、魏、韩三分晋国的局面，战国七雄并立的格局亦就此形成。晋阳之围可以说是晋国历史乃至整个春秋战国历史的一个转捩点。赵氏之所以取得这场斗争的胜利，其首要原因当推赵国军民矢志不移地对晋阳城的守卫。智氏对晋阳城围而灌之，"沉灶产蛙，民无叛意"，这是怎样意志坚定的人民！如果不是赵简子、赵襄子父子一贯奉行的宽民政策，大概是很难有这样铁了心跟随赵氏家族的民众的。从这个意义上讲，所谓"简襄之业"，首先是建立在他们民本思想基础上的。

本篇是九卷《晋语》中的最后一篇，这样的编排应当说还是很有意义的。

郑　语

史伯为桓公论兴衰

桓公为司徒[1]，甚得周众与东土之人，问于史伯曰："王室多故[2]，余惧及焉，其何所可以逃死？"史伯对曰："王室将卑[3]，戎、狄必昌，不可逼也。当成周者[4]，南有荆蛮、申、吕、应、邓、陈、蔡、随、唐；北有卫、燕、狄、鲜虞、潞、洛、泉、徐、蒲[5]；西有虞、虢、晋、隗、霍、杨、魏、芮[6]；东有齐、鲁、曹、宋、滕、薛、邹、莒[7]；是非王之支子母弟甥舅也[8]，则皆蛮、荆、戎、狄之人也。非亲则顽[9]，不可入也。其济、洛、河、颍之间乎[10]！是其子男之国[11]，虢、郐为大，虢叔恃势，郐仲恃险，是皆有骄侈怠慢之心，而加之以贪冒。君若以周难之故[12]，

短短几句，使周末社会动荡、惶惶不可终日的状况跃然纸上。

此见当时已是华夏与蛮、荆、戎、狄错居杂处了。

寄孥与贿焉，不敢不许。周乱而弊^[13]，是骄而贪，必将背君，君若以成周之众，奉辞伐罪，无不克矣。若克二邑^[14]，邬、弊、补、舟、依、𬇙、历、华，君之土也。若前颍后河^[15]，右洛左济，主芣、騩而食溱、洧，修典刑以守之，是可以少固。”

[注释]

[1] "桓公为司徒" 以下三句：郑桓公任周幽王的司徒，很得西周民众和宗周以东百姓的人心，他因此向周太史史伯询问说。桓公，郑桓公，名友，周厉王之子，周宣王同母弟，受宣王封为郑国的始封之君，始居于周畿内的郑地（在今陕西渭南市华州区，或说在今陕西凤翔），周幽王时任周之司徒。司徒，官名，主管民事，教化民众。东土，指周王畿（王都附近地区）以东地区。史伯，周幽王太史（史官之长），或以为即《周语》中提到的伯阳父。　[2] "王室多故" 以下三句：周王室多灾多难，我担心被连累，到哪里去可以逃避一死？多故，多难。及，被连累。　[3] "王室将卑" 以下三句：周王室将要衰微，戎、狄之族一定会昌盛起来，不可以靠近他们。逼，迫，靠近之意。　[4] "当成周者" 二句：在周的东都洛邑四周，南面有荆蛮、申、吕、应、邓、陈、蔡、随、唐等诸侯国。当，面对。成周，指周的东都洛邑，在今河南洛阳西北。荆蛮，即楚国，周时分封在江汉流域一带的诸侯国，芈（mǐ）姓。荆、楚二字音义相同，蛮本为南方苗蛮族的称呼，后因楚人迁移到苗蛮族居住之地，并改从蛮俗，故中原华夏族亦称之为楚蛮。申，诸侯国，姜姓，本在周王畿以内，周宣王时改封至今河南南阳一带，称南申国。吕，诸侯国，姜姓，本亦在周王畿内，

不知何时迁往周南与申为邻，在今河南南阳西。应，周所封姬姓诸侯国，始封之君为周武王之子，在今河南鲁山东。邓，诸侯国，曼姓，在今湖北襄阳。陈，诸侯国，妫姓，传为虞舜之后，始封君为胡公，为周武王所封，在今河南周口市淮阳区一带。蔡，周所封姬姓诸侯国，武王弟叔度始封，在今河南上蔡。随，周所封姬姓诸侯国，约封于周初成康时期，在今湖北随县。唐，周所封姬姓诸侯国，在今湖北随县西北。　[5]北有卫、燕、狄、鲜虞、潞、洛、泉、徐、蒲：成周北面有卫、燕、狄、鲜虞、潞、洛、泉、徐、蒲等诸侯国或少数部族。卫，周所封姬姓诸侯国，始封之君为周武王弟卫康叔，都朝歌，在今河南淇县。燕，周所封姬姓诸侯国，始封之君为召公奭，约封在成王时期，都蓟，在今北京市西南。狄，北狄，周北面少数部族的泛称，这里或指其中某支具体的部族。鲜虞，狄族中的一支，属白狄，姬姓，初时当在今晋陕北部一带活动，战国后迁至今河北行唐、正定、平山一带，为中山国的建立者。潞，即潞氏，狄族中的一支，属赤狄，隗姓，春秋时分布在今山西长治市潞城区一带。洛、泉、徐、蒲，皆为隗姓赤狄各支系部族名，活动于今山西东南一带者。　[6]西有虞、虢、晋、隗、霍、杨、魏、芮：成周西面有虞、虢、晋、隗、霍、杨、魏、芮等诸侯国。虞，周所封姬姓诸侯国，始封之君为周太王子虞仲之后，在今山西平陆北。虢，周所封姬姓诸侯国，亦称西虢，始封君为周武王叔父虢叔，原封地在今陕西宝鸡东，西周后期迁至今河南三门峡北。晋，周所封姬姓诸侯国，始封之君为周成王弟唐叔虞，在今山西曲沃至翼城一带。隗，赤狄隗姓族人建立的国家，在晋南一带。霍，周所封姬姓诸侯国，始封之君为周武王之弟霍叔处，在今山西霍州。杨，周所封姬姓诸侯国，在今山西洪洞东南。魏，周所封姬姓诸侯国，在今山西芮城西北。芮，周所封姬姓诸侯国，在今陕西韩城一带。　[7]东有齐、鲁、

曹、宋、滕、薛、邹、莒（jǔ）：成周以东有齐、鲁、曹、宋、薛、
邹、莒等诸侯国。齐，周代姜姓诸侯国，始封之君为周武王岳父
姜尚，都营丘，在今山东淄博东。鲁，周代姬姓诸侯国，始封
之君为周公旦，都曲阜，在今山东曲阜。曹，周代姬姓诸侯国，
始封之君为周武王弟曹叔振铎，都陶丘，在今山东定陶西南。宋，
诸侯国，子姓，始封之君为商末贵族微子启，都商丘，在今河
南商丘南。滕，周代姬姓诸侯国，始封之君为周武王弟错叔绣，
在今山东滕州西南。薛，周代任姓诸侯国，传为夏车正奚仲所
建，在今山东滕州东南。邹，周代曹姓诸侯国，即邾国，传为
颛顼后代所建，在今山东邹城东南。莒，周代己姓诸侯国，属
东夷国族，在今山东莒县一带。　[8]"是非王之支子母弟甥舅也"
二句：以上这些国族，不是与周王同姓的支系亲属和同母弟，以
及同周族保持婚姻关系的异姓亲族，就是些蛮、荆、戎、狄之人。
支子，指周族中除周王室以外的其他同姓亲属。母弟，同母弟。
甥舅，指与周族保持婚姻关系的异姓亲族。蛮、荆、戎、狄，
公序本作"蛮、夷、戎、狄"，分别指成周南、东、西、北几个
方向的少数部族。　[9]"非亲则顽"二句：这些国族不是亲戚，
就是些顽劣之民，不可进入到那些地方。顽，顽劣，指上述蛮、
夷、戎、狄之人。　[10]其济、洛、河、颍之间乎：大概只有
济水、洛水、黄河、颍水之间的地方可以去吧！韦昭注称，"言
此四水之间可逃，谓左济、右洛、前颍、后河"，也就是古济水
以西、洛水以东、颍水以北、黄河以南的一片地区。　[11]"是
其子男之国"以下六句：这一带只有一些子爵、男爵的小国，其
中最大的是虢、郐（kuài）两个国家，虢叔仗恃着国家地理形势
的优越，郐仲仗恃着地理位置的险要，都有些骄傲奢侈与懈怠
轻忽的心理，再加上他们又贪图财利。子男之国，指其国君皆
属子爵与男爵。按周代实行五等爵制：公、侯、伯、子、男，子、

男为最后的两级爵位，故皆为小国。虢，指东虢，周代姬姓诸侯国，乃周文王弟虢仲之后，在今河南荥阳。郐，周代妘（yún）姓诸侯国，在今河南新密东北，或说在附近的新郑。贪冒，贪图财利。冒，亦贪。　[12]"君若以周难之故"以下三句：这是史伯对郑桓公的建议，意思是：您如果以周王室有难为理由，将妻室儿女与财产寄放到那里，他们是不敢不答应的。孥，家室，包括妻子儿女。贿，财产。　[13]"周乱而弊"以下六句：等到周王室发生祸乱而败落，虢、郐二国必因骄纵和贪婪背叛于您，您那时如再率领成周的军队，拿着正当的理由去讨伐他们的罪行，没有不成功的。弊，衰败。奉辞，韦昭注以"奉正辞"解之，即"拿着正当理由"的意思。　[14]"若克二邑"以下三句：如果克服了虢、郐两个大邑，那么邬、弊、补、舟、依、䣮、历、华这几个邑落，都是您的土地了。二邑，指虢、郐两个稍大的城邑。邬以下诸邑无考，盖皆在虢、郐二邑附近。　[15]"若前颍后河"以下五句：如果您圈定前面的颍水、后面的黄河、右边的洛水、左边的济水之间这块地域，祭祀着这上面的茅（fú）山与騩（guī）山，饮用着溱（zhēn）、洧（wěi）二河之水，完善典章制度与刑法来守护它，这样就可以稍稍稳固了。主，神主。为二山立神主，即主持祭祀之意。茅，山名，在今河南巩义北。騩，山名，即大騩山，在今河南新密附近。溱，水名，源出新密，东北流与洧水合。洧，水名，源出登封阳城山，经新密，东南流，至新郑合溱水为双洎（jì）水，再入颍水。修，完善。少，稍微。

桓公原想到南方去。

公曰："南方不可乎[1]？"对曰："夫荆子熊严生子四人[2]：伯霜、仲雪、叔熊、季纨。叔熊逃难于濮而蛮[3]，季纨是立，薳氏将起之，祸又不克。是天启之心也^[4]，又甚聪明和协，盖其先王。臣闻之^[5]，天之所启，十世不替。夫其子孙必光启土^[6]，不可逼也。且重、黎之后也^[7]，夫黎为高辛氏火正，以淳耀敦大，天明地德，光照四海，故命之曰'祝融'，其功大矣。

高辛氏即帝喾，而帝喾传为商人祖先，然则商、楚先世早期或有交集。

[注释]

[1] 南方不可乎：到南方去不可以吗？南方，指成周以南荆、申、吕、应等国居住的地方。　[2]"夫荆子熊严生子四人"二句：楚君熊严生有四个儿子：伯霜、仲雪、叔熊、季绚（xún）。荆子，指楚王，以周封楚为子爵。"王"是楚国君自称。熊严，楚国君名，前837年—前828年在位。按《史记》叔熊作"叔堪"，季绚作"季徇"。　[3]"叔熊逃难于濮而蛮"以下四句：叔熊逃难到濮人的居地而随了蛮俗，季绚因而被立为楚王，大夫薳（wěi）氏打算重新立叔熊为楚王，结果遇到祸乱未能成功。按熊严死，长子伯霜继立，在位仅六年，去世后，三弟争立，仲雪死，叔熊避难至濮。所谓"难"，指三兄弟争立引起的祸难。濮，西周春秋时期居住在江汉一带的少数部族。以其分散而不统一，又被称为"百濮"，盖与苗蛮（三苗）为同一族系。薳氏，即芈氏，楚贵族名。　[4]"是天启之心也"以下三句：这是上天在开导季绚的心啊，他又十分聪明，能够协和臣民，功德盖过了他的先王。启，开启，开导。　[5]"臣闻之"以下三句：我听说过，天所开导的人，十代也不会被废弃。臣，史伯自称。替，替换，废弃。　[6]"夫其子孙必光启土"二句：他的子孙一定会光大前人的事业而开辟疆土，是不可以靠近他们的。启土，开辟疆土。逼，逼近，靠近。　[7]"且

重、黎之后也"以下七句：况且楚国是重、黎的后代，黎担任高辛氏的火正，以其质朴、光明、敦厚、宽大的品性，使得天空明朗，大地戴德，光辉普照四海，所以被命名为"祝融"，他的功德真大呀。重、黎，传为颛顼的两位大臣，其中重任南正之职，管祭祀天神；黎任火正之职，掌地上的民事（《楚语》）。高辛氏，即帝喾。火正，古官名，管理用火。盖黎曾先后担任颛顼与帝喾手下的同一职务。祝融，按字意可释为"始给人以光明"，因成为黎担任火正一职的称号，而后楚人或径称祝融为自己的祖先。

此祝融八姓历史之最早见于史籍者。

"夫成天地之大功者[1]，其子孙未尝不章，虞、夏、商、周是也。虞幕能听协风[2]，以成物乐生者也。夏禹能单平水土[3]，以品处庶类者也。商契能和合五教[4]，以保于百姓者也。周弃能播殖百谷蔬[5]，以衣食民人者也。其后皆为王公侯伯[6]。祝融亦能昭显天地之光明[7]，以生柔嘉材者也，其后八姓于周未有侯伯。佐制物于前代者[8]，昆吾为夏伯矣，大彭、豕韦为商伯矣。当周未有[9]。己姓昆吾、苏、顾、温、董[10]，董姓鬷夷、豢龙，则夏灭之矣。彭姓彭祖、豕韦、诸稽[11]，则商灭之矣。秃姓舟人[12]，则周灭之矣。妘姓邬、郐、路、逼阳[13]，曹姓邹、莒，皆为采卫，或在王室，或在夷、狄，莫之数也。

而又无令闻[14]，必不兴矣。斟姓无后[15]。融之兴者[16]，其在芈姓乎？芈姓夔越[17]，不足命也。蛮芈蛮矣[18]，唯荆实有昭德，若周衰，其必兴矣。姜、嬴、荆芈[19]，实与诸姬代相干也。姜[20]，伯夷之后也；嬴，伯翳之后也。伯夷能礼于神以佐尧者也[21]，伯翳能议百物以佐舜者也。其后皆不失祀而未有兴者[22]，周衰其将至矣。”

[注释]

[1]"夫成天地之大功者"以下三句：那些成就了天地间大功的人，他们的子孙没有不显达的，虞、夏、商、周几朝的情况就是这样的。章，同"彰"，彰显、显达之意。　[2]"虞幕能听协风"二句：虞幕能听知和风，以此成育万物，使之和乐地生长。幕，有虞氏祖先之一，颛顼之后，在舜之前。　[3]"夏禹能单平水土"二句：夏禹能尽力平治水土，以辨别万物高下，使各得其所。单，同"殚"，尽力。品处，辨别高下。处，置，安排。庶类，众物，万物。按《国语·周语下》称禹治水"高高下下，疏川导滞，钟水丰物"，故言其治水同时，辨别万物高下，使各得其所。　[4]"商契（xiè）能和合五教"二句：商契能协合五个方面的教化，使百姓有所教养而趋于和谐。契，商族祖先，传为舜的司徒，掌教化。五教，指父义、母慈、兄友、弟恭、子孝。保，养。　[5]"周弃能播殖百谷蔬"二句：周弃能播种百谷蔬菜，给人民衣食。弃，周族始祖，即后稷，传为尧舜时农官，教民耕种。　[6]其后皆为王公侯伯：以上为民立有大功的虞、夏、商、

周的祖先，其后代都成了王、公、侯、伯（除夏、商、周三王之外，夏后杞、商后宋皆被封为公，虞幕之后陈为侯）。 [7]"祝融亦能昭显天地之光明"以下三句：祝融也是能够彰显天地间的光明，以致培育出滋润美好的五谷林木之人，但他的后代八个族姓之人在周代却没有一个侯伯。柔，润，滋润。嘉，善，美好。八姓，即下举祝融氏之后的己、董、彭、秃、妘、曹、斟、芈等八个姓。 [8]"佐制物于前代者"以下三句：（八姓中）在前代辅佐管制国事的，昆吾氏曾为夏代的伯，大彭、豕韦曾为商代的伯。佐制，辅佐管制。物，事，指国事。昆吾，夏代诸侯，传为祝融之孙、陆终之长子樊所封，己姓，在今河南濮阳西。大彭，古国族名，传为陆终第三子篯（jiān）所封，在今江苏铜山，彭姓，亦称彭祖。豕韦，古国族名，亦祝融之后，彭姓的别支，在今河南滑县东。 [9]当周未有：在周代没有被封为侯伯的八姓后人。 [10]"己姓昆吾、苏、顾、温、董"以下三句：己姓的昆吾、苏、顾、温、董诸国族，董姓的鬷（zōng）夷氏和豢（huàn）龙氏，他们都被夏朝灭亡了。按韦昭注，昆吾、苏、顾、温、董皆古昆吾之后的别封。董姓，韦昭亦以为是己姓之别。徐元诰《国语集解》称，苏，在今河南济源西北；顾，在今河南范县东南；温，在今河南温县西南；董，在今山西闻喜东；鬷夷，在今山东菏泽市定陶区东北；豢龙氏，在今河南滑县之韦城。 [11]"彭姓彭祖、豕韦、诸稽"二句：彭姓的彭祖、豕韦、诸稽诸氏，都灭亡于商朝。诸稽，商代彭姓诸侯，所在不详。 [12]"秃姓舟人"二句：秃姓的舟人，则是周朝把它灭掉的。秃姓，韦昭注称"彭祖之别"，盖由彭姓分出之族姓。舟，古国族名，具体所在不详。1986年，陕西安康出土西周青铜器史密簋，上有长篇铭文，其中提到"舟夷"，或与此舟人有关。如是，则舟应属东夷的范畴，在今山东省境内。 [13]"妘姓邬、郐、路、逼阳"以下六句：妘姓的邬、郐、路、逼阳和曹姓的邹、莒等国族，都处在采服、卫服这些边远地区，他们有的服属于周王室，有的则在夷、狄范围之内，不能有准确的统计。妘姓，韦昭注称，乃祝融之孙、陆终第四子求言的姓。求言封在郐地，即今河南新郑。邬、路、逼阳皆妘姓郐国的别封，邬、路无考，逼阳在今山东枣庄南。曹姓，陆终第五子安封于邹，为曹姓。邹、莒，周封诸侯国，见上注。采卫，采服和卫服。周制，将王都以外的地方诸侯划为九服（"服"为服事之意），采服距王都两千五百里，卫服距王都三千里。　　[14]"而又无令闻"二句：妘姓和曹姓的后人又没有什么好的名声，一定不会再兴盛的。令闻，好名声。　　[15]斟姓无后：斟姓已经没有后嗣。斟姓，韦昭注称"曹姓之别"，即由曹姓分出之姓。按《左传》襄公四年记斟姓国有斟灌、斟寻，为寒浞子浇所灭，故此言"无后"。然《史记·夏本纪》诸书皆以"二斟"为姒姓国，与夏同姓，不知此斟姓与姒姓是何关系，又夏与祝融氏是何关系，存以待考。　　[16]"融之兴者"二句：祝融氏后代的兴起，大概只在芈姓了吧？芈姓，祝融氏后代陆终第六子季连之姓（《大戴礼记·帝系》）。　　[17]"芈姓夔越"二句：芈姓的夔越氏，是不足以接受大命的。夔越，芈姓的一支。据载，楚国始封者熊绎的六世孙熊挚有恶疾，楚人废之，乃自窜于夔，即夔越。其地在今湖北秭归。称越者，乃因此地又被称作越章（张正明《楚文化史》第25页注文）。　　[18]"蛮芈蛮矣"以下四句：在蛮地的一支芈姓族也已经随了蛮俗，只有楚人确实具有明德，如果周室衰败了，他一定会兴盛起来的。蛮芈蛮矣，指叔熊逃难至濮改从蛮俗，而被视为蛮。见前注。　　[19]"姜、嬴、荆芈"二句：姜姓、嬴姓、荆楚的芈姓，其实会与各姬姓诸侯互相争长而交替兴盛。姜姓，指齐国。嬴姓，指秦国。代相干，互相争长而交替兴盛。　　[20]"姜"以下四句：姜姓，是伯夷的后代；嬴姓，是伯翳的后代。伯夷，

炎帝之后，传为尧的秩宗（掌祭祀），姜姓齐国的祖先。伯翳，
又作伯益，少皞（hào）之后，传为舜的虞官（掌山林川泽），嬴
姓秦国的祖先。　[21]"伯夷能礼于神以佐尧者也"二句：伯夷
是能够礼敬神明以辅佐尧的人，伯翳则是能够使草木鸟兽各得其
宜以辅佐舜的人。议，通"宜"，使各得其宜之意。百物，草木
鸟兽。　[22]"其后皆不失祀而未有兴者"二句：他们都有后代
但却没有兴起之人，周王室衰落之后，他们的兴起就将来到。不
失祀，没有失去后人的祭祀，指仍有后代继承。

公曰："谢西之九州[1]，何如？"对曰："其
民沓贪而忍[2]，不可因也。唯谢、郏之间[3]，其
冢君侈骄，其民怠沓其君，而未及周德；若更君
而周训之，是易取也，且可长用也。"

［注释］

[1]"谢西之九州"二句：谢地以西的那九个州，怎么样？
谢，地名，周宣王舅申伯所封南申国之地，在今河南南阳。州，
周户口编制单位，每州二千五百家。　[2]"其民沓贪而忍"二
句：那里的民众轻慢、贪婪而又残忍，不可接近。沓，轻慢。因，
就，接近。　[3]"唯谢、郏之间"以下七句：只有谢、郏两地之
间的地方，那里的邦君奢侈骄横，那里的民众都看不起他们的君
主，但还未具备忠信的德行；如果更换这些君主而用忠信训导他
们，这块地方是很容易取得的，而且可以长久地居住下去。郏，
地名，在今河南郏县，谢、郏之间距虢、郐二国不远，故有此说。
冢（zhǒng）君，即邦君，各邦国的君主。"冢君"乃是文献习惯

的用法。冢，大。怠沓，怠慢，轻视。周，忠信。长用，久处。

公曰："周其弊乎[1]？"对曰："殆于必弊者也[2]。《泰誓》曰[3]：'民之所欲，天必从之。'今王弃高明昭显[4]，而好谗慝暗昧；恶角犀丰盈，而近顽童穷固。去和而取同[5]。夫和实生物[6]，同则不继。以他平他谓之和[7]，故能丰长而物归之；若以同裨同，尽乃弃矣。故先王以土与金木水火杂[8]，以成百物。是以和五味以调口[9]，刚四支以卫体，和六律以聪耳，正七体以役心，平八索以成人，建九纪以立纯德，合十数以训百体。出千品[10]，具万方，计亿事，材兆物，收经入，行姟极。故王者居九畡之田[11]，收经入以食兆民，周训而能用之，和乐如一。夫如是[12]，和之至也。于是乎先王聘后于异姓[13]，求财于有方，择臣取谏工而讲以多物，务和同也。声一无听[14]，色一无文，味一无果，物一不讲。王将弃是类也而与剖同[15]，天夺之明，欲无弊，得乎？

此真古文《尚书·泰誓》。今伪古文《泰誓》仍有此句，当是自此抄来。

在这里，史伯深刻地阐发了"去和取同"与"和而不同"二者的对立。周幽王宠信奸佞小人，专听谄媚之言，不准朝臣百官发表不同意见，其所作为就是"去和取同"，这种违背治理国家原则和宇宙万物规律的做法是注定要失败的。不同事物保持各自的风格和特性，而又互相补充协调，这就是"和"。如果符合这一规律，万物就能丰长，国家就能和谐，人民就能归附。此番话具有深刻的哲学意义，今日读来仍很受教益。

[注释]

[1]周其弊乎:周王室将会衰败吗? 弊,衰败。　[2]殆于必弊者也:差不多一定会衰败的。殆,近,差不多。　[3]"《泰誓》曰"以下三句:《泰誓》说:"民众所希望的,上天一定会听从。"《泰誓》,《尚书·周书》的篇名。　[4]"今王弃高明昭显"以下四句:如今周王抛弃了明德之臣,而喜好那些进谗的内心黑暗的奸邪;厌恶正直贤明之人,而接近那些愚顽而不识德义之人。王,指周幽王,西周末代君主,名宫涅(shēng),前781年—前771年在位。高明昭显,指明德之臣。谗慝暗昧,指进谗的内心黑暗的奸邪。角犀丰盈,形容人的额角突出和面颊丰满,古人认为这两种面貌都是正直贤明之人的长相。顽童,愚顽。穷固,鄙陋固执,不识德义。　[5]去和而取同:舍弃和谐,采取苟同。　[6]"夫和实生物"二句:和谐能生成万物,苟同则难以为继。　[7]"以他平他谓之和"以下四句:用一种事物调和另一种事物,使之阴阳相生,便叫做和,如此方能丰富发展而使万物归附;若只是相同之物的补充,那么物用尽事情也就毁弃了。以他平他,指不同事物的调和。平,调,阴阳相调。以同裨同,指同一种事物的增益补充。裨,益。弃,毁弃,无所成就。　[8]"故先王以土与金木水火杂"二句:所以先王用土与金木水火相掺杂,以生成百物。　[9]"是以和五味以调口"以下七句:(他们)因此调和了五味以适合人的口味,强健四肢用来捍卫人的身体,协和六律用来使耳朵聪颖,端正人的七窍以为心脏服务,摆正身体的八个部位使成为一个完整的人体,健全人的各种脏器以树立纯正的品德,合计社会十个等级的秩序以建立百官的体属。刚,强。四支,即四肢。六律,六种音律。七体,七窍,指人的耳、目、口、鼻等七个孔道。役心,役于心,即为心服务。八索,本指八卦,这里指与八卦对应的首、腹、足、股、目、口、耳、手等人身体的八

个部位。九纪，九脏，指人的心、肺、肝、脾、肾、胃、肠、胆、膀胱等九种脏器。十数，指王、公、大夫、士、皂、舆、隶、僚、仆、台十个等级之人。百体，百官之体属。 [10]"出千品"以下六句：（他们）制造出上千个品类，具备了上万种方法，计算上十万件事情，裁定上百万个物件，收取上千万的收入，采用万万计的数字极限。亿，十万。兆，百万。经，千万。姟（gāi），万万。按俞樾曰："《太平御览》七百五十引《风俗通》曰：'十十谓之百，十百谓之千，十千谓之万，十万谓之亿，十亿谓之兆，十兆谓之经，十经谓之垓。'"（《群经平议》）此实汉以前古人之计数方法。 [11]"故王者居九畡之田"以下四句：所以王者据有天下九万万亩土地，收取上千万的税用来养活百万民众，用忠信教导他们和使用他们，使他们和乐如同一家人。畡，同"姟""垓"，万万。俞樾曰："民之数曰兆，而田之数曰畡，正一夫百亩之制；田之数曰畡，而王所取之数曰经，正什而取一之制。" [12]"夫如是"二句：要能这样，就是和的极致了。 [13]"于是乎先王聘后于异姓"以下四句：于是先王在异姓诸侯中聘娶王后，向各个诸侯征求财物，选择臣下和录取谏官都从多件事情加以考校，务求做到和而不同。异姓，姬姓以外的其他姓。有方，有土地的诸侯。谏工，谏官。讲，校，考校。多物，多件事情。 [14]"声一无听"以下四句：只有一种声音便没有什么可听的了，只有一种颜色就没有色彩，味道单一就成不了美味，只有一种事物就谈不上比较。 [15]"王将弃是类也而与剸同"以下四句：现在君王将抛弃和的原则而使自己的行为同于专断之举，上天将夺去他的聪明，想不走向衰败，能行吗？剸，同"专"，专断。

"夫虢石父谗谄巧从之人也[1]，而立以为卿

专制君主，所用之人一定是此谗谄巧从之辈！

士，与剗同也；弃聘后而立内妾^[2]，好穷固也；侏儒戚施^[3]，实御在侧，近顽童也；周法不昭^[4]，而妇言是行，用谗慝也；不建立卿士^[5]，而妖试幸措，行暗昧也。是物也^[6]，不可以久。且宣王之时有童谣^[7]，曰：'檿弧箕服，实亡周国。'于是宣王闻之^[8]，有夫妇鬻是器者，王使执而戮之。府之小妾生女而非王子也^[9]，惧而弃之。此人也^[10]，收以奔褒。天之命此久矣^[11]，其又何可为乎？《训语》有之曰^[12]：'夏之衰也，褒人之神化为二龙，以同于王庭，而言曰："余，褒之二君也。"夏后卜杀之与去之与止之^[13]，莫吉。卜请其漦而藏之^[14]，吉。乃布币焉而策告之^[15]，龙亡而漦在，椟而藏之，传郊之。'及殷、周^[16]，莫之发也。及厉王之末^[17]，发而观之，漦流于庭，不可除也。王使妇人不帏而譟之^[18]，化为玄鼋，以入于王府。府之童妾未既龀而遭之^[19]，既笄而孕，当宣王时而生。不夫而育^[20]，故惧而弃之。为弧服者方戮在路^[21]，夫妇哀其夜号也，而取之以逸，逃于褒。褒人褒姁有狱^[22]，而以为入于王，王遂置之，而嬖是女也，使至于为后而生

以上传闻，涉于荒诞，姑听之可也。然褒姒确有其人，褒国姒姓，亦属可信，与上传闻不可等同视之。

伯服。天之生此久矣[23]，其为毒也大矣，将俟淫德而加之焉。毒之酋腊者[24]，其杀也滋速。申、缯、西戎方强[25]，王室方骚，将以纵欲，不亦难乎？王欲杀太子以成伯服[26]，必求之申，申人弗畀，必伐之。若伐申[27]，而缯与西戎会以伐周，周不守矣！缯与西戎方将德申[28]，申、吕方强，其隩爱太子亦必可知也，王师若在，其救之亦必然矣。王心怒矣[29]，虢公从矣，凡周存亡，不三稔矣！君若欲避其难[30]，其速规所矣，时至而求用，恐无及也！”

[注释]

[1]"夫虢石父谗谄巧从之人也"以下三句：那虢石父，是个爱进谗言、喜欢奉承、巧于媚从之人，但王却把他立为卿士，这就是与专断相同啊。虢石父，虢国君主而任为王朝卿士者。铜器铭文或称作虢硕父，即它器铭文中的虢文公子段，段为其名，石父或硕父为其字。段或讹作鼓，即文献中的虢公鼓（蔡运章《虢硕父其人考辨》，《中国文物报》2007年3月23日）。　[2]"弃聘后而立内妾"二句：王又抛弃了自己聘娶的王后而另立内妾，这是喜好鄙陋之人啊。聘后，指幽王原聘之申后，乃申侯之女、太子宜臼之母。内妾，指褒姒（褒国进献的女子，姒姓）。　[3]"侏儒戚施"以下三句：一些侏儒、驼背作为侍者常在王的身边，这是王亲近愚顽昏昧之人啊。戚施，驼背。过去宫中常用一些侏儒、

驼背等残疾人作为侍者，以为逗乐取笑的对象。　[4]"周法不昭"以下三句：周家的法令不彰显，而妇人的话却到处通行，这是在使用进谗者和奸邪之人啊。妇言，指褒姒之言。　[5]"不建立卿士"以下三句：不让有德行之人做卿士，却让妖嬖佞幸之人得到任用，这是在行暗昧之政啊。试，用。措，置，安排使用。　[6]"是物也"二句：这些做法，都是不能长久的。　[7]"且宣王之时有童谣"以下四句：并且周宣王之时就有童谣说："桑木的弓，箕草的箭袋，要灭亡周国。"宣王，周宣王，周厉王之子、幽王之父，名静。檿弧，山桑木制作的弓。箕服，箕草编成的箭袋。服，同"箙"，盛箭器，箭袋。　[8]"于是宣王闻之"以下三句：这首童谣也被周宣王听到了，刚好有一对夫妇卖这两件器物，宣王便命人把他们抓起来游街示众。鬻（yù），卖。戮（lù），羞辱，这里指游街示众。　[9]"府之小妾生女而非王子也"二句：那时王府内一个小妾生下了女婴，却不是周王的孩子，她心中害怕，便将女婴抛弃了。府，宫中储藏财物之处。　[10]"此人也"二句：这夫妇二人便取了女婴带着她逃奔到褒国。此人，指卖檿弧箕服的夫妇二人。收，取。褒，诸侯国名，姒姓，在今陕西勉县东南。　[11]"天之命此久矣"二句：上天命定这件事已经很久了，他们又有什么可以做的呢？　[12]"《训语》有之曰"以下七句：《训语》上有这样的记载："夏朝衰落的时候，褒国君主的神灵化为两条龙，共同盘踞在王的宫庭里，并且说：'我们，乃是褒国的二位君主。'"《训语》，周代典籍，略近于《尚书·周书》。褒人，指褒君。同，共处。　[13]"夏后卜杀之与去之与止之"二句：夏王占卜是杀死他们、赶走他们还是留下他们，结果没有一项是吉利的。夏后，夏王，指夏桀。　[14]"卜请其漦（chí）而藏之"二句：夏王再占卜请求将龙吐出的唾液留下并贮藏起来，结果吉利。漦，唾液。　[15]"乃布币焉而策告之"以下四句：于是陈设玉帛，用简册向二龙祷告，二龙离去，但将其唾液留在了王宫，王把它们装在木匣中收藏起来，当郊祭时用传车把它送去一并祭祀。布，陈，陈设。币，玉帛。椟，木匣。传，传车，驿站使用的车。郊，郊祭，古帝王每年冬至到南郊祭祀上天，称"郊"。　　[16]"及殷、周"二句：到了殷朝和周朝，没有人打开过它。　　[17]"及厉王之末"以下四句：直到周厉王末年，才打开看它，结果龙的唾液流到了庭前，不可去除。　　[18]"王使妇人不帏而譟之"以下三句：厉王命令宫中妇人脱去下裙一齐对它喊叫，唾液却变成一只黑色的蜥蜴，窜入王府。帏，下裳的正幅，即裙子正面的一幅布。鼋（yuán），或写作"蚖"，即蜥蜴，像龙。　　[19]"府之童妾未既龀（chèn）而遭之"以下三句：王府里一个年幼的小妾连换牙的时候都未到，却遭遇上它，到十五岁时便怀了孕，当周宣王在位时产下了一个婴儿。龀，儿童换牙。既笄（jī），指女子满十五岁。古礼，女子十五岁举行笄礼，盘发加笄，以示成年。笄，簪子。　　[20]"不夫而育"二句：因为没有丈夫而生育，所以害怕而将女婴抛弃。　　[21]"为弧服者方戮在路"以下四句：那做桑弓箭袋的夫妇正被游街在路上，二人可怜女婴在夜晚啼哭，便把她抱起来逃跑了，一直逃到褒国（直到她长大）。　　[22]"褒人褒姁（xū）有狱"以下五句：褒国君主褒姁犯有罪过，就将她进献给周王，周王于是赦免了褒姁，而宠爱这个女子，使她渐至于当上王后，并生下了伯服。姁，褒国国君的名字。有狱，犯有罪过。置之，赦免褒姁。嬖，宠爱。伯服，周幽王与褒姒所生之子。　　[23]"天之生此久矣"以下三句：上天生下这个祸害已经很久了，她的毒性很大，就是要等待淫乱的君主出现才送给他这个祸害。俟，等候。淫德，有淫乱德行的君主，指周幽王。加，遗，送给。　　[24]"毒之酋腊（xī）者"二句：有毒的老酒年代越久远，它杀人也就越快。酋，陈酒，老酒。

腊，同"昔"，久，久远。滋，益。　[25]"申、缯、西戎方强"以下四句：当前申国、缯国和西戎族正处于强盛，周王室正处骚乱之中，周幽王想要放纵自己的私欲，不是很难的吗？申，姜姓诸侯国，在今河南南阳（见前注），乃幽王太子宜臼之母国。缯，疑即姬姓曾国。周初封南宫氏后代至江汉一带，建立曾国，在今湖北随州（沈长云《谈曾侯铜器中的"南公"》，载《中国史研究》2017年第1期），距申国不远。西戎，西方戎狄族的泛称，此当指犬戎，周末活动于陕西东部靠近黄河一带的少数部族，属所谓姬姓之戎。骚，骚乱。　[26]"王欲杀太子以成伯服"以下四句：幽王想要杀掉太子以成全褒姒之子伯服，一定要向申国索取太子（因太子逃往申国避难），申君不给，幽王一定要讨伐申国。求之申，向申国索取。畀（bì），给，给予。　[27]"若伐申"以下三句：如果幽王伐申，而缯国与西戎会同申国一起进攻周王室，周王室就守不住了！　[28]"缯与西戎方将德申"以下五句：缯国与西戎正要报德于申国，申国、吕国正处在强盛时期，他们深爱太子也一定是可以理解的。周王的军队如果出现在申国，他们前去救援也是必然的。德申，指申曾修德于二国，二国前往报答。隩，通"奥"，深。　[29]"王心怒矣"以下四句：幽王发怒了，虢石父也会跟从幽王发怒，大概周室的存亡，不会超过三年了！稔（rěn），本指谷物成熟，以谷物一年一熟，故用为年的代称。　[30]"君若欲避其难"以下四句：您如果想躲避这场祸难，那就快规划您的避难之所吧，等到祸难临头再来寻找备用之处，恐怕是来不及了！规，规划。

此预言，实据东周初年政治形势为说。见此篇亦作于东周初年平王之后矣。

公曰："若周衰[1]，诸姬其孰兴？"对曰："臣闻之[2]，武实昭文之功，文之祚尽，武其嗣乎！

武王之子，应、韩不在，其在晋乎！距险而邻于小，若加之以德，可以大启。"公曰："姜、嬴其孰兴^[3]？"对曰："夫国大而有德者近兴^[4]，秦仲、齐侯，姜、嬴之隽也，且大，其将兴乎？"公说^[5]，乃东寄帑与贿，虢、郐受之，十邑皆有寄地。

［注释］

[1]"若周衰"二句：如果周室衰落，姬姓诸侯中谁能够兴盛起来呢？　[2]"臣闻之"以下十句：我听说，周武王其实是发扬光大了周文王的功业，文王之子建立的诸侯国衰微了，继之而兴的当是武王之子建立的诸侯国吧！武王之子建立的诸侯国，应国、韩国都已不存在了，能兴起的恐怕是晋国吧！晋国距守险要之地，四邻又都是一些弱小的诸侯国，如果施行德政，是可以大大开疆辟土的。祚尽，谓走向衰落。按《左传》僖公二十四年记周初封建诸国："管、蔡、郕、霍、鲁、卫、毛、聃、郜、雍、曹、滕、毕、原、酆、郇，文之昭也；邗、晋、应、韩，武之穆也。"至西周末年，绝大多数文王之子（即"文之昭"）所封之国都已走向衰落；应、韩两个武王之子（即"武之穆"）建立的国家，也已被灭亡。祚，福，赐福，这里指留给子孙的福泽，也就是文王和武王之子受封为诸侯留给后人的统治权。应，姬姓诸侯国，或说武王第四子所封，在今河南鲁山东。韩，姬姓诸侯国，武王子所封，在今河北固安东南，或说在今山西芮城。距险，指晋国南面据守之地皆十分险要。邻于小，指与晋为邻者皆小国，如虞、虢、霍、杨、韩、魏、芮之属。启，开辟疆土。　[3]姜、嬴其孰兴：姜姓、嬴

姓国家中谁会兴盛？　　[4]"夫国大而有德者近兴"以下五句：那些国土广大并且有德行的国家更接近于兴盛，秦仲、齐侯，都是姜姓、嬴姓诸侯中的俊杰，而且他们的国土广大，大概都会兴盛起来吧？秦仲，秦立国前著名首领，曾任周宣王大夫，奉命征伐西戎，为戎所杀，然秦族却因此强盛起来，至其孙襄公时始正式被立为诸侯。齐侯，指齐庄公，名购，前794年—前731年在位，下文称"齐庄、僖于是乎小伯（霸）"，是其在春秋初年已臻于强盛。隽（jùn），通"俊"，俊杰。　　[5]"公说"以下四句：郑桓公听了很高兴，于是便往东寄放自己的妻儿财货，虢国和邻国都接受了，那里的十个城邑都有郑桓公寄放家人和财物的地方。十邑，即虢、郐及上文提到的鄢、弊、补、舟、依、𫐠、历、华诸邑。

此句与上"凡周存亡，不三稔矣"相应。

　　幽王八年而桓公为司徒[1]，九年而王室始骚，十一年而毙。及平王之末[2]，而秦、晋、齐、楚代兴，秦景、襄于是乎取周土，晋文侯于是乎定天子，齐庄、僖于是乎小伯，楚蚡冒于是乎始启濮。

[注释]

[1]按本节是对以上郑桓公与史伯对话的验证，应视作本篇内容的一部分。学者或将其与上文分开，并为之单独拟定标题"平王之末秦晋齐楚代兴"，实无必要。这里仍按原文内容结构作一篇处理。"幽王八年而桓公为司徒"以下三句：周幽王八年，郑桓公任周的司徒，幽王九年王室开始骚乱，到幽王十一年西周就灭亡了。毙，灭亡。周幽王十一年，即前771年，幽王伐申，申侯

联络犬戎伐周，杀幽王于骊山之下，西周灭亡。　[2]"及平王之末"以下六句：到周平王末年，秦国、晋国、齐国、楚国交替兴盛，秦庄公、秦襄公在此期间取得了大片周室的土地，晋文侯也在此期间安定了周平王的统治，齐庄公、齐僖公则在此期间维持了小的霸权，楚王蚡（fén）冒更在此期间开始在濮地开疆辟土。平王，周平王，即幽王太子宜臼，西周灭亡后被诸侯拥立为天子，迁都洛邑，在位时间为前 770 年—前 721 年。秦景、襄，当为秦庄、襄。秦庄公为秦仲子，名其，前 821 年—前 778 年在位，以伐戎有功，周宣王赐之以秦人祖先大骆所居犬丘之地。秦襄公，庄公子，前 777 年—766 年在位，以护送平王东迁有功，被封为诸侯，并被赐以岐山以西之地，故言"秦景、襄于是乎取周土"。晋文侯，名仇，前 780 年—前 746 年在位，为周平王东迁所依靠的主要诸侯，帮助周室定都洛邑，故言其"定天子"。齐庄，齐庄公，见上注。僖，齐僖公，庄公子禄父，前 730 年—前 698 年在位。小伯，指小范围主持诸侯盟会。伯，通"霸"。蚡冒，楚王名，又称熊率，季纮之孙、若敖之子，前 757 年—前 741 年在位。

[点评]

　　本篇为《国语》全书最长的一篇，整个《郑语》也只有这一篇。其内容则仅在于记录西周末年郑桓公与周太史史伯的一番对话。其时西周王朝正处在风雨飘摇之中，许多宗周畿内的封君贵族惶惶不可终日，纷纷谋求东迁。郑桓公作为刚刚受封在宗周畿内的郑国君主兼朝廷大臣，也在为自己找寻出路。为此他找到朝中有丰富阅历且通晓天文地理的太史史伯，向他征询"何所可以逃死"即到哪里去躲避这场灾难的意见，以及其他相关问题。史伯亦很坦然，敞开胸襟，逐一回答了桓公提的所有问题，内容涉及西周末年的政治形势、邦国分布、有关历史及风土人情，还对以后政治形势的发展做出了初步预判。由于篇幅较长，以下按照桓公所提问题的顺序简单介绍全篇的内容。

桓公所提的第一个问题是：如今周王室多灾多难，我害怕被牵连，到哪里去才能逃避一死呢？史伯回答：王室将衰，戎狄族一定会昌盛起来，不可以靠近他们。现在东都洛邑四周，有许许多多邦国，这些邦国，除了周王的兄弟子侄甥舅建立的国家外，便都是些蛮、夷、戎、狄之国，因而都不可以到那些地方去。可考虑的，大概只有"济、洛、河、颍之间"一小块地方。这一带只有一些低等封爵的小国，其中最大的要数虢、郐二国，而这两个国家的君主皆骄傲怠慢，还很贪心。您如果以周难为由，将自己的家眷财物寄放到他们那儿，然后等待着他们骄傲或贪污的劣迹暴露，那时您再带领成周的部众，名正言顺地讨伐他们的罪过，只要攻克这两个国家，那一带所有的城邑，便都是您的地盘了。

桓公进一步问道：到南方去不可以吗？史伯回答：南方是楚国的地盘，"不可逼也"，也不可靠近。楚国是重、黎之后，其中黎担任过帝喾高辛氏的火正，因给人世间带来光明，被授予"祝融"的称号。像这样有大功之人，其子孙没有不彰显的，如虞、夏、商、周，因其祖先都曾成就过天地间的大功，他们的后人就都成了王公侯伯。然而祝融氏的后代，其八个姓族之人，却在西周整整一个时代没有任何人被封为侯伯的。如今这八个姓族，有的被灭亡了，有的服属于周，却处在周的采服与卫服这样的边远地区，有的则在夷狄范围之内，他们都没有什么好的名声，根本不能兴盛起来，能够兴盛起来的祝融的后代，看来就在芈姓一族了。而芈姓中也只有楚人这一支具有好的德性，如果周室衰落，楚人一定会兴盛起来的。此外，姜姓和嬴姓，因为分别是先圣伯夷和伯翳的后代，也都会与芈姓楚人及姬姓诸侯互相争长而交替兴盛的。

桓公又问：谢地以西的九州怎么样呢？史伯回答：那个地方的人民对人轻慢而又贪婪残忍，不可接近，还是谢北面一带地方可取。

桓公回过头来问道：周王室将会衰败吗？史伯回答：看来是一定会衰败的。接着他讲了周一定会衰败的理由，主要是当朝的周幽王抛弃了明德之臣，而喜好那些进谗的内心黑暗的奸邪之人；厌恶正直贤明之人，而接近那些愚顽而不识德义之人。此乃违背了和而不同的规矩。和能够阴阳相济，糅杂万物。包括娶妻于异姓、求财于多方、从多个渠道选择臣下与谏官，都是和的表现；同则主张专断，喜欢别人与自己苟同，这等于让上天夺去自己的聪明，"欲无弊，得乎？"于是像虢石父那样谗谄巧从之人，被幽王立为卿士；原聘的申后被幽王废弃，却扶立内妾褒姒为后；周家的法令不显，却任由褒姒指手画脚。那褒姒原本是褒国君主为给自己赎罪而进献给幽王的一名女子，因受幽王宠爱，致使幽王不仅要立她为后，还要立她所生的儿子伯服为嗣，甚至要为此杀掉原来的太子宜臼以成全伯服。宜臼被迫逃往母亲之父所在的申国，幽王又打算起兵迫使申侯交出太子。这势必引起申、缯、西戎等几个国族抱团与周拼个你死我活。这样看来，周的存亡，只有不到三年的时间了！

最后，桓公询问：要是周衰退了，众姬姓诸侯以及姜姓、嬴姓诸侯有谁会兴盛起来？史伯通过一番分析告诉他：诸姬中的晋国，以及姜姓的齐国、嬴姓的秦国都将在不久之后崛起。事实上，在幽王倒毙之后的东周初年，也是秦、晋、齐、楚代兴这样一种政治局面，周王室已跌落下政治舞台了！

全篇结构紧凑，所提问题环环相扣，层层深入，史伯的回答也十分到位。通过几番问答，一幅两周之际社会动荡、正在发生政治变革的历史画卷生动地展现在人们的面前。讲话还具体涉及了西周末年王室内部的混乱与腐朽，当时各路诸侯与蛮、夷、戎、狄错居杂处的分布状况，尤其是比较详细地追叙了后来成为南方大国的楚国祖先的历史，这些，从史料价值来说，都是十分宝贵的。从思想性来说，史伯所强调的和而不同的处世哲学与治国理念，也可以留作后人的参考。

指陈政治、历史形势，是《国语》的特点之一，而此篇则是其中最著名的一篇。

楚 语 上

申叔时论傅太子之道

庄王使士亹傅太子箴[1]，辞曰："臣不才[2]，无能益焉。"王曰："赖子之善善之也[3]。"对曰："夫善在太子[4]，太子欲善，善人将至；若不欲善，善则不用。故尧有丹朱[5]，舜有商均，启有五观，汤有太甲，文王有管、蔡。是五王者[6]，皆有元德也，而有奸子。夫岂不欲其善[7]，不能故也。若民烦[8]，可教训。蛮、夷、戎、狄[9]，其不宾也久矣，中国所不能用也。"王卒使傅之[10]。

此所谓"内因是根本，外因通过内因起作用"。

楚人也自称"中国"，并将自己排除在"蛮、夷、戎、狄"之外，这似乎不是春秋楚人的语言。

[注释]

[1] 庄王使士亹（wěi）傅太子箴：楚庄王任命大夫士亹做太子箴的师傅。庄王，指楚庄王，名旅，前613年—前591年在

位，是春秋时期的霸主之一。士亹，楚大夫。箴，楚庄王太子名，后继位为楚恭王。　[2]"臣不才"二句：这是士亹推辞的话语，意思是：我没有才能，不能给太子以教益。　[3]赖子之善善之也：这是楚庄王勉励士亹的话，意思是：依靠您的美德能够引导他向善。第二个"善"字用作动词，表"使之向善"之意。　[4]"夫善在太子"以下五句：向善的关键在太子自己，太子想要向善，善人将会来到太子身边；太子不想向善，即使有善人也用不上。　[5]"故尧有丹朱"以下五句：所以尧有丹朱，舜有商均，夏启有五观，商汤有太甲，周文王有管叔、蔡叔等类似的不肖子孙。丹朱，尧的儿子，名朱，丹是他的封地。传说丹朱不肖，所以尧将帝位禅让给了舜。商均，舜的儿子，也因为不肖，致使舜将帝位禅让给了禹。五观，亦作武观，大禹的孙子、夏启之子。一说五观为启的五个儿子。又说五观即《左传》"夏有观、扈"之观、扈，亦即夏后氏同姓斟灌氏与有扈氏。太甲，商汤的孙子。汤有子太丁，未及即位而死，孙太甲继位，然不遵汤法，暴虐，被辅相大臣伊尹放逐到桐宫，后悔过自新，仍立为帝。管、蔡，周文王子管叔鲜与蔡叔度，周武王之弟。武王死，周公摄政，管、蔡不满，勾结商余孽武庚叛乱，失败后管叔被杀，蔡叔遭到放逐。　[6]"是五王者"以下三句：这五位帝王，都有大德，但却有邪恶的子孙。元德，大德。　[7]"夫岂不欲其善"二句：难道他们不想让自己的子孙向善吗？是其子孙做不到的缘故啊。　[8]"若民烦"二句：如果民众出了乱子。可以教育训导。烦，乱。　[9]"蛮、夷、戎、狄"以下三句：蛮、夷、戎、狄，他们不臣服于朝廷已经很久了，是再也不能为中原之人所用的。　[10]卒：最终。

问于申叔时[1]，叔时曰："教之春秋[2]，而为之耸善而抑恶焉，以戒劝其心；教之世[3]，而为之昭明德而废幽昏焉，以休惧其动；教之《诗》[4]，而为之导广显德，以耀明其志；教之礼[5]，使知上下之则；教之乐[6]，以疏其秽而镇其浮；教之令[7]，使访物官；教之语[8]，使明其德，而知先王之务用明德于民也；教之故志[9]，使知废兴者而戒惧焉；教之训典[10]，使知族类，行比义焉。

或说此"春秋"以及下面的"令""语""故志""训典"等皆为书名。

[注释]

[1]问于申叔时：士亹向申叔时询问有关教育太子的问题。申叔时，楚国公族，申叔氏，名时，楚庄王时贤大夫。　[2]"教之春秋"以下三句：教给他历史，而为他讲述扬善抑恶的道理，用以警戒或者劝助他的心思。春秋，对历史典籍的泛称。耸，褒扬。　[3]"教之世"以下三句：教给他先王的世系，而为他昭显有好的德行的君主和贬黜暗弱昏乱的君主，用以嘉美或者警惧自己的行动。世，记载先王世系或谱牒的书籍。幽，暗弱不明。昏，昏乱。休，嘉美。　[4]"教之《诗》"以下三句：教给他《诗》，而为他开启广阔的先王德治下的美好图景，用以照明他的志趣。《诗》，即后来的《诗经》。导，开，开启。显德，指先王之美德。　[5]"教之礼"二句：教给他礼仪，使他了解尊卑上下的法规。则，法。　[6]"教之乐"二句：教给他音乐，用以涤荡他的一些污秽并压制住他的轻浮。疏，散，荡涤。按古人以礼、乐相配合，认为音乐可以移风易俗，涤荡污秽，收教化之功。　[7]"教

之令"二句：教给他法令，使他能够查访到各种事情的主管之官。
访，查访。物，事。　[8]"教之语"以下三句：教给他治国的嘉
言善语，使他能够发扬其中的美德，而了解到先王之所以坚持用
美德来教化人民的原因。语，论，指贤士大夫有关治国理政的嘉
言善语。　[9]"教之故志"二句：教给他有关前代兴衰成败的记录，
使他知晓这些兴衰成败的原因而有所戒惧。故志，记载前世兴衰
成败之书。　[10]"教之训典"以下三句：教给他古帝王的训导与
制度，使他知道同宗亲族，而使自己的行为近于礼仪。训典，训
导与制度。族类，同宗亲族。比，近，接近。义，同"仪"，礼仪。

　　"若是而不从^[1]，动而不悛，则文咏物以行之，求贤良以翼之。悛而不摄^[2]，则身勤之，多训典刑以纳之，务慎惇笃以固之。摄而不彻^[3]，则明施舍以导之忠，明久长以导之信，明度量以导之义，明等级以导之礼，明恭俭以导之孝，明敬戒以导之事，明慈爱以导之仁，明昭利以导之文，明除害以导之武，明精意以导之罚，明正德以导之赏，明齐肃以耀之临。若是而不济^[4]，不可为也。

就是"朽木不
可雕"的意思。

[注释]

　　[1]"若是而不从"以下四句：如果这样施教他还不听从，行
动错误而不改正，那就用文辞借别的事物来讽喻他的行事，征求

贤良之士来辅佐他。悛，改。文，用文辞。咏物，借用别的事物进行讽喻。翼，辅佐。　[2]"悛而不摄"以下四句：要是他改过却不稳固，那就要身体力行地劝勉他，经常用法规刑律来训导他，从而将其纳入正轨，务必审慎地用惇厚的品性使他稳定下来。摄，固，稳固。身勤，身体力行地劝勉。　[3]"摄而不彻"以下十三句：要是他的品性稳固了但不够通达，就要讲明白施舍的道理以引导他懂得忠恕，讲明白做事要持之以恒以引导他懂得信用，讲明白度量规矩以引导他做事合宜，讲明白等级秩序以引导他懂得礼仪，讲明白恭俭的重要性以引导他遵循孝道，讲明白敬戒的道理以引导他做事的原则，讲明白慈爱的必要性以引导他归于仁，讲明白利人及物以引导他树立文采，讲明白去除暴乱的必要性以引导他学武，讲明白断事精细且顺从民情以引导他严明惩罚，讲明白公正之品性以引导他无私奖赏，讲明白专一敬肃才能光明莅事的道理。彻，通，通达。度量，衡量所宜。义，同"宜"。昭利，明白利人及物的道理。昭，明。齐，壹，专一。临，莅临，莅事。　[4]"若是而不济"二句：要是这样还不成，那就不可再当他的师傅了。不济，不成功。

　　"且夫诵诗以辅相之[1]，威仪以先后之，体貌以左右之，明行以宣翼之，制节义以动行之，恭敬以临监之，勤勉以劝之，孝顺以纳之，忠信以发之，德音以扬之，教备而不从者，非人也。其可兴乎[2]！夫子践位则退[3]，自退则敬，否则赧。"

这是再度斥责太子不可造就。

[注释]

[1]"且夫诵诗以辅相之"以下十二句：再说通过吟诵诗歌来辅佐他，通过威仪来支配他，通过礼貌来影响他，通过身体力行周遍地维护他，通过制定节义来约束他，通过恭敬的态度来监督他，用勤勉的道理来劝进他，将孝顺的品性纳入他的心里，用忠信来启发他，用美好的音乐来激扬他，如此完备地施教仍不能使他从善，那他就不是一个正常的人了。先后，指支配其进退。左右，指影响其行动。宣，周遍。翼，维护。　[2]其可兴乎：他怎么可以起得来呢! 兴，起。　[3]"夫子践位则退"以下三句：这是叔时最后给士亹的忠告，意思是：您处在师傅的位置上便应该退下来，自己主动退下来称得上是恭敬，否则会给自己带来惭愧。夫子，指士亹。践位，指处在（师傅的）位置上。赧（nǎn），愧，惭愧。按《国语集解》引陈瑑说："《方言》:'赧，愧也。秦、晋之间，凡愧而见上谓之赧。'"或释为惧，似未安。

[点评]

本篇是我国古代最早的一篇阐述上古时期贵族教育制度的论文，论述的方式是通过两位楚国大夫对话的形式进行的。

事情的起因是楚庄王要让楚大夫士亹担任太子箴的师傅，士亹打算推辞，便对庄王说，教育是否起作用，关键还在太子自己。他举了历史上几位圣王都有其不肖子孙，即所谓"奸子"，以证明自己的论点。他想在庄王面前先把话说清楚，到时候太子教育不成，可不能怪在自己头上。但庄王最终还是让他当了太子的师傅。

士亹不得已去请教楚国著名的贤人申叔时，申叔时对他倒是推心置腹，告诉他有关的教育内容与教学目的，包含有作为历史课的"春秋"、旨在了解古帝王世系的"世"、用以开拓心志的《诗》、使知上下尊卑规则的"礼"、陶冶性情的"乐"、了解各种官守的"令"、树立以德治国理念的"语"、使知前代兴废的"故志"，以及知晓自己同宗亲族的"训典"。各课程的教学目的也都顺便做了交待。

非但如此，申叔时还告知士亹，如果课程教育不能使他听从而改过，就要再加上别的教育手段，如借谈别的事物来讽喻他，寻找贤良来辅助他。要是他改正缺点不稳固，则需自己以身作则，多用典刑训导他，使之接纳。为了使他通达，还要讲明白各种社会治理手段，包括施舍、久长、度量、等级秩序、恭俭、敬戒、慈爱、利人利物、除害、精心断案、正德、齐肃等，以引导他养成忠、信、义、礼、孝等好的品德，以及勤勉于事、仁德、能文能武、慎罚、用赏、光明磊落等办事能力。

他最后告诉士亹，要是这一切教育手段都用尽了仍不能使太子从善，那他就不是一个正常之人了，他怎么可以起得来呢！因此您老先生应当考虑从师傅的位置上退下来。

申叔时说的是对太子的教育，实际反映了春秋时期的整个教育制度，包括教育对象、教学内容、基本的课程设置与各科教学目的、教学方法，还有各种课外的教育手段、教师的以身作则，等等。当然，也反映了那时的教育还是一种贵族教育，教育的对象都是贵族子弟，教师也都出自贵族或各级官吏，教学目的更是为了培养贵族，使其成为国家治理的人才。虽然如此，人们仍然可以体会到那时教育制度及教育方法的某些方面对于今天的借鉴意义。申叔时堪称中国历史上最早的历史教育论者。

子囊议恭王之谥

如恭王这样，能在临死前承认自己的过失并主动承担罪责的统治者，还真是少有！

《左传》襄公十四年引"君子谓：'子囊忠。君薨，不忘增其名；将死，不忘卫社稷，可不谓忠乎？'"可为评价此事参考。

恭王有疾[1]，召大夫曰："不穀不德[2]，失先君之业，覆楚国之师，不穀之罪也。若得保其首领以殁[3]，唯是春秋所以从先君者，请为'灵'若'厉'。"大夫许诺。

王卒[4]，及葬，子囊议谥。大夫曰："王有命矣[5]。"子囊曰："不可。夫事君者[6]，先其善不从其过。赫赫楚国[7]，而君临之，抚征南海，训及诸夏，其宠大矣。有是宠也[8]，而知其过，可不谓'恭'乎？若先君善，则请为'恭'。"大夫从之。

[注释]

[1] 恭王：即楚恭王，名箴，楚庄王之子，前590年—前560年在位。　[2]"不穀不德"以下四句：我没有德行，丧失了先君的霸业，使楚国军队遭到覆灭，这是我的罪过啊。不穀，古代诸侯自称的谦词。穀，善。失先君之业，谓失去楚庄王创建的霸业。覆楚国之师，指前575年晋楚鄢陵之战，楚恭王率领楚

军，遭到大败。　[3]"若得保其首领以殁"以下三句：如果我能保全我的首级顺利地死去，这样一年四季在宗庙中跟随先君获得后人祭祀的话，请求给我一个"灵"或者"厉"的谥号。春秋，指一年四季。从先君，指追随先君在宗庙中接受后人的祭祀。请为"灵"若"厉"，请一个"灵"或者"厉"的谥号。按古代帝王、王后、诸侯或高官贵族去世后，朝廷都要依据他生前的表现，给予他一个称号，名为谥号。这里恭王自认为生前表现不好，请求给自己一个恶谥，或谥为"灵"，或谥为"厉"。据《左传》襄公十三年杜注："乱而不损曰灵，杀戮不辜曰厉。"　[4]"王卒"以下三句：恭王去世，到安葬时，子囊提出重新讨论恭王的谥号。子囊，楚贵族，恭王之弟，又称公子贞，子囊是他的字，时任楚令尹（相当于宰相）。　[5]王有命：指恭王对自己的谥号已有过遗命。　[6]"夫事君者"二句：侍奉君主的人，在议定君主谥号时，要首先想到他做的善事，不能从他的过失考虑。　[7]"赫赫楚国"以下五句：声威赫赫的楚国，在你们君王的统治之下，安抚并征服了南方诸国，教令施及中原华夏各国，它的尊荣真是很大啊。而，同"尔"，你，你们。临，统治。抚，安抚。南海，泛指南方诸国。训，教。诸夏，中原华夏各国。宠，尊荣。　[8]"有是宠也"以下五句：有这样大的尊荣，又知道自己的过失，难道不可以称得上"恭"吗？如果要先考虑君的善行，就请将谥号定为"恭"吧。按，谥法云："既过能改曰恭。"

[点评]

楚恭王在楚国是个有过失的国君。在晋楚鄢陵之战中，他率领的楚国军队遭到大败，他父亲楚庄王创下的霸业也因此丧失殆尽。这使他临终之前仍念念不忘，以致要召集众大夫，请求给自己议定一个"灵"或者"厉"的谥号。众人勉强表示同意。

　　等到他死去，下葬之前，他的弟弟、时任楚国令尹的子囊要求重新讨论恭王的谥号。他对众大夫说，在关乎先君一生是非功过的谥号评定上，应当采取"先其善不从其过"的原则，要首先考虑他做过的善事，不要过多地考虑他的过失。楚国在尔等先君的统治下，抚有南方诸蛮，声教达于中原华夏，应当是很有尊荣了，然而君王却不忘过去的过失，这不可以说得上是"恭"吗？于是在子囊的力主之下，议定了楚恭王的谥号。

　　本文一则表现了楚恭王的自我批评精神。一个大国之君，临死前还念念不忘自己的过失，在众大夫面前主动要给自己领一个恶谥，应当说还是难能可贵的。再则表现了令尹子囊力排众议，为捍卫谥法原则敢于担当的精神。谥法的精神不仅要"先其善"，也要实事求是。他强调恭王在荣宠面前能"知其过"并主动承担自己的罪责，实属不易，理应给予其"恭"的谥号。此建议立即得到大夫的赞同。应当说，这个建议对于楚国来说还是有积极意义的。后人评价子囊，用一个"忠"字论定他一生的作为，包括这次对恭王谥号的论定（《左传》襄公十四年），应属公允。

伍举论台美而楚殆

伍举乃著名的伍子胥之祖父。与其子奢皆尽忠于楚。

灵王为章华之台[1]，与伍举升焉，曰："台美夫！"对曰："臣闻国君服宠以为美[2]，安民以为乐，听德以为聪，致远以为明。不闻其以土木之崇高彤镂为美[3]，而以金石匏竹之昌大嚣庶为乐；不闻其以观大、视侈、淫色以为明，而以察清浊为聪。

[注释]

[1]"灵王为章华之台"以下四句：楚灵王建造了章华之台，同伍举一起登上台去，说："这台真美啊！"灵王，指楚灵王，名围，后更名为虔，楚恭王庶子，弑其兄郏敖自立为君，前540年—前529年在位。章华之台，楚离宫名，故址在今湖北监利西北。伍举，楚大夫伍参之子，以食邑于椒，亦称椒举。 [2]"臣闻国君服宠以为美"以下四句：我听说国君以接受天子所赐福禄为美，以安定民众为乐，以能听到有德者的话为耳聪，以能够招致远方之人前来归附为目明。服宠，指作为天子的服属受到福禄赏赐。 [3]"不闻其以土木之崇高彤镂为美"以下四句：没有听说国君以土木建筑之高大及雕梁画栋的精细为美，而以各种乐器的阵容庞大和喧嚣嘈杂为乐的；也没有听说他以观赏到宏大的场面、看到奢侈的景象，以及沉浸在女色之中为目明，而以能审听音乐的清浊为耳聪的。彤镂，在楹柱上涂上红漆，在椽头上雕刻花纹。金石匏（páo）竹，泛指各种乐器。金，钟。石，磬。匏，笙。竹，箫。嚣庶，喧嚣杂乱。察，审听。

"先君庄王为匏居之台[1]，高不过望国氛，

此言庄王所为匏居之台之简陋，却可以招致各国之君前来。以与灵王所为章华之台之壮观，却难得请来各路诸侯相对比，可令人深省。

大不过容宴豆，木不妨守备，用不烦官府，民不废时务，官不易朝常。问谁宴焉 [2]，则宋公、郑伯；问谁相礼，则华元、驷骈；问谁赞事，则陈侯、蔡侯、许男、顿子，其大夫侍之。先君以是除乱克敌 [3]，而无恶于诸侯。今君为此台也 [4]，国民罢焉，财用尽焉，年谷败焉，百官烦焉，举国留之，数年乃成。愿得诸侯与始升焉 [5]，诸侯皆距无有至者。而后使太宰启疆请于鲁侯 [6]，惧之以蜀之役，而仅得以来。使富都那竖赞焉 [7]，而使长鬛之士相焉，臣不知其美也。

此"蜀"在山东，非巴蜀之蜀。

[注释]

[1] "先君庄王为匏居之台"以下七句：先君庄王曾经建造匏居之台，高度不过是能够观测到预示国家吉凶的云气，大小不超过宴会所需安放杯盘的面积，木材用料不妨碍国家的守备，费用不烦劳官府供应，使民不至于耽误农时，监工的官吏也不需改变他们上朝的常规。匏居，宫名。国氛，指一种能够预示国家吉凶的云气。宴豆，举行宴会所需的饮食器具。豆，一种有高圈足的盘子。　[2] "问谁宴焉"以下七句：要问宴请谁，那便是宋公和郑伯；要问谁担任相礼，那就是华元、驷骈；要问谁佐助宴会事宜，那就是陈侯、蔡侯、许男和顿子，他们的大夫则各自侍候自己的君主。宋公、郑伯，宋、郑二国的国君。按其时楚庄王为霸主，宋、郑二国为参与盟会的诸中小国家中地位较高者。相礼，

引导来宾朝见主人的礼仪。华元，宋国的上卿。驷骓，郑国上卿、
郑穆公之子。赞事，佐助宴会之事。陈侯、蔡侯、许男、顿子，
指陈、蔡、许、顿等国的国君，侯、男、子皆爵称。他们也都是
参与楚庄王主持的盟会的成员。　[3]"先君以是除乱克敌"二句：
先君乃是通过这种形式扫除祸乱、克服敌国，而不交恶于众诸侯
的。　[4]"今君为此台也"以下七句：如今您建造这座章华之台，
国民弄得十分疲惫，国家的财用枯竭，年成谷物无收，百官烦劳，
整个国家都来参与筑造，好几年才造成。罢，通"疲"，疲惫。败，
指没有收成。留，用手筑土。　[5]"愿得诸侯与始升焉"二句：
您希望得到诸侯的拥戴，与他们一起首次登上高台，然而诸侯都
加以拒绝，没有一个到来。得诸侯，指得到诸侯的拥戴。升，登。
距，同"拒"，拒绝。　[6]"而后使太宰启疆请于鲁侯"以下三
句：楚王随后派太宰启疆去强请鲁侯，并以过去对鲁发动的在蜀
地的战争来威胁他，才勉强使他前来。太宰，官名，掌传达王命，
佐王治理邦国。启疆，即薳（wěi）启疆，楚卿。鲁侯，指鲁昭
公。按《左传》昭公七年（前535）记"薳启疆来召公"，当昭
公之面提出"今君若步玉趾，辱见寡君，宠灵楚国，以信蜀之役"，
即指启疆请于鲁侯事。蜀之役，指鲁成公二年（前589）冬，楚
公子婴齐（即子重）率师侵卫，遂侵鲁于蜀，鲁恐惧求和。蜀，
春秋时期鲁国地名，在今山东泰安西。　[7]"使富都那竖赞焉"
以下三句：在宴会上，楚王派长相俊美的少年佐助客人，又派一
些长着美髯的男士充作傧相，我真不知道这有什么美的。富，貌
美。都，姿态悠闲。那，美好。竖，未成年人。鬠，胡须。

"夫美也者[1]，上下、内外、小大、远近皆
无害焉，故曰美。若于目观则美[2]，缩于财用则

可叹世人多是
以目观为美者，至
今犹然！

匮，是聚民利以自封而瘠民也，胡美之为？夫君国者^[3]，将民之与处；民实瘠矣，君安得肥？且夫私欲弘侈^[4]，则德义鲜少；德义不行，则迩者骚离而远者距违。天子之贵也^[5]，唯其以公侯为官正，而以伯子男为师旅。其有美名也^[6]，唯其施令德于远近，而小大安之也。若敛民利以成其私欲^[7]，使民蒿焉忘其安乐，而有远心，其为恶也甚矣，安用目观？

屈原诗《离骚》，义与此同。

[注释]

[1]"夫美也者"以下三句：所谓美，是指对朝廷上下之人、王畿内外之人、小邦与大邦之人、距离远近之人都没有妨害，所以才叫做美。小大，指小大邦，如《尚书·顾命》："柔远能迩，安劝小大庶邦。"　[2]"若于目观则美"以下四句：如果把眼睛观赏到的叫做美，滥取财用造成国库空虚，这是聚民众的财富以自肥，却使民众贫困，何以称得上是美呢？缩，取。自封，自厚，自肥。　[3]"夫君国者"以下四句：作为国君，应当与民共处，民众贫困，国君怎么可以自肥？　[4]"且夫私欲弘侈"以下四句：况且私欲膨胀，则道德仁义就稀少；道德仁义不施行，则境内民众就会因不安而叛离，远处的邻国更会抗拒违命。弘，大。侈，张，膨胀。迩，近处，指境内之人。骚，乱，不安。远，指远方邻国。　[5]"天子之贵也"以下三句：天子之所以尊贵，只是因为他任用公、侯为朝廷的官长，而用伯、子、男统率朝廷的军队。官正，官长。师旅，军队的统称。按周制，朝廷高级官员称三公，

一般由畿内姬姓贵族充任，或由王畿附近姬姓诸侯担任。西周军队，如西六师、殷八师则分别由畿内贵族和东方诸侯的军队构成，故称伯、子、男为军队之统帅。　[6]"其有美名也"以下三句：他之所以享有美名，只是因为他施行的美德布于远近，而使小邦与大邦之人都得以安定。令德，美德。　[7]"若敛民利以成其私欲"以下五句：如果聚敛民众的财富以满足自己的私欲，使民众损失财产而告别安乐，从而产生叛离之心，他作恶已是很严重了，还讲什么眼前观赏之美？蒿，同"耗"，今写作"耗"，亏损之意。远心，叛离之心。

　　"故先王之为台榭也[1]，榭不过讲军实，台不过望氛祥。故榭度于大卒之居[2]，台度于临观之高。其所不夺穑地[3]，其为不匮财用，其事不烦官业，其日不废时务。瘠垆之地[4]，于是乎为之；城守之木，于是乎用之；官僚之暇，于是乎临之；四时之隙，于是乎成之。故《周诗》曰[5]：'经始灵台[6]，经之营之。庶民攻之[7]，不日成之。经始勿亟[8]，庶民子来。王在灵囿[9]，麀鹿攸伏。'夫为台榭[10]，将以教民利也，不知其以匮之也。若君谓此台美而为之正[11]，楚其殆矣！"

此再回到"先王"，以见前后照应。先王指楚庄王。

"军实"二字，当如杜《注》、孔《疏》及郑氏说，解为"车马、弓矢、戎兵"之类武器装备。韦昭解为"戎事"，恐误。

[注释]

[1]"故先王之为台榭也"以下三句：所以先王建造台榭，榭

不过是用来藏集军备的，台不过是用来占望云气吉凶的。台榭，土筑的高台及台上的木屋。讲，读为"构（構）"，合集之义。军实，指车马、弓矢、兵器等军备（徐元诰《国语集解》说）。氛祥，云气的吉凶。　[2]"故榭度（duó）于大卒之居"二句：因而木榭的大小只需考虑到楚王士卒武备的贮存，土台的高度只需考虑到占望云气的需要。度，计量，考虑。大卒，楚王士卒。居，贮存。　[3]"其所不夺穑地"以下四句：它所在的地方不得夺占庄稼地，它的建造不应使国家财用匮乏，它的建造不能烦扰官员的日常事务，它建造的日期不得妨害农时。穑地，农田，庄稼地。日，日期安排。废，丢弃。　[4]"瘠硗（qiāo）之地"以下八句：一些瘠薄坚硬的土地，便可以在建造台榭时有了用场；城防用剩的木料，也在此时使用上了；官员们闲暇之时，也可以亲临此地；老百姓利用四季的间隙，终于在这里建成了它。瘠硗之地，瘠薄坚硬的土地。木，指城守所用之余木。四时，一年四季。　[5]《周诗》：指《诗经·大雅·灵台》。　[6]"经始灵台"二句：开始要筑灵台，计划它，营造它。灵台，周初所造台名，相传在今陕西西安西北。　[7]"庶民攻之"二句：众民都来修建它，没几天就修成了。庶民，众民。攻，修造。　[8]"经始勿亟"二句：开始筑造并不急迫，但众民都像儿子一般踊跃前来。亟，急迫。　[9]"王在灵囿"二句：文王来到灵囿，母鹿就卧在这里。王，指周文王，以灵台为文王时所建。灵囿，灵台下的苑囿。麀（yōu）鹿，母鹿。攸，语助词。　[10]"夫为台榭"以下三句：建造台榭，本是要用来教民获利的，没想到它会使百姓穷困啊。　[11]"若君谓此台美而为之正"二句：如果君王认为这个台子美而觉得自己的作为是正确的话，那么楚国就危险了！正，正确。殆，危险。

[点评]

本篇文章记楚名臣伍举对楚灵王不计民生、大兴土木、追求个人私欲所作的批评。

公元前 535 年，楚灵王劳民伤财所建造的离宫章华台竣工。这座离宫的外观，仅从文章所提到的"举国留之，数年乃成"一语看来，当是十分壮观。后人描述它的规模，竟是"台高十丈，基广十五丈"。以此，楚灵王十分得意，他邀请了伍举同他一起登上了这座高台建筑，先发感叹道："这楼台真美啊！"没想到伍举一点儿不领情，反而劈头盖脸一顿批评："我听说国君只为自己的德行受到天子嘉奖为美，没听说以土木建筑的崇高和雕梁画栋的精细为美的。"接着，伍举再给这位不明事理、只知个人享乐的国君进行了一番什么是美、什么是不美的教育。

他先从楚国的先君、曾称霸中原的楚庄王谈起，说楚庄王修建的匏居之台"高不过望国氛，大不过容宴豆"，十分简陋。可是庄王凭借自己的霸业，使宋公、郑伯、陈侯、蔡侯、许男、顿子及他们的臣下都来这里参加庄王举行的宴会，实际是对楚王的朝拜。然而今天君王您这个台子虽然修得十分壮观，以致"国民罢焉，财用尽焉，年谷败焉，百官烦焉"，可是修好之后，诸侯都不愿前来观看。为掩饰尴尬，楚灵王以武力相威胁，才逼迫鲁侯一人前来。为增加气氛，又让一些类似优伶的人员充当鲁侯的傧相。比起楚庄王，这样做有什么美呢？

据此，他又谈到什么才算是真正的美："夫美也者，上下、内外、小大、远近皆无害焉。"即对百姓、对邻国，对上对下都不造成危害，才能给人以美的感受。而如君王当前之作为，只满足了个人眼睛的观赏，却造成了国家财用的匮乏，这是"聚民利以自封而瘠民也，胡美之为？"这种缺德寡义的行为，只会造成"迩者骚离而远者距违"的恶果，还有什么眼睛观赏之美？

伍举最后讲到了"先王"修建台榭的原则，称高台建筑只为了观察云气，榭则是为了贮存武器装备，不必搞得那么高大，只要实用就可以了，还要考虑到不占用耕地，不夺农时，不耗费国家钱财等。要让老百姓像《诗经》描述的那样，心甘情愿地前来参与筑造，让他们体会到这台榭的建造"将以教民利也"。若仅为了追求台榭的外在美观，还想着对外夸耀，那楚国就危险了！

这篇文章义正辞严，说理充分，环环相扣，前后照应，把一个大兴土木、劳民伤财、为满足自己私欲而不顾民间疾苦的昏君暴露在众目睽睽之下，也使后来人能够汲取教训，对这种唯统治者个人意志滥用民力建造的浩大工程严加防范。从这个角度看，本文的写作还是有积极意义的。

楚 语 下

观射父论绝地天通

昭王问于观射父[1]，曰："《周书》所谓重、黎实使天地不通者[2]，何也？若无然，民将能登天乎？"

对曰："非此之谓也。古者民神不杂[3]。民之精爽不携贰者[4]，而又能齐肃衷正，其智能上下比义，其圣能光远宣朗，其明能光照之，其聪能听彻之，如是则明神降之，在男曰觋，在女曰巫。是使制神之处位次主[5]，而为之牲器时服，而后使先圣之后之有光烈，而能知山川之号、高祖之主、宗庙之事、昭穆之世、齐敬之勤、礼节之宜、威仪之则、容貌之崇、忠信之质、禋洁之服，而敬恭明神者，以为之祝。使名姓之后[6]，

是可见重、黎氏绝地天通之传说早在周代就已盛行。

古代巫觋也是聪明正直且才能出众者才可以充当的，绝非后世的巫婆神汉可比。

能知四时之生、牺牲之物、玉帛之类、采服之仪、彝器之量、次主之度、屏摄之位、坛场之所、上下之神、氏姓之出，而心率旧典者为之宗。于是乎有天地神民类物之官[7]，是谓五官，各司其序，不相乱也。民是以能有忠信[8]，神是以能有明德，民神异业，敬而不渎，故神降之嘉生，民以物享，祸灾不至，求用不匮。

五官具备，已是阶级社会了！这是以今度古。

[注释]

[1] 昭王：楚昭王，名轸，楚平王之子，前 515 年—前 489 年在位。观射父：楚大夫，妘姓之后，氏观，字射父。　[2] "《周书》所谓重、黎实使天地不通者"以下四句：《周书》所说重、黎二人使天地隔绝不通，这是怎么回事？如果不是这样，民众岂不是能够升到天上去么？《周书》，指《尚书·吕刑》，其中有"皇帝哀矜庶戮之不辜。……乃命重、黎绝地天通，罔有降格"句。重、黎，据下文，乃指帝颛顼的两位大臣。绝地天通，隔绝地上与上天的交通。据下文，此实是指断绝天神与普通民众的交通。　[3] 民神不杂：指管理民众的官员与管理和天神打交道的官员不相混杂。按，这以下皆是观射父回答昭王的话。　[4] "民之精爽不携贰者"以下九句：民众中精明不怀二心，而又能对神专一、恭敬、中正之人，他们的智慧能将天上与下界加以比度，他们的通达能使广远地区通畅明朗，他们的眼光能明察到这些地方，他们的耳聪亦能听清这里的一切，这样神明便会降临到他们身上，体现在男性身上便叫做觋，体现在女性身上便称作巫。精爽，精明。衷正，

中正。比义，比度。光远，广远。宣朗，通畅明朗。觋（xí），男巫。巫、觋皆通鬼神之事。　[5]"是使制神之处位次主"以下六句：让他们制定神的居处、祭位及尊卑的先后次序，并准备好祭祀用的牲畜、器具和四时用的祭服，然后使先圣王后嗣中有光明的德行，并能知晓山川的名号、远祖的神主、宗庙中的各种事务、左昭右穆的排列顺序、具有庄敬的勤劳精神、懂得礼节的适宜、威仪的规则、仪容的修饰、有忠信的品质、祭服洁净，而且对神明恭敬之人，任命他们担任太祝。处位次主，神灵的居处、祭位及他们的尊卑先后次序。高祖，远祖。主，神主，即祖宗牌位。昭穆，宗庙及族墓地中各祖宗的排列秩序。具体做法是，高祖居中，下分两排，左为昭，右为穆。崇，饰，修饰。禋（yīn）洁，祭祀的洁净。祝，太祝，掌祭祀时的祝告求福。　[6]"使名姓之后"以下三句：使著名姓族的后代，并能知晓四时生长的作物、祭祀用的牺牲、玉帛的类别、祭服的服色、祭器的数量、庙主的尊卑先后远近的法度、主祭者所站位置、祭坛的所在、天上地下的神灵、氏族与姓族的来历，而且一心遵循过去典章制度之人，任命他为宗伯。采服，祭服。仪，指服色。屏摄之位，韦昭注："屏，屏风也。摄，形如今要扇。皆所以分别尊卑，为祭祀之位。"故所谓屏摄之位当指主祭者按尊卑在屏风及要扇（一种棺饰，即翣）之间所站立的位置。坛场，祭坛。率，遵循。宗，宗伯，主祭祀礼仪。　[7]"于是乎有天地神民类物之官"以下四句：这样，就有了掌管天、地、神、民及各类事物的官员，就是所谓五官，他们各掌管自己的序列，不相杂乱。类物，各类事物。　[8]"民是以能有忠信"以下八句：民众因此能有了忠信，神也因此能有好的德行，民和神事业不同，但都恭敬从事而不相侵渎，所以神降给民众以美好的物品，民众则用百物来祭祀众神，灾祸不降临，民众的需求用度也不匮乏。渎，如下所谓，指相侵渎、相互侵犯。

嘉生，善物，美好的物品。

　　"及少皞之衰也[1]，九黎乱德，民神杂糅，不可方物。夫人作享[2]，家为巫史，无有要质。民匮于祀[3]，而不知其福。烝享无度[4]，民神同位。民渎齐盟[5]，无有严威。神狎民则[6]，不蠲其为。嘉生不降[7]，无物以享。祸灾荐臻[8]，莫尽其气。颛顼受之[9]，乃命南正重司天以属神，命火正黎司地以属民，使复旧常，无相侵渎，是谓绝地天通。

[注释]

[1]"及少皞之衰也"以下四句：到了少皞氏衰落的时候，九黎族就扰乱了德性，民众与神职人员混杂在一起，不可加以区别。少皞，传为黄帝之子金天氏的后代，名挚。九黎，传为与黄帝作对的蚩尤氏的后代。蚩尤，或说为东夷族的首领，或说为南方苗蛮族的首领。杂糅，相混杂。方物，区别名物。　[2]"夫人作享"以下三句：由于神人混杂，人人都可以举行祭祀，家家都可以充当巫史，没有了诚信。夫人，人人。享，祭祀。要质，诚信，指神人之间的互信。　[3]"民匮于祀"二句：民众缺乏祭祀用的贡品，因而得不到神的福佑。　[4]"烝享无度"二句：祭献没有法度，人与神处在同等地位。　[5]"民渎齐盟"二句：民众亵渎了在神前共同确立的盟誓，不再有敬畏之心。齐盟，同盟。严，敬。威，同"畏"。　[6]"神狎民则"二句：神习惯了民众的这种做法，

另有传说，颛顼及其担任火正的黎（犁）乃楚人的祖先。古代传说出自多源，不必把它们强扭在一起。此见颛顼氏在历史上的重要地位。

也不要求他们祭祀的洁净。狎，习，习惯。蠲（juān），洁。　[7]"嘉生不降"二句：从此以后，好的作物不再降临，民众拿不出物品祭祀天神。　[8]"祸灾荐臻"二句：灾祸频频发生，民众没有谁能尽获上天给予他们的寿命。荐，重，频。臻，至，到来。气，韦昭注称"受命之气也"，也就是生命、气息的意思。　[9]"颛顼（zhuān xū）受之"以下六句：颛顼氏接受了上天交给的统治权后，乃命令南正重主管上天之事来统领对天神的祭祀，命令火正黎主管地上之事来统领民众，使大家恢复旧的秩序，不再相互侵扰冒犯，这便是《周书》所说的断绝地上和天上的交通。颛顼，传说中的五帝之一，黄帝之孙，号高阳氏。南正，主管阳事的长官。南，阳位。属，统领。火正，韦昭注以为"火，当为北"。北指阴位，故黎为火正，主管地上之事。一说火正为主管民间用火的官员。

　　"其后[1]，三苗复九黎之德，尧复育重、黎之后，不忘旧者，使复典之。以至于夏、商[2]，故重、黎氏世叙天地，而别其分主者也。其在周[3]，程伯休父其后也，当宣王时，失其官守，而为司马氏。宠神其祖[4]，以取威于民，曰：'重实上天，黎实下地。'遭世之乱[5]，而莫之能御也。不然[6]，夫天地成而不变，何比之有？"

此为司马迁作《太史公自序》所取，史公当是重、黎的后人。

[注释]

[1]"其后"以下五句：在那之后，三苗族又恢复了九黎族的

凶德，尧帝便重新培育重、黎的后代，不忘过去的做法，使他们重新分别主管天地的事务。三苗，古代南方苗蛮族的统称。或说为九黎族之后。活动在今江汉流域一带。典，主管，主持。　[2]"以至于夏、商"以下三句：这样的情况一直延续到夏、商两代，所以重氏、黎氏世代安排天地间的事情，而分别对它们各个方位进行管理。叙，次，安排。分，位，方位。　[3]"其在周"以下五句：到了周代，程伯休父乃是他们的后代，当周宣王之时，程伯休父失去了世代执掌的官职，改称为司马氏。程伯休父，周宣王时大夫，重、黎氏之后，食邑于程（在今陕西咸阳东），字休父。失其官守，失去其主管天地的职守。为司马氏，指程伯休父改氏为司马。据《诗·大雅·常武》，程伯于宣王初年曾受命率师征伐徐夷，毛《传》以为其时程伯休父始命为大司马，是程伯乃因其新任之职而改氏为司马。　[4]"宠神其祖"以下五句：程伯的后代尊崇并神化他们的祖先，为了在民众中树立威望，便说："重能托举上天，黎能抑制下土。"宠神，尊崇、神化。"重实上天"二句，言重能托举上天，黎能抑制下地，使天地隔绝，不再相通（韦昭注）。　[5]"遭世之乱"二句：后来遭逢周幽王以下的乱世，没有一个人能够抗御。乱，指周幽王、周平王以下的乱世。御，抗御。　[6]"不然"以下三句：不然的话，天地形成了就不再有变化，哪里会互相接近呢？比，接近。

[点评]

在中国历史上，帝颛顼命重、黎二氏的"绝地天通"，是一件很引人注目的事情。无论在中国古代政治制度史上，还是在古代宗教史上，它都占有很重要的地位。

记载这件事情最为详细的，就是《国语·楚语》中的这篇文章。它是以楚昭王向大夫观射父发问，观射父对他进行解答的方式记叙这件事情的。

　　楚昭王问：《尚书·周书》所谓重、黎二人使得天地隔绝不通是怎么回事？难道没有他们的阻隔，民众都能上天么？

　　观射父回答：不是这么回事。为此，他首先向昭王讲述了重、黎绝地天通之前的情况，说那时管理民众的官员与各种和神灵打交道的官员本来不相混杂。民众中有些精明能干而又对神灵恭敬虔诚之人，因为神灵降临在他们身上而成了巫师，便让他们专门负责与神的交通并主持对神的祭祀，之后又让一些先圣王之后并知晓"山川之号、高祖之主、宗庙之事"等事项的宗教人士担任太祝，让一些著名大姓的后代并懂得祭仪祭服之人担任宗伯，这样，天、地、神、人以及各类事物就都有了主管官吏，社会井然有序，"祸灾不至，求用不匮"。

　　但是，到了少皞氏统治衰落之际，因为九黎族的祸乱，管理民众的官员便和诸神职人员混杂在一起了，以致人人都可举行祭祀，家家都自充作巫史，神人之间没有了一点儿诚信与约束，甚至造成"祸灾荐臻，莫尽其气"，人多夭折的恶果。在这种形势下，继之接受统治大命的颛顼不得不出面干预，命令南正重专门管理上天之事来统一对神的祭祀，命令火正黎专门管理地上之事以统领民众。这样，天神与民众便不再发生往来，也不会相互冒犯，这便是人们所说的绝地天通。

　　观射父所述帝颛顼令重、黎二人绝地天通一事并非神话。它一则反映了我国古代原始宗教产生的情况。那时人们对自然界发生的许多现象，特别是天上出现的风、雨、雷、电之类，以及天体运行、气候变化等诸多自然现象不能把握，更不能理解，只能归之于神的意志。为了了解神的信息，只能求助于巫，因为巫是唯一能与上天进行沟通之人，是与各种神附为一体的特殊人物。观射父将巫祝的产生说得很清楚，说他们是"民之精爽不携贰者"，具有很多常人不能比的优秀品质与智能，所以神才能降临到他们身上。祝、宗的情况也是如此。这应当是符合初民社会实际情况的。

再则，它反映了我国政治制度的缘起。按观射父的说法，颛顼之所以要使重、黎二人绝地天通，是因为当时"民神杂糅"，家家都自充当巫史，人人都可以与神灵保持沟通。这实际反映了原始社会末期人们的思想行为不受约束，没有强制性的政治制度让人遵守的情形。颛顼作为我国古代向政治社会过渡的领袖人物，将对天神的祭祀统归于他所任命的南正重一人管理，正是以后专制国家垄断对上天及山川诸神祭祀权利的先声；而将失去诸多自由的民众交由火正黎管理，也意味着国家对众民的统治制度的建立。火正应当就是以后的司徒类官员。

观射父最后还谈到重、黎氏的后代，称其在周宣王时的继承人程伯休父失去了过去的职守，而改氏为司马。尽管有这一段变故，司马氏，也就是重、黎的后人并没有完全丢失祖上的传统，其中的一支当秦汉之际仍被朝廷任命为太史兼管观测星象的职务。我国著名史家司马迁便出自这个家庭，这是我们应当记住的。

子常问蓄货聚马斗且论其必亡

斗且廷见令尹子常[1]，子常与之语，问蓄货聚马。归以语其弟[2]，曰："楚其亡乎！不然，令尹其不免乎。吾见令尹[3]，令尹问蓄聚积实，如饿豺狼焉，殆必亡者也。

夫古者聚货不妨民衣食之利[4]，聚马不害民之财用，国马足以行军，公马足以称赋，不是过也。公货足以宾献[5]，家货足以共用，不是过也。夫货、马邮则阙于民[6]，民多阙则有离叛之心，将何以封矣。

生动、形象！其贪婪嘴脸，跃然纸上。

[注释]

[1]"斗且廷见令尹子常"以下三句：斗且在朝廷上见到令尹子常，子常与他交谈，问到蓄积财富和收藏马匹之事。斗且，楚大夫，芈姓。令尹，楚官名，相当于宰相之职。子常，楚昭王时令尹，名囊瓦，字子常。　[2]"归以语其弟"以下五句：斗且回家以后将此事告诉了自己的弟弟，说："楚国大概就要灭亡了啊！如果亡不了，恐怕令尹将免不了祸难哩。"　[3]"吾见令尹"以下四句：我会见令尹，令尹问我积聚财货，像饥饿的豺狼一般，看来他是一定要走向灭亡的了。实，财货。　[4]"夫古者聚货不妨民衣食之利"以下五句：古时候积聚财货并不妨害民众的衣食利益，收藏马匹也不损害民众的财用，国家征用的马匹足够用来行军打仗，公卿家所用之马足以与

他承担的兵赋相称，不能超过这个限度。国马，国家因军事需要向民众征用的马匹。公马，公卿家的马匹。称赋，与公卿家承担的兵赋相称。赋，兵赋。周制，国家发起的战争，公卿贵族亦须出动自家的武装，包括车马，即所承担的兵赋。　[5]"公货足以宾献"以下三句：公卿家的财货足以用来酬宾与贡献，大夫家的财货足够供给家用，不能超过这个限度。宾，宴享宾客。献，贡献，指对祖宗的祭祀。　[6]"夫货、马邮则阙于民"以下三句：财货与马匹聚敛过分则会使民众短缺，民众短缺过多则有叛离之心，将如何使国家成立呢？邮，过，过分。阙，同"缺"。封，树，树立，谓使国家成立。

"三舍"，实际是多次舍弃。官场上还真少有。可见他不是以权谋私者。

"昔斗子文三舍令尹[1]，无一日之积，恤民之故也。成王闻子文之朝不及夕也[2]，于是乎每朝设脯一束、糗一筐，以羞子文。至于今秩之[3]。成王每出子文之禄[4]，必逃，王止而后复。人谓子文曰：'人生求富[5]，而子逃之，何也？'对曰：'夫从政者[6]，以庇民也。民多旷者[7]，而我取富焉，是勤民以自封也，死无日矣。我逃死[8]，非逃富也。'故庄王之世[9]，灭若敖氏，唯子文之后在，至于今处郧，为楚良臣。是不先恤民而后己之富乎[10]？

[注释]

[1]"昔斗子文三舍令尹"以下三句：从前斗子文曾经三次辞

去令尹的职务，家里没有一天的积蓄，就是因为体恤民众的缘故。斗子文，又称斗穀於菟（gòu wū tú），芈姓，字子文，为楚成王时令尹，有贤名。舍，去，辞去。　[2]"成王闻子文之朝不及夕也"以下三句：楚成王听说子文吃了早饭没有晚饭，于是便每天早上准备一束干肉、一筐干粮，用来送给子文。成王，楚成王，名熊恽，前671年—前626年在位。朝不及夕，吃了早饭没晚饭。脯（fǔ），肉干。糗（qiǔ），干粮。羞，进，进献。　[3]至于今秩之：到今天这已经成了朝廷对待令尹的一种惯例。秩，常，惯例。　[4]"成王每出子文之禄"以下三句：成王每次给予子文俸禄的时候，子文一定会逃避，直到王停止给予，他才会返回。复，返回。　[5]"人生求富"以下三句：人生来就是求富的，而您却要逃富，为什么呢？　[6]"夫从政者"二句：从政做官的目的，就是庇护人民。　[7]"民多旷者"以下四句：民众多数贫穷，而我却去求取财富，这是劳苦民众来使自己富裕，这样距死亡就没多少日子了。旷，空，指民众家因贫穷而空空如也。勤民，劳苦人民。封，厚，富厚。　[8]"我逃死"二句：我只是在逃避死亡，而非逃避富裕。　[9]"故庄王之世"以下五句：这是对子文一生追求的表扬，意思是：所以楚庄王的时候，剿灭若敖氏，只有子文的后人得以存在，他们至今居住在郧地，仍是楚国的良臣。灭若敖氏，指楚庄王剿灭子文所在的宗族若敖氏的事件。按若敖本为春秋初年楚国君熊仪的谥号，其后人以谥为氏，称若敖氏。斗氏为若敖氏之最具实力者，累世担任楚之令尹，在楚国有着巨大影响，但也与楚王室及其他楚宗族存有矛盾。公元前605年，斗子文之侄斗椒（子越）发起叛乱，与楚庄王战于皋浒，斗椒战败，庄王因灭若敖氏之族。子文之后，指子文之孙箴尹克黄。庄王伐灭若敖氏时，克黄正出使在齐国，回国后他主动到司法官那里投案，庄王思念其祖治楚的功绩，称"子文无后，何以劝善"，遂放他回家。他的后嗣仍为楚臣，当昭王时被封为郧公。郧，楚地名，在今湖北安陆。　[10] 是不先恤民而后己之富乎：这不是先体恤民众然后才考虑到自己的富裕吗？

这句话亦是实在。

此召公谏周厉王亦曾言及。彼言"防民之口，甚于防川。川壅而溃，伤人必多"，此是防"民心之愠"，人心愠怒也必须要发泄，两者其实是一回事。

"今子常[1]，先大夫之后也，而相楚君无令名于四方。民之羸馁[2]，日已甚矣。四境盈垒[3]，道殣相望，盗贼司目，民无所放。是之不恤[4]，而蓄聚不厌，其速怨于民多矣。积货滋多[5]，蓄怨滋厚，不亡何待。

"夫民心之愠也[6]，若防大川焉，溃而所犯必大矣。子常其能贤于成、灵乎[7]？成不礼于穆，愿食熊蹯，不获而死；灵不顾于民，一国弃之，如遗迹焉。子常为政[8]，而无礼不顾甚于成、灵，其独何力以待之！"

期年[9]，乃有柏举之战，子常奔郑，昭王奔随。

[注释]

[1]"今子常"以下三句：当今的令尹子常，乃是以前大夫子囊的后代，然而他辅佐楚王却没有在四方留下好的名声。先大夫，指子常祖父公子贞（字子囊），恭王时曾担任令尹。见《楚语上·子囊议恭王之谥》注。令名，好名声。　[2]"民之羸馁

（léi něi）"二句：民众瘦弱饥饿，日见严重。赢，瘦弱。馁，饥饿。　[3]"四境盈垒"以下四句：国家的四周边境布满了壁垒，道路上饿死的人一个挨一个，盗贼在用眼睛窥伺着人们，民众无所依靠。殣，饿死之人。司目，用眼睛窥伺。司，通"伺"，窥伺。放，依靠。　[4]"是之不恤"以下三句：这样的状况不去加以体恤，却贪得无厌地蓄积财货，他招致民众的怨恨已经很多了。速，招致。　[5]"积货滋多"以下三句：他蓄积的财货越多，积蓄的民怨越是深厚，不灭亡还等待什么！　[6]"夫民心之愠也"以下三句：对待民众心中的积怨，好比是防止大河之水，一旦堤防溃决，所造成的破坏必然更大。愠，通"蕴"，蕴积。　[7]"子常其能贤于成、灵乎"以下七句：子常的下场能胜过楚成王、楚灵王吗？成王因为不按礼法对待穆王，结果自己临死前想吃熊掌而死也不能实现；灵王因为不顾惜民力，整个国家之人都将他抛弃，像行人弃掉自己的脚印一样。贤于，胜于。"成不礼于穆"三句，指楚成王想废掉太子商臣（即后来的楚穆王），改立其弟公子职为太子，商臣率兵围攻成王，成王请求吃完熊掌再死，以图拖延时间，等待救援，商臣不允，成王被迫自缢而死等事。熊蹯（fán），熊掌。"灵不顾于民"三句，指楚灵王大兴土木，为修筑陈、蔡、不羹等地城墙及章华台等，征用民力，耗费钱财，使得国民疲惫，国库空虚，终至众叛亲离，最后走上自杀绝路等事。遗迹，遗弃自己的足迹（脚印）。　[8]"子常为政"以下三句：子常执掌楚国国政，他的无礼及不顾惜民力更甚于楚成王和楚灵王，他一个人能有什么力量来抗御像他们这样的下场呢？待，御，谓抗御楚成王和楚灵王这样的下场。　[9]"期年"以下四句：过了一年，便发生了吴、楚之间的柏举之战，子常逃亡到郑国，昭王逃亡到随国。柏举之战，公元前506年，吴、楚两国在楚地柏举（今湖北麻城）发生的一次战争。这场战争是由于楚令尹子常的贪婪引起的。在这之前三年，蔡昭侯朝见于楚，子常想索取他的玉珮；唐成公亦朝见于楚，子常又索取他的骕骦（sù shuāng）马，二人不给，子常便将他们扣留在楚三年，直到他们被迫答应才放归。两位国君因此大怒，便引导楚的敌国吴国伐楚，双方在柏举一带大战，楚师战败，吴军乘势占领楚的郢都，楚昭王及子常皆被迫逃亡。随，春秋时期小国名，在今湖北随州南。

[点评]

春秋中后期，楚国内部政治上的混乱是一个很显著的现象。导致这种混乱的重要原因之一，是上层统治阶级极端的贪婪与奢侈腐化。除了楚王之外，一些握有实权的执政大臣也是刻剥民众、聚敛财货的典型，如楚昭王时期的令尹子常。这篇文章非常生动地揭露了这位像"饿豺狼"一般的令尹无休止地蓄积财富，以致造成民怨，最终走向败亡的恶行。

文章通过楚大夫斗且之口描述令尹子常的贪婪，说他在朝廷上见到斗且，一张口就问蓄货与聚马的情况，"如饿豺狼焉"。当时，楚国在以他为代表的统治者的压榨下，已是"民之羸馁，日已甚矣。四境盈垒，道殣相望，盗贼司目，民无所放"，然而他仍然是"蓄聚不厌"。老百姓对他积怨甚多，他却"积货滋多"，并且防备百姓"若防大川焉"，这样的人"不亡何待"！

作为对比，文章也写了楚国先前的良臣、楚成王时期的令尹子文廉洁奉公的德行，说他家"无一日之积"，以致吃了早饭没有晚饭。成王每次发给他俸禄，他都必然逃避，直到停止，他才回到朝中。有人问他："人生求富，而子逃之，何也？"他回答说："我逃死，非逃富也。"
因为他考虑到，只知朘民以自肥的从政之人，离死亡也
不远了。凭着自己的清正廉洁，他给子孙后代积下了阴
德，使其受封于郧，世世为楚良臣。

反观如今楚国的令尹，不仅给自身带来灾祸，更使
楚国遭到几乎被灭顶的灾难。公元前506年爆发的吴楚
柏举之战，就是由子常的贪婪直接引起的。这位贪婪的
令尹在刻剥本国民众之余，还把手伸向了邻近小国。本
来，东邻的蔡、唐二国是来朝见楚昭王的，他看上了蔡
侯身上的玉珮以及唐公所骑的骕骦马，非要人家献给自
己，为此强行扣留两位国君在楚三年，致使二国为了报
仇雪恨，主动联络楚的仇人吴国进攻楚国。内部矛盾重
重的楚国不敌三国联军，结果郢都被攻占，楚昭王逃亡
至随，子常自己逃亡至郑，不知所终。

作者对楚国历史人物爱憎分明。对子文这样一心为
民的良臣，予以满腔热忱的歌颂；对子常这样残民以逞
的奸贼，则予以无情的揭露与鞭笞。甚至对这两种人物
的归宿，作者也都联系他们的善恶表现，做了仔细的交
待。这对于今天的人们，尤其是今天的从政者，毫无疑
问是一篇很好的历史教材。

王孙圉论国之宝

王孙圉聘于晋[1]，定公飨之。赵简子鸣玉以
相[2]，问于王孙圉曰："楚之白珩犹在乎？"对

曰："然。"简子曰："其为宝也[3]，几何矣？"

曰："未尝为宝[4]。楚之所宝者[5]，曰观射父，能作训辞，以行事于诸侯，使无以寡君为口实。又有左史倚相[6]，能道训典，以叙百物，以朝夕献善败于寡君，使寡君无忘先王之业；又能上下说于鬼神，顺道其欲恶，使神无有怨痛于楚国。又有薮曰云连徒洲[7]，金木竹箭之所生也。龟、珠、角、齿、皮、革、羽、毛[8]，所以备赋，以戒不虞者也；所以共币帛，以宾享于诸侯者也。若诸侯之好币具[9]，而导之以训辞，有不虞之备，而皇神相之，寡君其可以免罪于诸侯，而国民保焉。此楚国之宝也。若夫白珩[10]，先王之玩也，何宝之焉？

《古文观止》评王孙圉的这句话为"一句抹倒"，即一句击垮了赵国君臣居高临下的架式。

此对云梦泽的赞美，显示楚人对其拥有的山川物产的自豪。

[注释]

[1]"王孙圉聘于晋"二句：楚大夫王孙圉到晋国聘问，晋定公设宴款待他。王孙圉，楚国大夫。聘，聘问，古代诸侯之间或诸侯与天子之间派使节问候的礼节。定公，晋定公，名午，前511年—前476年在位。飨，宴飨，设宴款待。　[2]"赵简子鸣玉以相"以下三句：晋国的正卿赵简子佩戴着叮咚作响的玉饰担任定公的傧相，问王孙圉道："楚国的白珩还在吗？"赵简子，即赵鞅，赵氏家族宗长，时任晋国正卿。鸣玉，指佩戴在腰间

的玉饰，行走时可以相碰击而发声。珩（héng），一种佩玉的器形，似磬而小，亦属鸣玉之类。　[3]"其为宝也"二句：它（指玉珩）作为楚国的国宝，已经传了几代呢？几何，指几代人（韦昭注）。　[4]未尝为宝：我们楚国从未把它视作国宝。　[5]"楚之所宝者"以下五句：楚国视作国宝的，叫观射父，他能够作出训导人的言辞，用它们到诸侯国去办事，诸侯就不能够拿我们的国君做话柄。训辞，训导之辞。口实，话柄。　[6]"又有左史倚相"以下八句：我们又有左史倚相，能够述说记有过去训辞的文书，用它来安排各种事物，早晚在我们国君面前进献前代兴衰成败的典故，使他不忘记先王的功业；又能够取悦于天地间的鬼神，顺着鬼神的好恶做事，使鬼神对楚国没有怨恨。左史倚相，楚国史官，倚氏，名相。《汉书·艺文志》称古者"左史记言，右史记事"，古代是否有左、右史的区别，或左、右史的职掌是否如《汉书·艺文志》所言，尚待考证。训典，记有训辞的文书。叙，安排，排列。说，同"悦"。　[7]"又有薮曰云连徒洲"二句：又有一个大泽叫云连徒洲，是出产金、木、竹、箭杆的地方。薮，湖泽。云连徒洲，即云梦泽，或单称"云"，或单称"梦"，其水域分布甚广，大致包括今湖南益阳、湘阴以北、武汉以西地区。金，指金属铜。箭，指用作制造箭杆的一种箭竹。　[8]"龟、珠、角、齿、皮、革、羽、毛"以下五句：还有龟甲、珍珠、兽角、象齿、虎豹皮、犀牛革、鸟羽、牦牛尾，可以用作军需物品，以防意外灾祸的发生；也可以成为制作礼品的材料，用作宴享诸侯时的馈赠。龟，龟甲，用作占卜。珠，珍珠，传说可以防御火灾。角，兽角，可作弓弩。齿，象牙，可作剑珥（ěr，剑柄与剑身相接两旁的突出部分）。皮，专指虎豹皮，用以制作皮垫及盛弓的皮袋子。革，专指犀牛皮，用以制作甲胄。羽，鸟羽，可以制作旌旗。毛，牦牛尾，可作旗竿上的装饰。赋，兵赋，这里指军需物品。按以上物品都与军需有关。不虞，意外，没有料到。共，同"供"，供给。币帛，缯帛，古人用以馈赠或祭祀的礼品，这里泛指一般的礼物。 [9]"若诸侯之好币具"以下六句：如果诸侯喜好的礼物都具备了，按照先王的训辞引导对方，又有了对付意外的准备，再加上大神的辅助，我们的国君将可以避免得罪于诸侯，而使国家与人民得到保护。好，喜好。具，具备。导，引导。皇神，大神。相，辅助。 [10]"若夫白珩"以下三句：至于这件白珩，它只是先王的玩物，谈得上是什么宝物么？按公序本"宝"下无"之"字。

　　"圉闻国之宝六而已[1]。明王圣人能制议百物[2]，以辅相国家，则宝之；玉足以庇荫嘉谷[3]，使无水旱之灾，则宝之；龟足以宪臧否[4]，则宝之；珠足以御火灾[5]，则宝之；金足以御兵乱[6]，则宝之；山林薮泽足以备财用，则宝之。若夫哗嚣之美[7]，楚虽蛮夷，不能宝也。"

这句话为点睛之语，是讽刺对方连蛮夷都不如。

［注释］

[1] 国之宝六：指下面提到的圣、玉、龟、珠、金、山林薮泽等六事。 [2]"明王圣人能制议百物"以下三句：圣贤能够制作和论定各种事物，以此辅佐治理国家，就把他作为国宝。按公序本"圣"上无"明王"二字，"圣"下无"人"字，当是。 [3] 玉足以庇荫嘉谷：祭玉足以庇护保佑美好的谷物。玉，特指祭祀用的玉。 [4] 龟足以宪臧否：龟甲上足以显示吉凶。宪，表，表示。臧否，吉凶。按此指龟甲经占卜后所显示的卜兆，卜人可据此判

定吉凶。　[5]珠足以御火灾：古人认为，珠属于水精，故可以防御火灾。　[6]金足以御兵乱：句中的"金"指金属铜，是制造兵器的主要原料，故称其可以防御兵乱。　[7]"若夫哗嚣之美"以下三句：至于那制造喧哗之声的鸣玉，楚国虽说是蛮夷，也不能视它为国宝。哗嚣，喧哗。美，指白珩之类的鸣玉。

[点评]

本篇记叙楚使王孙围在晋国招待他的一次宴会上对赵简子的答辞，被收入著名的《古文观止》，值得认真体味。

王孙围这次出使晋国当是在吴楚柏举之战以后。楚在这次战争中受到很大打击，虽未灭国，却走向衰落。晋未遭受这种打击，一直以霸主自居，因而在接见楚使时免不了有些自傲。赵简子作为当时赵国的执政，也是有意要奚落楚使。他向王孙围展示自己身上佩戴的鸣玉，并问楚国作为这种鸣玉的白珩是否还在，其作为宝贝已传了几世？没想到王孙围抓住什么东西才称得上是宝贝这个话题，反把赵简子狠狠地教训了一番，同时通过夸耀自己国家的宝贝，展示了楚国的国家形象，并维护了自己作为楚使的尊严。

他首先对赵简子说，我们楚国从来就没有把白珩当作宝贝。这一句话先把对方噎住，使自己站在道义的制高点上。接着，他说楚国视为真宝贝的，第一是人才。如观射父，因为他"能作训辞"，可以使楚君在与诸侯打交道时不被人抓住话柄；又如左史倚相，因为他"能道训典"，可以向楚君进献前代兴衰成败的典故，使之无忘先王的业绩。其次是楚国的云梦大泽，那里出产金、木、竹、箭，还有龟、珠、角、齿、皮、革、羽、毛等物，可以满足军需，也可以用作招待诸侯的礼物，这才真是楚国的宝物。末了，他不忘再回敬赵简子一句：至于白珩，那算是什么宝物？只不过是先王的一件玩物。这样一种回答，真是巧妙之极，不仅使赵简子哑口无言，更宣传了楚人的治国理念，以及他们对自己国家自然财富的自豪之情。

文章最后对楚人自认为称得上宝贝的六种人或事物进行总结，再次表明楚人的价值观。结语称"若夫哗嚣之美，楚虽蛮夷，不能宝也"，直讽刺赵简子连蛮夷都不如。

整篇文字不多，既富思想性，又言语精妙，富于文采，确实是一篇好文章。不过，需要交待的一点是，赵简子虽然在本文中被揭有失言之举，其实并非庸俗之辈。他雄材大略，是以后赵国的实际创始人，赵国史上为人盛称的"简襄功烈"即开创于其手。他尊贤爱士，《国语·晋语》及有关诸子著作留有不少这方面的记述。本篇站在楚国立场上，所记不能求全责备。

吴 语

越王勾践命诸稽郢行成于吴

吴王夫差起师伐越 [1]，越王勾践起师逆之。大夫种乃献谋曰 [2]："夫吴之与越 [3]，唯天所授，王其无庸战。夫申胥、华登简服吴国之士于甲兵 [4]，而未尝有所挫也。夫一人善射 [5]，百夫决拾，胜未可成也。夫谋必素见成事焉 [6]，而后履之，不可以授命。王不如设戎 [7]，约辞行成，以喜其民，以广侈吴王之心。吾以卜之于天 [8]，天若弃吴，必许吾成而不吾足也，将必宽然有伯诸侯之心焉。既罢弊其民 [9]，而天夺之食，安受其烬，乃无有命矣。"

注意：这里只提到申胥、华登训练吴兵，没有孙武。《左传》中也没有孙武其人。疑孙武至吴故事乃出于后人的编造。

此一句话，便显示越人抓住了对方的弱点。

[注释]

[1] "吴王夫差起师伐越"二句：吴王夫差起兵征伐越国，越王勾践起兵迎战吴军。吴王夫差，春秋末年吴国国君，吴王阖庐

之子，前495年—前473年在位。吴国属于姬姓，西周初年由周太王子泰伯的后裔所建，春秋时疆域占有今江苏省大部分地区及浙江、安徽两省的一部分，都吴（今江苏苏州）。越王勾践，春秋末年越国国君，越王允常之子，前496年—前465年在位。越属于姒姓国家，传为夏后少康之子无余所建，春秋时疆域占有今浙江省大部分地区，都会稽（今浙江绍兴）。逆，迎，指迎战。按吴、越两国紧邻却为世仇。公元前496年，吴王阖庐在与越的檇（zuì）李之战中受伤而死，三年之后，夫差起兵伐越，败越军于夫椒，越王勾践仅剩五千残卒退保会稽，不得已向吴求和。是为此篇文章之背景。　[2]大夫种：越国大夫文种，字禽，勾践的主要谋臣。　[3]"夫吴之与越"以下三句：吴国与越国的命运，都只看天授命给谁，大王您就不用再战斗下去了。庸，同"用"。　[4]"夫申胥、华登简服吴国之士于甲兵"二句：申胥、华登在军队中选拔与训练的吴国斗士，还从未受过挫折啊。申胥，即伍员，字子胥，春秋末年吴国大夫。本为楚太傅伍奢之子，楚平王杀伍奢，乃逃亡至吴。后协助吴王阖庐率兵攻入楚郢都，受吴封于申，故又称申胥。华登，本为宋人，宋司马华费遂之子。宋元公诛灭华氏、向氏，华登逃亡至吴，被任为大夫。简，选，选拔。服，习，练习。　[5]"夫一人善射"以下三句：只要一个人善于射箭，一百个人都会跟着他使用弓箭，我们能否取胜还不一定呢。其中前两句形容申胥、华登训练吴国斗士的效果，以见吴军的难以对付。决，射箭用的板指，套在右手大拇指上，用以拉开弓弦。拾，用皮革做的护臂，套在左手臂上，以收束衣袖并保护皮肤。　[6]"夫谋必素见成事焉"以下三句：凡谋划一件事情必先预见到它的成功，然后才去实行它，不可以白白去送命。素见，预见。授命，送命。　[7]"王不如设戎"以下四句：大王不如一边设兵防守，一边卑辞求和，让吴国人喜欢，使吴王野心膨胀。约辞，卑辞，低声下气的言辞。行成，求和。广侈，扩张，膨胀。　[8]"吾以卜之于天"以下四句：我已经向天卜问过了，天如果要抛弃吴国，一定会让吴国答应我们的求和，从而认为越国再也不足以使我吴国畏惧，将放松对越国的戒备而产生争霸诸侯的野心。以，已经。不足吾，言越国不足以使我畏惧（此模拟吴人的口气）。宽然，指吴国会放宽对越的戒备。伯，通"霸"，称霸诸侯。　[9]"既罢弊其民"以下四句：等到吴国把他的人民弄得精疲力竭，同时上天降灾又夺去他们的食粮，我们便可安心地来收拾吴国的残局，吴国也不会再有天命的保佑了。烬，灰烬，指吴国留下的残局。

　　越王许诺，乃命诸稽郢行成于吴[1]，曰："寡君勾践使下臣郢[2]，不敢显然布币行礼，敢私告于下执事曰：昔者越国见祸，得罪于天王。天王亲趋玉趾[3]，以心孤勾践，而又宥赦之。君王之于越也[4]，繄起死人而肉白骨也。孤不敢忘天灾[5]，其敢忘君王之大赐乎！今勾践申祸无良[6]，草鄙之人，敢忘天王之大德，而思边垂之小怨，以重得罪于下执事？勾践用帅二三之老[7]，亲委重罪，顿颡于边。

如此露骨的吹捧，明显暗藏别的企图，而吴人竟未有所察觉！

[注释]

[1]诸稽郢：越国大夫，复姓诸稽，名郢。　[2]"寡君勾践

使下臣郢"以下五句：这是诸稽郢对吴王的求和辞。意为：我们国君勾践派遣下臣诸稽郢前来，不敢公然显露地陈列玉帛向天王您行礼，只敢私下告诉您手下的执事人员说：过去我们越国遭遇了灾祸，得罪了天王。显然，公开显露。布，陈，陈列。币，作为礼品的玉帛之类。下执事，手下执事人员。按此乃外交场合的谦恭用语，表示不敢直接向吴王陈说，而要请其手下执事人员转达。天王，对吴王的尊称。　[3]"天王亲趋玉趾"以下三句：天王亲自举足治越之罪，因顾念勾践，而又宽恕赦免了他。亲趋，亲自前往（征伐）。玉趾，犹言尊贵之足。孤，同"顾"，顾念（俞樾《群经平议》说）。　[4]"君王之于越也"二句：君王您对于越国，真是使死人复起，而让白骨重新生肉啊。繄（yī），是。起死人而肉白骨，使死人站起而让白骨生肉，比喻恩同再造。　[5]"孤不敢忘天灾"二句：勾践我不敢忘记天灾，又怎敢忘记君王您的莫大恩赐呢！　[6]"今勾践申祸无良"以下五句：今天我勾践因为自己的不善而再次遭到灾祸，我这草野边鄙之人，怎敢忘记天王您的大恩大德，而去计较边陲上的一些小的恩怨，以至于加重得罪您手下的执事人员呢？申祸，再次遭祸，指再次遭到吴国的讨伐。申，重，再次。无良，不善，指自己的不对。此显示自责之意。草鄙，草野边鄙。重得罪，加重得罪，意谓自己因小恩怨而加以报复，则是加重得罪吴王手下之臣。　[7]"勾践用帅二三之老"以下三句：勾践因此率领自己的几位家臣，亲自承认所犯的重罪，在边境上向您叩头请罪。老，家臣。亲委重罪，自领其重罪。委，归。顿颡（sǎng），叩头。颡，额头。边，边境。

"今君王不察[1]，盛怒属兵，将残伐越国。越国固贡献之邑也[2]，君王不以鞭箠使之，而辱军士使寇令焉。勾践请盟 [3]：一介嫡女 [4]，执箕帚以晐姓于王宫；一介嫡男 [5]，奉槃匜以随诸御；春秋贡献 [6]，不解于王府。天王岂辱裁之 [7]？亦征诸侯之礼也。

这些，是表示越国自认为是吴国的属国。

　　"夫谚曰：'狐埋之而狐搰之 [8]，是以无成功。'今天王既封植越国 [9]，以明闻于天下，而又刈亡之，是天王之无成劳也。虽四方之诸侯 [10]，则何实以事吴？敢使下臣尽辞 [11]，唯天王秉利度义焉！"

[注释]

　　[1]"今君王不察"以下三句：如今君王您未体会到我们的感恩之心，在盛怒之下调集军队，打算伐灭越国。属兵，调集军队。　[2]"越国固贡献之邑也"以下三句：越国本来就是向吴国进贡和献纳的一个城邑，君王您不用鞭子使唤它，却让贵国军士屈尊前来执行如同御寇那样的命令。箠，马鞭。辱，辱没。使寇令，使执行抗御敌寇的命令，即使其将越国当作敌人。　[3]请盟：请求缔结盟约。　[4]"一介嫡女"二句：以下言盟约的内容。意为：献上我的一个嫡女，让她手执箕帚在王宫做您的侍妾。一介，一个。箕帚，畚箕和扫帚。晐（gāi）姓，纳女于天子。晐，备。姓，百姓，众多之姓。《礼记·曲礼下》："纳女于天子曰备百姓。"　[5]"一介嫡男"二句：再献上我的一个嫡子，让他手捧盘匜（yí）充当您的侍御。槃匜，盘子与匜，古代的盥洗用具。贵族洗手，需两人侍候，一人持匜（一种盛水器）往下注水，一人

用盘接水。随诸御，即充当侍御之意。御，侍御。　[6]"春秋贡献"二句：一年四季向您贡献，不断地将贡品送到君王您的府上。春秋，指一年四季。解，同"懈"。　[7]"天王岂辱裁之"二句：天王您何必屈尊前来制裁越国呢？我们也是在按照天子向诸侯征收贡赋的礼节缴纳贡献啊。裁，制裁，指征伐越国。征，征收贡赋。　[8]"狐埋之而狐搰（hú）之"二句：狐狸埋下的东西，狐狸又把它掘出来了，所以没有成效。搰，挖出，掘出。按狐性多疑，往往把东西埋藏起来，怕不可靠，又将其掘出。用以比喻人做无用功。　[9]"今天王既封植越国"以下四句：现在天王您既然封建并树立起越国，您的圣明因此而闻名于天下，却又要灭亡它，这就是天王您没有成效的举动啊。封植，封建，树立。刈（yì），芟除。　[10]"虽四方之诸侯"二句：即使是四方的诸侯，他们还能用什么样的作为来侍奉吴国呢？虽，纵然，即使。何实以事吴，当顺读作"以何实事吴"。实，实事，指具体的作为。　[11]"敢使下臣尽辞"二句：我冒昧地派遣下臣说完这些话，一切听凭天王您根据吴国的利益考虑适宜的处置方案吧！秉，执。义，宜，适宜。

[点评]

这篇文章记叙春秋末期吴越争霸战争中的一个片断，即吴越夫椒之战后，战败一方的越国为保全社稷，向吴国委曲求和的情节。

吴、越两国地处我国东南沿海，因闭塞而与中原较少发生关系。春秋中期以后，首先是晋国为了牵制楚国，派遣使臣至吴，"教吴乘车，教之战阵，教之叛楚"（《左传》成公七年），致吴国军事实力迅速强大，并不断与楚国发生冲突。楚苦于吴国的骚扰，亦效晋国的做法，通使于越国，教越国从后方袭扰吴国，致吴越二国发生争战。公元前 496 年，吴王阖庐伐越，越王勾践率师迎战，双方战于檇李（今浙江嘉兴附近），吴军大败，阖庐伤将指（大脚趾）而死。子夫差即位，立志报仇。公元前494 年，夫差起兵伐越，在夫椒（今浙江绍兴北）大败越军，勾践仅率越卒五千退保会稽山上（今浙江绍兴东南）。为谋生存，乃卑辞向吴求和，请许为吴的属国。

　　本文所记，前半部分为越国大夫文种向越王勾践进献的谋略。他告诉越王，吴国兵力强大，训练有素，不可与之抗衡，以免白白送死，为越国计，只能"约（卑）辞行成（求和），以喜其民，以广侈吴王之心"，鼓励吴王前去参与中原的争霸战争，等到他"罢弊其民"，把吴国拖得连粮食也供应不上（"天夺之食"）之后，越国便可安安稳稳地收拾吴国的残局了。

　　后半部分记越国派出的使臣诸稽郢向吴国求和的乞怜之辞，包括越国给出的求和条件。与文种所言相呼应，诸稽郢在吴人面前的"约辞"确实极尽卑躬屈膝之能事，不仅口口声声称颂吴王为"天王"（等于尊吴王为天子），更低三下四地称："君王之于越也，繄起死人而肉白骨也。"简直将吴王奉作了救星。其请求越国作为吴之属国的条件，除了让勾践的一个嫡女作为吴王的侍妾、一个嫡子作为吴王的仆从之外，还答应对吴"春秋贡献，不解（懈）于王府"。如此言辞及盟约条件，足以起到"广侈吴王之心"的作用。下篇记吴王答应越国的求和，也就很自然了。

应当指出，本篇所记并非出于对文种足智多谋及诸稽郢擅长外交辞令的肯定。因为本篇内容乃是属于《吴语》之组成部分，后人站在吴国的立场上，将这两位越国谋臣的言论（连同下篇《吴王夫差与越荒成不盟》的内容）记录下来，应当是另有深意的，那就是表现吴王为越人的花言巧语所迷惑，未能及早消除肘腋之患，以致酿成后来的亡国之祸，从汲取历史教训来说，是要引以为戒的。这也是《国语》一书的主要思想内涵之一。

吴王夫差与越荒成不盟

　　吴王夫差乃告诸大夫曰："孤将有大志于齐[1]，吾将许越成，而无拂吾虑。若越既改[2]，吾又何求？若其不改，反行，吾振旅焉。"

此显示吴王太刚愎自用，全不以越为意。

　　申胥谏曰："不可许也。夫越非实忠心好吴也[3]，又非慑畏吾兵甲之强也。大夫种勇而善谋[4]，将还玩吴国于股掌之上，以得其志。夫固知君王之盖威以好胜也[5]，故婉约其辞，以从逸王志，

申胥所料，与文种完全一致！

使淫乐于诸夏之国，以自伤也。使吾甲兵钝弊[6]，民人离落，而日以憔悴，然后安受吾烬。夫越王好信以爱民，四方归之，年谷时熟，日长炎炎[7]。及吾犹可以战也[8]，为虺弗摧，为蛇将若何？"

［注释］

[1]"孤将有大志于齐"以下三句：我将要实现北上讨伐齐国的大志，为此我准备允许越国的求和，你们不要拂逆我的计划。有大志于齐，指北上进攻齐国。而，你，你们。拂，拂逆，违背。　　[2]"若越既改"以下五句：如果越国已经改过认错，我对他还有什么要求呢？如果他不改过认错，那么，等我返回，再起兵讨伐他。反，同"返"，返回。　　[3]"夫越非实忠心好吴也"二句：这是申胥强调不可允许越国求和的理由，意思是：越国并非真心实意与吴国友好，也不是害怕我们军队的强大。　　[4]"大夫种勇而善谋"以下三句：越国大夫文种勇敢而又善于谋略，他将玩转吴国于股掌之上，以实现其灭吴之志。还（xuán），旋，旋转。玩，弄。股掌，大腿与手掌。　　[5]"夫固知君王之盖威以好胜也"以下五句：越国使臣一向知道君王您崇尚威武而且争强好胜，所以尽量使用顺从和卑下的言辞，以纵容和放纵大王您的心志，使您陷入无节制地与中原各国争霸的战争之中，而损伤自己。盖，尚，崇尚。婉约，顺从，卑下。从，同"纵"，纵容。逸，放纵。淫乐，浸淫，无节制地陷入。诸夏，中原华夏诸侯国。　　[6]"使吾甲兵钝弊"以下四句：越使企图使我吴国的军队失去锋利而疲惫不堪，民众离散零落，一天天地憔悴，然后由他们安安稳稳地来收拾我们的残局。钝，失去锋利。安受吾烬，见上篇相同语句的注解。　　[7]日长炎炎：本意是指太阳照射时间长而且阳光强烈，这里形容越国的国力将一天天兴盛。　　[8]"及吾犹可以战也"以下三句：趁着我们现在还可以战斗（赶紧消灭越国），一条小蛇不打死它，等它长成大蛇，将怎么对付呢？虺（huǐ），小蛇。

　　吴王曰："大夫奚隆于越[1]，越曾足以为大虞乎？若无越[2]，则吾何以春秋曜吾军士？”乃许之成。

将盟，越王又使诸稽郢辞曰[3]：“以盟为有益乎[4]？前盟口血未干，足以结信矣。以盟为无益乎[5]？君王舍甲兵之威以临使之，而胡重于鬼神而自轻也？”吴王乃许之，荒成不盟[6]。

还在做梦！

是越早有背盟的预谋，而“吴王乃许之，荒成不盟”！见夫差处事轻率，已预示其在吴越争霸中会最后失败。

[注释]

[1]"大夫奚隆于越"二句：大夫您何必把越国抬得如此之高，越国难道能成为我们的大忧患吗？奚，何，何必。隆，高。曾，岂，难道。虞，忧患。　[2]"若无越"二句：如果没有越国，我们一年四季向谁去炫耀军士的威风呢？春秋，一年四季。曜，炫耀。　[3]辞：推辞，指越国推辞与吴的盟誓。　[4]"以盟为有益乎"以下三句：您认为盟誓有用吗？上次盟誓时留在嘴边的血迹还没有干，这已经足以表示盟誓的信义了。口血，结盟时抹在嘴边的牲血。按古代结盟立誓，要将所用牺牲之血涂抹在嘴上或含在口中，以示诚意，即歃血为盟。此言口血未干，表示上次盟誓不久，还具有约束力，不必再举行盟誓。　[5]"以盟为无益乎"以下三句：您认为盟誓无用吗？那么君王您就放弃武力威慑，亲自到越国来使唤我们，为何要重视鬼神而轻视自己呢？临使，亲临使唤。胡，何，为什么。鬼神，指盟誓。　[6]荒成不盟：空口讲和，不举行盟誓。荒，空。

[点评]

本篇与前面的《越王勾践命诸稽郢行成于吴》篇相

接，或者这两篇原本就是一篇。其内容主要记叙了吴王夫差与其臣下申胥（伍子胥、伍员）对于因战败前来求和的越国所采取的不同态度。

其中夫差正如越国文种所估计的那样，不仅答应了越的求和，还毫无道理地认为越国从来未曾成为过吴国的心腹大患；他一心只想着北上伐齐，以实现其争霸中原的"大志"，对于身边最具威胁的越国却毫不设防，还十分刚愎地拒绝臣下的谏言，告知诸大夫谁也不许"拂吾虑"。直如后人所评议，他真是一位"广侈已极"的昏君。当此之时，"虽有百谏诤，亦莫之入也"（《古文观止》点评）。

作为吴国大夫的申胥，见识远高于其君。他一眼就看穿了越人卑辞求和背后隐藏的真实用心。他不顾夫差已经告知众大夫不得拂逆他意志的禁令，一上来就犯颜直谏："不可许也。"他看穿了越人既"非实忠心好吴也，又非慑畏吾兵甲之强也"，不过是使用这些婉约之辞，"以从逸王志，使淫乐于诸夏之国，以自伤也"，这实在是在"还玩吴国于股掌之上"，最后，等到吴国"甲兵钝弊，民人离落，而日以憔悴"之时，他们将前来"安受吾烬"，也就是灭亡吴国。这样一些识见，正同于先前越国大夫文种对于吴越争霸发展前景的预判。二人"英雄所见略同"，然一在越国，遇勾践这样善于采纳臣下意见的有为之君，终使越国由濒于灭亡的处境得到喘息之机，并发展成为春秋末年的一介霸主；一在吴国，却因遇到夫差这样冥顽不悟的昏君，不仅未能挽救吴国由盛转衰并最终走向灭亡的命运，连他自己，也因为屡次犯颜直谏而遭到夫差的忌恨，被迫自尽（见《国语·吴语》，本书未收），可不悲夫！

本篇最后一节颇值得玩味。其记吴王答应越国的和议，将要举行盟誓时，越王却又使自己的谈判代表诸稽郢推辞盟誓。本来是请盟，一下子变作辞盟，葫芦里卖的什么药？原来是不愿意认真履行前面答应的和议条约，借口已有盟誓在先，不必再立新的盟誓。可笑吴王不识其诈，竟相信了越人空口提出的求和条件，连他们的一纸凭信也未留下来，这就为越人后来的反悔及反攻吴国留下了伏笔。吴王这么早就为越人玩弄于掌股之上，真是愚蠢之极！此实《国语》作者为吴越关系前景有意安排的情节。

夫差伐齐不听申胥之谏

吴王夫差既许越成[1]，乃大戒师徒，将以伐齐。申胥进谏曰："昔天以越赐吴[2]，而王弗受。夫天命有反[3]，今越王勾践恐惧而改其谋，舍其愆令，轻其征赋，施民所善，去民所恶，身自约也，裕其众庶，其民殷众，以多甲兵。越之在吴[4]，犹人之有腹心之疾也。夫越王之不忘败吴[5]，于其心也惄然，服士以伺吾间。今王非越是图，而齐、鲁以为忧。夫齐、鲁譬诸疾[6]，疥癣也，岂

所谓疥癣之疾，语出于此。

能涉江、淮而与我争此地哉？将必越实有吴土。

[注释]

[1]"吴王夫差既许越成"以下三句：吴王夫差已经答应越国求和，便大规模地使军队处于警戒状态，将率领他们征伐齐国。戒，戒备，警戒。师徒，军士。　[2]昔天以越赐吴：指公元前494年吴王夫差率军败越国军队于夫椒，越王勾践仅率五千残卒退保于会稽，不得已向吴求和。　[3]"夫天命有反"以下十句：天命是有转折的，如今越王勾践因为害怕亡国而改变了他的策略，抛弃了他过去的那些错误政令，减轻了民众的劳役和赋税，施行民众所喜欢的政策，去除民众所厌恶的做法，自身生活俭朴，而致力于民众的富裕，越国之民繁盛而又众多，便可用以壮大军队。反，反转，转折。愆令，错误的政令。约，节约，俭朴。裕，富裕。　[4]"越之在吴"二句：越国对于吴国来说，就好似人患有心腹疾病一样。　[5]"夫越王之不忘败吴"以下三句：越王不会忘记他战败于吴国，在他的心里常保持着警惕，一直在训练士兵窥测我们的可乘之机。伏（chì）然，警惕的样子。服，习，训练。伺，窥测。间，间隙，机会。　[6]"夫齐、鲁譬诸疾"以下四句：如果把齐国和鲁国比作疾病的话，也不过是疥癣一类的小毛病，它们岂能渡过长江、淮河而与我们争夺这片土地呢？将来一定是越国占有吴国的土地。譬诸疾，比作疾病。

　　"王其盍亦鉴于人[1]，无鉴于水。昔楚灵王不君[2]，其臣箴谏以不入。乃筑台于章华之上[3]，阙为石郭，陂汉，以象帝舜。罢弊楚国[4]，以间

申胥楚人，其祖父伍举曾在灵王手下供事，并曾谏止灵王修筑章华之台，凡事皆申胥所熟知，故举楚灵王事以讽吴王夫差。

陈、蔡。不修方城之内^[5]，逾诸夏而图东国，三岁于沮、汾以服吴、越。其民不忍饥劳之殃^[6]，三军叛王于乾谿。王亲独行^[7]，屏营仿偟于山林之中，三日乃见其涓人畴。王呼之曰：'余不食三日矣^[8]。'畴趋而进^[9]，王枕其股以寝于地。王寐^[10]，畴枕王以墣而去之。王觉而无见也^[11]，乃匍匐将入于棘闱，棘闱不纳，乃入芋尹申亥氏焉。王缢^[12]，申亥负王以归，而土埋之其室。此志也^[13]，岂遽忘于诸侯之耳乎？

[注释]

[1]"王其盍亦鉴于人"二句：大王您何不也以人为借鉴，而不要以水为镜鉴。盍，何不。按此二句出自《尚书·酒诰》："古人有言曰：'人无于水监（鉴），当于民监（鉴）。'"意思是不应只用水作镜子，也应当用前人做过的事情为借鉴。　[2]"昔楚灵王不君"二句：过去楚灵王不遵守君道，听不进臣僚对他的规诫和劝谏。楚灵王，见前《楚语上·伍举论台美而楚殆》注。　[3]"乃筑台于章华之上"以下四句：楚灵王修筑高台于章华之上，凿穿山体建造石椁，阻塞汉水，以模仿舜帝陵墓的样子。筑台于章华之上，亦见《楚语上·伍举论台美而楚殆》注。阙，穿凿山体。石郭，即石椁，用石头制作的外棺。陂（bēi）汉，阻塞汉水。陂，壅，阻塞。以象帝舜，以模仿舜帝陵墓的样子。按韦昭注解说，舜葬九嶷山，其山体有水环绕四周，故灵王阻塞其陵墓旁的汉水，以使水流向并环绕自己所凿的石椁的四周。　[4]"罢（pí）弊楚

国"二句：他使楚国疲惫困乏，以图干犯陈、蔡二国。罢弊，疲惫困乏。间，干犯。陈、蔡，二国名，陈为妫姓，蔡为姬姓，均在楚国东北方向淮河上游一带。　[5]"不修方城之内"以下三句：楚灵王不理国政，却想越过陈、蔡等华夏国家而去图谋东方的徐、吴、越等国，花了三年时间在沮水和汾水一带，以图吴、越二国臣服。不修，不理，不理会。方城之内，指楚国。方城，楚国山名，在今河南叶县南，为楚国北境。逾，越过。诸夏，指陈、蔡等西周初年周王室分封的诸侯国。东国，指东方的徐、吴、越等国。沮、汾，二水名，在楚国东鄙，具体所在不详。　[6]"其民不忍饥劳之殃"二句：楚国民众不能忍受饥饿劳苦的祸殃，三军将士在乾谿发动了对灵王的叛乱。乾谿，楚东境地名，在今安徽亳州东南。公元前529年，楚灵王伐徐，驻扎在乾谿，其弟公子弃疾纠集反灵王的势力，率陈、蔡之师直入楚王宫，杀灵王太子禄，且使人至乾谿告三军将士尽快脱离灵王返还，致众将士叛王而去。灵王成孤家寡人，不得已自缢而死。　[7]"王亲独行"以下三句：楚灵王孤身独行，恐惧徘徊在山林之中，过了三天才见到过去在宫中的一个叫畴的侍从。屏营，恐惧。仿偟，即彷徨，徘徊、游移不定的样子。涓人，宫中的侍从、近臣。　[8]不食三日：三天没吃饭。　[9]"畴趋而进"二句：畴快步进前，灵王枕着他的大腿睡在地上。趋，快步走。　[10]"王寐"二句：王睡着了，畴便用土块代替自己的大腿抽身离他而去。寐，睡着了。墣，土块。　[11]"王觉而无见也"以下四句：王睡醒后不见有人，便爬行到棘邑的门口，棘邑人不接纳他，于是又进到芋尹申亥氏的家里。觉，睡醒。匍匐，爬行。棘，楚邑名，在今河南永城南。闉，门。纳，接纳。芋尹，楚官名，具体职责不详。申亥，楚大夫，为灵王时芋尹申无宇之子。　[12]"王缢"以下三句：灵王自缢而死，申亥将王的尸体背回家中，用土埋在居室之内。　[13]"此志也”二句：这些都是书中的记载，难道这么快就在诸侯耳朵里忘掉了么？志，记载。遽（jù），快，急速。

鲧、禹之“高高下下”不同于今王之“高高下下”。

“今王既变鲧、禹之功[1]，而高高下下，以罢民于姑苏。天夺吾食[2]，都鄙荐饥。今王将很天而伐齐[3]。夫吴民离矣[4]，体有所倾，譬如群兽然，一个负矢，将百群皆奔，王其无方收也。越人必来袭我，王虽悔之，其犹有及乎[5]？”

王弗听。十二年[6]，遂伐齐。齐人与战于艾陵[7]，齐师败绩，吴人有功[8]。

虽有功，却旋即倒台。是此功更迷惑了夫差的心智。

[注释]

[1]“今王既变鲧、禹之功”以下三句：这几句是申胥对夫差的批评，意思是：如今大王您已经改变了鲧、禹治水的功用，您是使建造的高台更高，使下挖的深池更深，使民众为修姑苏台疲惫不堪。既，已经。鲧、禹之功，鲧、禹治水的功用。鲧，禹的父亲。按鲧、禹治水，使各个地方高高下下，即使高的地方增高，使低的地方更低，以便疏川导滞，解民之困，而夫差的高高下下却是为了修筑宫室台榭，以供自己享乐，故称其变鲧、禹之功。姑苏，即姑苏台，夫差所筑的宫室。　[2]“天夺吾食”二句：上天夺走了我们的粮食，国都和四周小邑接连发生饥荒。都，国都。鄙，野，四周小邑。荐，频，接连。　[3]很天：违背天意。　[4]“夫吴民离矣”以下六句：吴国的民众都离散了，国家的肌体已受到伤害，好像是一群野兽，其中一只被箭射中，百群野兽都会四散

奔逃，大王您将没有办法收拢他们。体，指国家的肌体。倾，伤。
负矢，带着箭头，指被箭射中。方，方法，办法。　[5]犹有及乎：
还来得及吗？　[6]十二年：指吴王夫差在位的第十二年，即前
484年。　[7]艾陵：春秋时期齐国地名，在今山东莱芜。　[8]有
功：指吴国军队取胜并有所斩获。据《左传》哀公十一年，吴于
是役"大败齐师，获国书、公孙夏、闾丘明、陈书、东郭书，革
车八百乘，甲首三千"。

[点评]

本篇所记，是吴国大夫伍子胥又一次对吴王夫差的
谏诤之言。前一篇《吴王夫差与越荒成不盟》记子胥劝
谏夫差不要许越之成，但未被采纳。夫差不仅许越之成，
还很快将到吴国来做仆役的勾践夫妇放回越国，致其休
养生息，暗中积聚力量，以图报复吴国。夫差这边却毫
不在意越国的复仇阴谋，仍一心一意地准备北上伐齐，
争做中原霸主。他个人则志满意得，大肆修建宫室，以
图享乐，导致民心背离。这一切，都被伍子胥看在眼
里，为了挽救吴国，他在夫差准备伐齐之前对之提出
忠告。

他首先警告夫差，越王勾践已经在改变他们的谋略，
包括"舍其愆令，轻其征赋，施民所善，去民所恶，身
自约也，裕其众庶，其民殷众，以多甲兵"。这显示了"越
王之不忘败吴"，"服士以伺吾间"。可如今大王却"非越
是图，而齐、鲁以为忧"，如此下去，"将必越实有吴土！"

接着，他要求吴王以昔日史事为鉴。所举的是过去
楚灵王"不君"的例子，其具体表现，亦是"其臣箴谏

以不入"；大兴土木，"筑台于章华之上"；不理国政，专事对外，"逾诸夏而图东国"。这些，都使楚国疲惫不堪。结果，"其民不忍饥劳之殃，三军叛王于乾谿"，灵王只落得个孤家寡人，不得已自缢而死。

最后，他将话题转向吴国，指斥夫差"罢民于姑苏"，又"很（违）天而伐齐"，这些都将使吴民背离。加上"越人必来袭我"的预判，到时候，王恐怕是后悔都来不及了！

楚灵王、夫差都属于好大喜功——喜大兴土木，又喜对外扩张，不顾百姓死活的无道昏君的典型。历史上这样的昏君还有不少，如在他们之前的商纣王，在他们之后的隋炀帝等。有意思的是，伴随着这些无道昏君，又有一些著名的诤谏之臣不断涌现，如纣王时的箕子、比干，楚灵王时的伍举、白公子张，吴王夫差时的伍子胥，隋炀帝时的高颎、贺若弼，等等。与他们辅佐的无道昏君相对立，他们代表的是正义和正直。后人赞美或表彰这些诤臣的同时，也就鞭挞了这些无道昏君。此亦是中国历史的一大特色，足以使后人获得无限的启示。

越　语　上

勾践灭吴

越王勾践栖于会稽之上[1]，乃号令于三军曰："凡我父兄昆弟及国子姓[2]，有能助寡人谋而退吴者，吾与之共知越国之政。"大夫种进对曰："臣闻之[3]，贾人夏则资皮，冬则资绨，旱则资舟，水则资车，以待乏也。夫虽无四方之忧[4]，然谋臣与爪牙之士，不可不养而择也。譬如蓑笠[5]，时雨既至，必求之。今君王既栖于会稽之上，然后乃求谋臣，无乃后乎[6]？"勾践曰："苟得闻子大夫之言[7]，何后之有？"执其手而与之谋。

越人亦称王，与吴、楚相同。

[注释]

[1]越王勾践栖于会稽之上：越王勾践兵败退守在会稽山上。栖，停留，暂时居住。这里指勾践兵败暂时退守。会稽，山名，

在今浙江绍兴东南不远处。前494年，越国在与吴国的夫椒之战中被打败，勾践率五千残卒退保于此。　[2]"凡我父兄昆弟及国子姓"以下三句：凡我父老兄弟及普通百姓，有能帮助我谋划使吴国退兵的，我愿与他共同执掌越国的政权。国子姓，与越王同姓的宗族，这里泛指越国的百姓。知越国之政，执掌越国的政权。　[3]"臣闻之"以下六句：我听说，商人在夏天就要积储皮货，冬天则积储细麻布，住在陆地上便要准备舟船，行走在水中则要准备车辆，这都是为了等待货物缺乏时所用。资，取，购买，这里指预先积储、准备。绤(chī)，细麻布。旱，指行走在旱地(陆地)上。水，行走在水上。　[4]"夫虽无四方之忧"以下三句：一个国家虽然平时没有四方边境上的忧患，然而谋臣与武士，却不可不培养和选择录用。四方之忧，指四境外敌国的侵犯。爪牙之士，武士。　[5]蓑(suō)笠：蓑衣和斗笠，雨具。　[6]无乃后乎：不是太晚了吗？后，晚。　[7]"苟得闻子大夫之言"二句：如果能听到大夫您的话，有什么晚的呢？苟，如果。

以卑辞麻痹吴王心志，以利、害动摇吴王决心。

遂使之行成于吴，曰："寡君勾践乏无所使[1]，使其下臣种，不敢彻声闻于天王，私于下执事曰：寡君之师徒不足以辱君矣[2]，愿以金玉、子女赂君之辱，请勾践女女于王，大夫女女于大夫，士女女于士。越国之宝器毕从[3]，寡君帅越国之众，以从君之师徒，唯君左右之。若以越国之罪为不可赦也[4]，将焚宗庙，系妻孥，沉金玉于江，有带甲五千人将以致死，乃必有偶。是以带甲万人事君也^[5]，无乃即伤君王之所爱乎？与其杀是人也^[6]，宁其得此国也，其孰利乎？”

[注释]

[1]“寡君勾践乏无所使”以下四句：我们国君勾践没有人可以派遣，派了他的臣下文种前来，不敢直接与大王对话，只能私下请您手下的办事人员转达说。乏，缺乏。这句话是文种的谦词，言越国因缺乏可使之人，才派遣自己出使越国。彻，达，言不敢直接上达于吴王，亦是表示自己身份卑下的外交辞令。下执事，手下办事人员。　[2]“寡君之师徒不足以辱君矣”以下五句：我们国家的军队，不足以使大王屈尊前来讨伐，我们愿用金玉、美女作为赔罪的礼物献给大王，请求让勾践的女儿做大王的婢妾，让越国大夫的女儿做吴国大夫的婢妾，让越国士人的女儿做吴国士人的婢妾。师徒，军队。辱，辱没，玷辱。此用作谦词，上句“不足以辱君”，言我小小越国的军队不足以让大王亲来讨伐；下句“赂君之辱”，言越国送给大王之礼物不值一提，实有辱于大王之威风。“请勾践女女于王”，上“女”字用作名词，下“女”字用作动词，表示嫁女，此处意为充当婢妾。下同。　[3]“越国之宝器毕从”以下四句：越国的珍宝、青铜重器全部随同进献给吴国，我们国君率领越国军队，服从于大王您的军队，任由您随意调遣。宝器，珍宝与青铜重器。左右，调遣，任意处置。　[4]“若以越国之罪为不可赦也”以下六句：如果认为越国之罪为不可赦免，我们将焚毁自己的宗庙，捆缚自己的妻子儿女，连同金玉宝器一起沉入江底，还有披带盔甲的战士五千人将拼死为国战斗，这势必造成吴国军队对等的损失。系，捆缚。妻孥（nú），妻子儿女。按以上“焚宗庙，系妻孥，沉金玉于江”数语表示越人誓死抵抗

吴人，不做吴军俘虏的决心。偶，对，对等。乃必有偶，谓此越军五千人拼死抵抗，势必造成吴军对等的损失。　[5]"是以带甲万人事君也"二句：如果赦越国之罪，则越国甲士五千人及造成吴军死亡之五千人都可以保留下来，也就是使这一万甲士都得以侍奉吴君；而不赦越国之罪，则丢弃了这一万侍奉吴王的军士，岂不是有损于君王之所爱吗？无乃，不就是，岂不是。　[6]"与其杀是人也"以下三句：与其杀死那一万人，宁可得到这个国家（指越国），这二者谁更有利呢？

此看问题深透!

　　夫差将欲听与之成[1]，子胥谏曰："不可。夫吴之与越也，仇雠敌战之国也。三江环之[2]，民无所移，有吴则无越，有越则无吴，将不可改于是矣。员闻之，陆人居陆，水人居水。夫上党之国[3]，我攻而胜之，吾不能居其地，不能乘其车。夫越国，吾攻而胜之，吾能居其地，吾能乘其舟。此其利也，不可失也已，君必灭之。失此利也，虽悔之，必无及已。"

事情从来败在贪人手中!

　　越人饰美女八人纳之太宰嚭[4]，曰："子苟赦越国之罪，又有美于此者将进之。"太宰嚭谏曰："嚭闻古之伐国者，服之而已。今已服矣，又何求焉？"夫差与之成，而去之。

［注释］

[1]"夫差将欲听与之成"二句：夫差打算听从文种的意见而与越国议和，伍子胥向他进谏说。子胥，伍子胥，名员，亦称申胥。见上篇《吴语·吴王夫差与越荒成不盟》注。　[2]"三江环之"以下五句：吴国与越国被三条大江所环绕，民众不能迁徙到别的地方去，在这个范围内，有吴国则没有越国，有越国则没有吴国，这个局面是不可能改变的。三江，有三说，一说指岷江、松江和浙江，一说指松江、钱塘江和浦阳江；一说指吴江、钱塘江和浦阳江。以第二说为长。　[3]"夫上党之国"以下四句：对于那些中原诸侯国，我们进攻它并且战胜了它，我们却不能居住在他们的土地上，也不能乘坐他们的马车。上党之国，指居处在中原地区的齐、鲁、晋、郑等诸侯国。上党，上所，上方之所。古以北、东方向为上方，故称中原诸国为上党之国。　[4]太宰嚭：人名，又称伯嚭。太宰为官名，相当于正卿。伯，氏。嚭，是他的名。伯嚭本楚人，其父为楚大夫伯州犁，州犁为楚灵王所杀，嚭逃奔吴国，为吴王亲信。

勾践说于国人曰[1]："寡人不知其力之不足也[2]，而又与大国执仇，以暴露百姓之骨于中原，此则寡人之罪也。寡人请更[3]。"于是葬死者，问伤者，养生者，吊有忧，贺有喜，送往者，迎来者，去民之所恶，补民之不足。然后卑事夫差[4]，宦士三百人于吴，其身亲为夫差前马。

勾践之地[5]，南至于句无，北至于御儿，东

奖励生育，繁
殖人口，此即"十
年生聚"的内容。

至于鄞，西至于姑蔑，广运百里。乃致其父母昆弟而誓之曰："寡人闻，古之贤君，四方之民归之，若水之归下也。今寡人不能[6]，将帅二三子夫妇以蕃。"令壮者无取老妇[7]，令老者无取壮妻。女子十七不嫁，其父母有罪；丈夫二十不娶[8]，其父母有罪。将免者以告[9]，公令医守之。生丈夫，二壶酒，一犬；生女子，二壶酒，一豚[10]。生三人，公与之母[11]；生二人，公与之饩[12]。当室者死[13]，三年释其政；支子死[14]，三月释其政。必哭泣葬埋之，如其子。令孤子、寡妇、疾疹、贫病者[15]，纳宦其子[16]。其达士[17]，洁其居，美其服，饱其食，而摩厉之于义[18]。四方之士来者，必庙礼之[19]。勾践载稻与脂于舟以行[20]，国之孺子之游者，无不餔也，无不歠也，必问其名。非其身之所种则不食，非其夫人之所织则不衣，十年不收于国，民俱有三年之食。

此见勾践本人
亦躬行节约，刻苦
自励，致使民众殷
实，国力强盛。

[注释]

[1]说：解，解释。　[2]"寡人不知其力之不足也"以下四句：我不知自己实力之不足，而再次与吴国结成仇怨，因此使我

们百姓的尸骨暴露在原野之中，这是我的罪过啊。执仇，结仇。中原，原中，原野之中。此指使百姓战死在战场。　[3] 更：改，谓改正错误。　[4] "然后卑事夫差"以下三句：勾践安排好国事后，便离开越国，到吴国去卑身屈膝地侍奉夫差，他让三百名士人到吴国去做奴仆，本人则亲自充当吴王的马前卒。宦，宦竖，这里用作动词，指让三百名士人充当臣仆。前马，奔走在马前，即马前的开道者、马前卒。　[5] "勾践之地"以下六句：此言越国疆域的四至及国土面积。句无，在今浙江诸暨南。御儿，在今浙江桐乡西南。鄞，在今浙江宁波。姑蔑，一作姑末，在今浙江衢州龙游县北。广运百里，东西、南北各长百里。东西为广，南北为运。按此国土面积为泛称，实际上，越国东西、南北的长度远不止此数。　[6] "今寡人不能"二句：我勾践不能有古圣贤之君的号召力，将带领国人夫妇自己繁殖人口。二三子，指越国百姓。蕃，通"繁"，繁殖人口。　[7] 取：同"娶"。　[8] 丈夫：指男子。　[9] 免：同"娩"，分娩。　[10] 豚：小猪。　[11] 公与之母：官府给他请乳母。公，公家，官府。　[12] 饩（xì）：粮食。　[13] "当室者死"二句：家中有嫡长子死亡的，免除三年的徭役。当室者，指嫡长子。政，通"征"，指徭役。　[14] 支子：即庶子，包括嫡妻所生的次子及妾所生之子。　[15] 孤子：鳏夫。疹（chèn）：同"疢"，病。　[16] 纳宦其子：谓以上孤寡疾病之人的儿子皆交由官府供养及教育。纳，入，入于官府。宦，学习仕进。　[17] 达士：通达的知名士人。　[18] 摩厉之于义：磨炼他们，使归于义。摩厉，即磨砺，本指对玉石的琢磨，这里指对品行的修炼。　[19] 庙礼之：指对四方来越国的士人，在宗庙中用礼仪接待他们。　[20] "勾践载稻与脂于舟以行"以下五句：勾践乘坐着载有粥糜与肉食的舟船到各地巡行，对国中流浪儿童，没有一个不供给他们吃的，没有一个不供给他们喝的，还一定要询问他们的姓名（以为今后国家任用他们做准备）。稻，王引之说应是稃（fū）字，指粥糜。脂，肉食。孺子，儿童的通称。游，流浪。餔，同"哺"，喂食。歠，同"啜"，饮，喝。

国之父兄请曰："昔者夫差耻吾君于诸侯之国，今越国亦节矣[1]，请报之。"勾践辞曰："昔者之战也，非二三子之罪也，寡人之罪也。如寡人者[2]，安与知耻？请姑无庸战。"父兄又请曰："越四封之内[3]，亲吾君也，犹父母也。子而思报父母之仇，臣而思报君之仇，其有敢不尽力者乎？请复战。"勾践既许之，乃致其众而誓之曰："寡人闻古之贤君，不患其众之不足也，而患其志行之少耻也。今夫差衣水犀之甲者亿有三千[4]，不患其志行之少耻也，而患其众之不足也。今寡人将助天灭之。吾不欲匹夫之勇也，欲其旅进旅退[5]。进则思赏，退则思刑，如此则有常赏[6]。进不用命，退则无耻，如此则有常刑。"果行，国人皆劝[7]，父勉其子，兄勉其弟，妇勉其夫，曰："孰是君也[8]，而可无死乎？"是故败吴于囿[9]，又败之于没[10]，又郊败之[11]。

"知耻"，乃是其教导之核心。

此种动员及其效果，千古罕见！

[注释]

[1] 节：有节度，谓越已步入正轨。　[2]"如寡人者"以下三句：像我这样的人，哪里配得上说是知道耻辱？请大家姑且不用提与吴国的战斗。　[3] 四封之内：四境之内。　[4] 衣水犀之甲者亿有三千：穿水牛皮制作的铠甲的兵士有十万三千人。水犀，应指水牛。亿，十万。　[5] 旅进旅退：同步进退。旅，俱，在一起。　[6] 常赏：经常的赏赐。常，恒久，经常。　[7] 劝：劝勉，鼓励。　[8]"孰是君也"二句：这是百姓赞扬勾践的话，意思是：哪一位的恩惠比得上这位国君啊，能不为他而赴死吗？孰，谁，哪一位。是，指示代词，这。死，赴死。　[9] 圉，古水名，韦昭注为"笠泽"，杨伯峻《春秋左传注》以为即今吴淞江。一说为今太湖，或太湖东岸的一个小湖。　[10] 没：地名，在今江苏苏州市相城区、吴中区南。　[11] 郊：指吴都的郊外。

夫差行成，曰："寡人之师徒，不足以辱君矣。请以金玉、子女赂君之辱。"勾践对曰："昔天以越予吴，而吴不受命；今天以吴予越，越可以无听天之命，而听君之令乎！吾请达王甬东[1]，吾与君为二君乎。"夫差对曰："寡人礼先壹饭矣[2]，君若不忘周室，而为弊邑宸宇，亦寡人之愿也。君若曰：'吾将残汝社稷，灭汝宗庙。'寡人请死，余何面目以视于天下乎！越君其次也[3]。"遂灭吴。

与前文种一样的卑辞。

悔不听伍子胥的谏议。

［注释］

[1]"吾请达王甬句东"二句：这是勾践拒绝吴国的和议以后对吴王夫差所说的话，意思是：请允许我将您安排到甬东地区去，我与您就作为越国的两个国君吧。甬句东，《左传》与《史记·吴世家》皆作"甬东"，即今浙江舟山群岛。一说，甬指甬江，在今浙江宁波；句指句章，在今浙江余姚东南。二君，越国的两个国君。这句话暗含着不允许夫差复立吴国的意思。　[2]"寡人礼先壹饭矣"以下四句：从礼节上说，我先前曾有恩惠于越，越君如果不忘记周王室，而肯在您的屋檐下给我们国家一点立足之地，也是我的心愿啊。壹饭，一顿饭，犹言小恩惠。此吴王称自己曾同意被困在会稽山上的勾践求和，是有恩于越（清汪中《经义知新记》说）。不忘周室，指吴国与周同姓，望越国能顾及此情面。弊邑，吴国自称。宸宇，屋檐。　[3]次：军队驻扎，指越军占领吴国。

［点评］

对于春秋末年吴越争霸这段颇富戏剧性的历史，自《左传》《国语》，包括以后的《史记》《吴越春秋》等，都有不少文字记载，然而本篇却是最接近于原始真实的一篇文字。尽管它没有记录下争霸战争发生的具体时间及战争情形，但却通过对两国政治外交，尤其是对越国采取的一系列内政外交措施的较为详细记载，生动反映了越国在失利条件下忍辱负重，奋发图强，经过"十年生聚、十年教训"（《左传》语），终于转危为安，由弱变强，最终灭掉吴国的历史过程。可以说这是一篇很有励志意味的历史散文。

全文较长，可分为三个部分。一是记越王勾践于夫椒战败后派遣大夫文种向吴王夫差卑辞求和的过程。其时，勾践仅剩下五千士卒，退保会稽山上。文种自告奋勇，请求前往吴营说退吴国军队。他首先低声下气地向吴王夫差表示，愿将越国的金玉、宝器全部献给吴国，还准备将越国自勾践以下的贵族女儿献给吴王及吴国贵族做婢妾，越国的军队也交由吴王调遣，只求吴王答应议和，不再进攻越国。这对于好大喜功的吴王来说无疑是极大的诱惑。但文种同时又表示，设若吴国不同意议和，越国将"焚宗庙，系妻孥，沉金玉于江"，以与吴国决一死战。这对于吴国来说，未免也是一件犯踌躇的事情。因为吴王同时还想着北上中原争霸，如果与越人硬拼，造成军队的死伤，将不利于自己的霸业。所以他选择了与越国议和。虽然之后吴国的谋臣伍子胥力谏吴王，指出吴越两国乃世仇，又处在同一地理环境内，"有吴则无越，有越则无吴"，应一鼓作气灭掉越国，以绝后患。但越人很快利用了吴国太宰伯嚭的贪婪，他们送给伯嚭八位美女，让他在吴王面前为越国说情，致使夫差终于与越议和，罢兵返还。

第二部分，也是全篇最主要的部分，讲越王勾践发奋图强，在国内为恢复国力而施行的各种措施和政策。根据和约，勾践夫妇必须亲自前往吴国充当吴王的奴仆。本文对此只做了简单的交待，称勾践"其身亲为夫差前马"。晚出《吴越春秋》对此有更详细的记载，可作勾践这段忍辱负重经历的参考。重要的是，他在行前便对国事做了很好的安排，先是在国人面前承担战败的责任，尽快地做好国人的安抚工作："于是葬死者，问伤者，养生者，吊有忧，贺有喜，送往者，迎来者，去民之所恶，补民之不足"，任命文种留守越国，处理政务（见《史记》），然后放心前往吴国。看来他在吴国卑事夫差博得了夫差的信任，夫差以为越人已甘心做吴国的附庸，遂在不久后释放勾践回国。而勾践回国后，也仍然保持着小心谨慎，并未做出些耀武扬威的动作。他只是召集国人表示，要"帅二三子夫妇以蕃"，即恢复生产，繁殖人口。为此，他采取了一系列鼓励生育的政策："令壮者无取老妇，令老者无取壮妻。女子十七不嫁，其父母有罪；丈夫二十不娶，其父母有罪。将免者以告，公令医守之。生丈夫，二壶酒，一犬；生女子，二壶酒，一豚。生三人，公与之母；生二人，公与之饩。"当然，他也注意对子民施以仁政，尤其关心对儿童及士人的培养。他还带头勤俭节约，"非其身之所种则不食，非其夫人之所织则不衣，十年不收于国，民俱有三年之食"。经过这样十年的繁衍生息，越国很快重新富强起来。

与此同时，他更不忘激励众人的爱国热情，告诫民众要"知耻"，就是要铭记过去为吴人欺侮的耻辱。事实上，他也取得了这方面的成功，以至于越人一而再、再而三地请求上前线为他们的君上报仇雪耻。"果行，国人皆劝，父勉其子，兄勉其弟，妇勉其夫，曰：'孰是君也，而可无死乎？'"此即所谓"十年教训"。在此背景下，越人打败吴人，也就是早晚的事情了。

第三部分，记夫差战败求和，越人不许，夫差自杀，吴国灭亡等结局。此结局颇富戏剧性。夫差行成，把当年文种乞和的语言照搬了出来，但经历过复国之苦的勾践岂能给予夫差喘息之机，他毫不客气地回绝了夫差的请求，说："昔天以越予吴，而吴不受命；今天以吴予越，越可以无听天之命，而听君之令乎！"这使人想起过去伍员对夫差的谏语"夫吴之与越也，仇雠敌战之国也。三江环之，民无所移，有吴则无越，有越则无吴"，设若夫差不那么拒谏饰非，刚愎自用，岂能走到如此地步！

历史的经验值得借鉴。今日之中国，亦在提倡不忘国耻，兴我中华，是完全可以效法勾践当年坚忍不拔、奋发图强之精神的。

越 语 下

范蠡劝勾践无蚤图吴

四年^[1]，王召范蠡而问焉^[2]，曰："先人就世^[3]，不穀即位。吾年既少^[4]，未有恒常，出则禽荒，入则酒荒。吾百姓之不图^[5]，唯舟与车。上天降祸于越，委制于吴^[6]。吴人之那不穀^[7]，亦又甚焉。吾欲与子谋之^[8]，其可乎？"对曰："未可也。蠡闻之，上帝不考^[9]，时反是守，强索者不祥，得时不成，反受其殃。失德灭名^[10]，流走死亡。有夺^[11]，有予，有不予，王无蚤图。夫吴^[12]，君王之吴也，王若蚤图之，其事又将未可知也。"王曰："诺。"

此见勾践亦富有自我批评精神。

"上帝不考，时反是守"两句，亦见于《史记·太史公自序》，但作"圣人不朽，时变是守"。马王堆出土《帛书·经》篇则作"圣人不朽，时反是守"。是乃当时人所用恒语。

[注释]

[1] 四年：指勾践从吴返回越国的第四年，即前486年。 [2] 王召范蠡而问焉：勾践召见范蠡向他询问有关伐吴之事。

范蠡，越国大夫，字少伯。本楚国宛人，后投奔越国，为勾践主要谋臣，并助之灭吴。后辞官退居江湖，经商于宋国陶地，号陶朱公。　[3]"先人就世"二句：自己在父亲逝世后，就继承了越国王位。先人，指勾践父亲允常。就世，去世，逝世。不榖，勾践自称。榖，善。不榖犹言不善，是古代王侯自称的谦词。　[4]"吾年既少"以下四句：自己当时正年轻，没有恒常之心，外出往往沉迷于田猎，在宫内则沉溺于饮酒作乐。恒常，指恒常之心。禽荒，沉迷于田猎。荒，过度之意。　[5]"吾百姓之不图"二句：乃勾践的自我批评，说自己不为百姓着想，只考虑乘坐舟、车四处游乐。图，考虑。　[6]委制于吴：让越国受制于吴国。委制，归顺并受到制约。　[7]"吴人之那不榖"二句：吴人之于自己，则又压制得更厉害。之那，之于。按此特指勾践卑事夫差，亲为夫差前马的一段故事。　[8]谋之：指谋划伐吴。　[9]"上帝不考"以下五句：上帝不崇尚投机取巧，只能耐心地等待天时的转变，不顾天时而勉强要求成事者会遭到不祥，得到天时而不去成就应做的事情，反而会受到天的祸殃。不考，不崇尚机巧（王念孙说，见王引之《经义述闻》）。考，读为"巧"。时反，天时反转。守，等待。强索者，指不顾天时而强取之人。　[10]"失德灭名"二句：如违背天时，就会失去德行，毁灭自己名声，流亡出走直至死亡。　[11]"有夺"以下四句：上天有夺回所给下界物品的权力，有时给予，有时不给，君王您不要过早地图谋伐取吴国。有夺，韦昭注称："予而复夺也。"蚤，通"早"。　[12]"夫吴"以下四句：吴国迟早是君王您的吴国，君王如果过早地图谋取得它，那么事情又将不可预料了。

[点评]

本篇记叙越王勾践与其谋臣范蠡商议伐吴，范蠡劝其勿过早起兵的一次对话。勾践为国家忍辱负重，在吴国做夫差的奴仆达三年之久，被释放回国后图谋恢复，积聚国力，又已经有四年的时间。他实在按捺不住报仇雪恨的心情，便召见他的主要谋臣范蠡，征询是否可以出兵伐吴。范蠡直言不可，因为时机未到。他先向勾践讲述了把握时机的重要性，称上帝不崇尚投机取巧，只能耐心地等待时机，既不可以不顾天时去勉强求成，也不可以耽误上帝给予的时机，这两者都会给自己带来不祥。具体到伐吴这件事情上，时机并不成熟，不能考虑现在就图谋将吴国拿下。他最后告诉越王，吴国早晚都是君王您的吴国，不能性急，"若蚤图之，其事又将未可知也"。

范蠡不仅是春秋时期越国的著名谋臣，更是先秦史上一位富有传奇色彩的智谋之士。甚至在他离开越国后，还有一系列有关他的故事传之后世。他亦有著述留传下来，《汉书·艺文志》"兵权谋家"录有《范蠡》二篇。按班固的解释："权谋者，以正守国，以奇用兵，先计而后战，兼形势，包阴阳，用技巧者也。"本篇记范蠡劝勾践无早图吴，正很好地诠释了范蠡作为兵权谋家"以正守国，以奇用兵，先计而后战"的用兵原则。

范蠡谏勾践勿许吴成卒灭吴

居军三年 [1]，吴师自溃。吴王帅其贤良 [2]，与其重禄，以上姑苏。使王孙雒行成于越 [3]，曰：

"昔者上天降祸于吴，得罪于会稽[4]。今君王其图不穀[5]，不穀请复会稽之和。"王弗忍，欲许之。范蠡进谏曰："臣闻之，圣人之功[6]，时为之庸。得时不成[7]，天有还形。天节不远[8]，五年复反，小凶则近，大凶则远。先人有言曰：'伐柯者其则不远[9]。'今君王不断[10]，其忘会稽之事乎？"王曰："诺。"不许。

《吴语》及《越语上》没有"王弗忍，欲许之"之类情节，反倒是记勾践径直对吴使说："昔天以越予吴，而吴不受命；今天以吴予越，越可以无听天之命，而听君之令乎！"可见勾践并非不忍之人。

[注释]

[1]"居军三年"二句：越王勾践率领越军围困吴军三年，吴军乃自行崩溃。居军，处在军队之中，指勾践率领越国军队。居，处，处于。按勾践于公元前 475 年率军包围吴国军队，至此年（前 473）吴军崩溃，吴国灭亡，已是三年。　[2]"吴王帅其贤良"以下三句：吴王带着他的亲近侍卫，和他的手下大臣，一同登上姑苏之台。贤良，亲近之士。重禄，大臣。禄，指禄位。姑苏，台名，在今江苏苏州西南，传为夫差所建，备极壮丽。　[3]王孙雒：吴国大夫。　[4]得罪于会稽：指过去吴国曾打败越国，围困越王勾践于会稽山上。　[5]"今君王其图不穀"二句：如今君王您将考虑如何处置我，我请求再按会稽订下的和约办理吧。图，考虑。会稽之和，指过去吴国围困勾践于会稽山下时与越国订立的和约。此意味着吴国希望越王也能像过去吴王对待越国那样，不吞并吴国，保全吴国的宗庙社稷。　[6]"圣人之功"二句：圣人之所以成就功业，在于他能利用时机。庸，同"用"。　[7]"得时不成"二句：得到天时而不能去成就功业者，天会反过来降给

他灾祸。还，返，反过来。形，通"刑"，灾祸。（俞樾说）[8]"天节不远"以下四句：天道循环，为期不会太远，五年就会重新返回，小的灾祸隔得近些，大的灾祸则隔得远些。天节，指天道的循环期限。节，期。五年复反，指根据历法十九年七闰的规则，大约过五年而得再闰。凶，灾祸。小凶五年轮到一次，故言"近"；大凶十年或一次，故言"远"。　[9]伐柯者其则不远：语出《诗经·豳风·伐柯》："伐柯伐柯，其则不远。"句谓伐木做斧柄之人，其所仿效的斧柄的样子就来自手中使用的旧斧柄。这里隐喻勾践对待吴国的求和，应当汲取旧日吴国不灭亡越国的教训。柯指做斧柄用的树木；则即准则、模型，指斧柄的样子。　[10]不断：不能决断，指对吴国的态度犹豫不决。

提鼓援枹，就是显示进军灭吴的意思，双方没什么好谈的。

使者往而复来，辞愈卑，礼愈尊，王又欲许之。范蠡谏曰："孰使我蚤朝而晏罢者[1]，非吴乎？与我争三江、五湖之利者[2]，非吴耶？夫十年谋之[3]，一朝而弃之，其可乎？王姑勿许，其事将易冀已[4]。"王曰："吾欲勿许，而难对其使者，子其对之。"范蠡乃左提鼓，右援枹[5]，以应使者，曰："昔者上天降祸于越，委制于吴，而吴不受。今将反此义以报此祸[6]，吾王敢无听天之命，而听君王之命乎？"王孙雒曰："子范子[7]，先人有言曰：'无助天为虐，助天为虐者不祥。'今吴稻蟹不遗种[8]，子将助天为虐，不忌其不祥乎？"范蠡曰："王孙子，昔吾先君固周室之不成子也[9]，故滨于东海之陂，鼋鼍鱼鳖之与处，而蛙黾之与同渚。余虽靦然而人面哉[10]，吾犹禽兽也，又安知是㱃㱃者乎？"王孙雒曰："子范子将助天为虐，助天为虐不祥。雒请反辞于王[11]。"范蠡曰："君王已委制于执事之人矣[12]。子往矣[13]，无使执事之人得罪于子。"

使者辞反[14]。范蠡不报于王，击鼓兴师以随使者，至于姑苏之宫，不伤越民，遂灭吴。

自贬称"禽兽"，以杜绝对方的幻想。

司马迁称赞勾践灭吴，写道："勾践可不谓贤哉！盖有禹之遗烈焉。"（《史记·越王勾践世家》太史公曰）

［注释］

[1]"孰使我蚤朝而晏罢者"二句：谁迫使我们早早地上朝而很晚才停止料理国事的，不就是吴国吗？蚤，同"早"。朝，上朝。晏，晚。罢，停止。　[2]"与我争三江、五湖之利者"二句：同我们争夺三江、五湖利益的，不也是吴国吗？三江，指环绕吴、越二国的三条江水，具体有不同说法，见上节《越语上·勾践灭吴》有关注释。五湖，韦昭注以为即太湖。或以为指太湖东岸的五个小湖区，即菱湖、游湖、莫湖、贡湖、胥湖。　[3]十年谋之：指越国君臣为灭吴而进行的十年谋划。韦昭注以为是"十年不收于国，勤身以谋吴也"。　[4]其事将易冀已：灭亡吴国的事，将容易而有希望了。冀，希望。已，语尾助词，同"矣"。　[5]左提鼓，右援枹（fú）：左手提鼓，右手拿起鼓槌。枹，同"桴"，鼓槌。

按古者击鼓为进军之号角，范蠡为此乃示意王孙雒，越国进击吴国之势已不可挽回。　[6]反此义以报此祸：一反此道以报复过去吴人给越国造成的这场灾祸。反此义，反此做法，指不像吴国那样还保留对方的宗庙社稷。　[7]子范子：对范蠡的尊称。前一"子"表尊敬之意，相当于第二人称的"您"，后一"子"义同于"先生"。　[8]今吴稻蟹不遗种：如今吴国的稻谷和虾蟹都死光了。不遗种，连种子都没有留下。按公序本"吴"作"吾"。　[9]"昔吾先君固周室之不成子也"以下四句：从前我们的先君本来就是周王室连子爵也够不上的小邦之君，因而只能住在东海的岸边，与鼋鼍鱼鳖相处，同青蛙蛤蟆一起住在水中小洲之上。不成子，成不了子爵，谓越国先君本蛮夷小国，受人鄙视，连周室爵位最后一级的子爵也入不了。滨，临近。陂（bēi），水边，水岸。鼋（yuán），大鳖。鼍（tuó），鳄鱼。黾（měng），蛤蟆。渚，水中小块陆地，小洲。　[10]"余虽觍（tiǎn）然而人面哉"以下三句：我们虽然很惭愧地长着一副人的面孔，实际上犹如禽兽一般，又怎能知晓您这些巧辩的话语呢？按范蠡这里故意自卑，称自己为不知礼义的蛮夷之人，实在是为了拒绝吴人的求和之请。觍然，惭愧的样子。诶（jiàn）诶，巧辩的话语。　[11]反辞于王：返回向越王告辞。　[12]君王已委制于执事之人矣：君王已将处理对吴国关系之事全权委托给我了。委制，委托。执事之人，办事之人，范蠡自称。　[13]往矣：回去吧。　[14]辞反：告辞返回。

[点评]

历史上总有许多情节相似的事情在重演。本节叙述吴王夫差于公元前473年为越国所败，被围困于姑苏台上，为求生存，他派大夫王孙雒求成于越，此与二十年前越王勾践为吴国所败被围于会稽山上，为求生存派大夫文种向吴国求成，确是十分相似。甚至二国前往求和的使者都是大夫身份，都一样地辞卑礼尊，连求和的语言都相似。然而事情的结果却大不一样：吴王夫差当时便答应了越国的求和，放越国一条生路；越国二十年后却拒绝了吴国的求和，一鼓作气地灭掉了吴国。这样两种不同的结果，是怎么造成的呢？是什么原因使得吴越二国对于自己的竞争对手采取不同的处理方式呢？

　　原因只在于，双方对于自己所面临的生存环境有着不同的认识。这种生存环境对于双方其实都是一样的，当初伍子胥谏吴王夫差许越之成的一段话说得最为透彻："夫吴之与越也，仇雠敌战之国也。三江环之，民无所移，有吴则无越，有越则无吴。"吴越之间就是你死我活的关系，没有任何游移。可惜吴王夫差没有体会到吴越之间这种势不两立关系的严酷性，在越大夫文种花言巧语的哄骗下，不仅白白地放弃掉灭亡越国而使吴国壮大的机会，还给自己埋下了亡国的祸根。相反，越人对此就看得很清楚，文种早说过："夫吴之与越，唯天所授。"他称吴越二国谁能生存下来，完全取决于天意，实已包含着对吴越之间势不两立的生存环境的理解。本篇记范蠡为坚定勾践灭吴的意志，说："孰使我蚤朝而晏罢者，非吴乎？与我争三江、五湖之利者，非吴耶？夫十年谋之，一朝而弃之，其可乎？"更显示了他对吴越间为谋生存空间而长期斗争的体会。在这种情况下，无论吴使怎样地花言巧语，抑或诅咒恫吓，都动摇不了他作为越国全权代表定下的灭亡吴国的意志和决心。当然，这也是他汲取了当年吴国因认不清吴越之争的性质，为对方花言巧语所蒙骗，以致给自己留下祸根的教训。最终，范蠡竟连与吴使会谈的结果也不向越王报告，便在拒绝吴使之后，直接尾随吴使，击鼓兴师，一鼓作气地灭掉了吴国。

以上，便是春秋末年这场轰轰烈烈的吴越之争留给后人最大的历史教训。当年毛泽东曾有诗句论及秦汉之际刘项之争的历史教训："宜将剩勇追穷寇，不可沽名学霸王。"拿来总结春秋末年的吴越之争，岂不同样合适吗？

范蠡乘轻舟以浮于五湖

尚未返回至越，便提出告辞，可见其早已有心辞勾践而去。

反至五湖[1]，范蠡辞于王曰[2]："君王勉之，臣不复入越国矣。"王曰："不榖疑子之所谓者何也[3]？"对曰："臣闻之，为人臣者[4]，君忧臣劳，君辱臣死。昔者君王辱于会稽[5]，臣所以不死者，为此事也。今事已济矣[6]，蠡请从会稽之罚。"王曰："所不掩子之恶[7]，扬子之美者，使其身无终没于越国。子听吾言，与子分国[8]。不听吾言，身死，妻子为戮。"范蠡对曰："臣闻命矣。君行制[9]，臣行意。"遂乘轻舟以浮于五湖，莫知其所终极。

好一副飘逸的隐者形象！

王命工以良金写范蠡之状而朝礼之^[10]，浃日而令大夫朝之^[11]，环会稽三百里者以为范蠡地^[12]，曰："后世子孙，有敢侵蠡之地者，使无终没于越国，皇天后土、四乡地主正之^[13]。"

[注释]

[1]反至五湖：返回到五湖。反，同"返"。五湖，即太湖，见上节《范蠡谏勾践勿许吴成卒灭吴》有关注释。其最后言及范蠡击鼓兴师至于姑苏而灭亡吴国，此当是范蠡灭吴后返回至五湖时的场景。　[2]辞：告辞。　[3]不榖疑子之所谓者何也：这是越王不理解范蠡为何要向他告辞而对范蠡的问语，意谓：我不明白您所说的是什么意思？疑，惑，不明白。　[4]"为人臣者"以下三句：做人臣的，如果君主遭遇忧患，臣下就要为之操劳；君主受到了侮辱，臣下就要不惜为之而死。　[5]"昔者君王辱于会稽"以下三句：从前君王您曾受辱于会稽，我之所以没有去死，不过就是为了要做这件事啊。此事，指伐吴报仇之事。　[6]"今事已济矣"二句：今日报仇之事已完成了，我请接受因君王会稽之辱我该受到的处罚。济，成功，完成。从，听从，接受。从罚，自己要告辞而去的委婉说法。范蠡请自流亡于江湖，等于是自我放逐。　[7]"所不掩子之恶"以下三句：这是勾践发誓要善待范蠡的话语，意思是：我要是不一笔勾销掉您以前的那些过失，不表彰您做过的那些善事，就让我的身体不获死在越国。掩，埋，藏起来。恶，罪恶，不良行为，这里指所犯的过失。美，好，善。无终没于越国，不最终死在越国。　[8]分国：分享越国。　[9]"君行制"二句：君主按法制行事，人臣按自己的意志

行事。按此为范蠡对勾践的回答，意思是，我听明白您的话了，但我仍将按自己的意志行事，不会听从您的安排。制，法。意，意志。　[10] 王命工以良金写范蠡之状而朝礼之：越王命令工匠用青铜铸成范蠡的铜像而常和他以礼相见。良金，指青铜。写，摹画，这里指铸造成铜像。朝礼，以礼会见。按古时朋友相见亦称为"朝"。　[11] 浃（jiā）日而令大夫朝之：每隔十日命令诸大夫去朝见一次铜像。浃日，十日。　[12] 地：指封地。　[13] 正：通"证"，谓皇天后土、四方神主皆为我的誓言作证。

[点评]

本篇描述范蠡作为智者的另一面，即他在取得伐吴的胜利以后，及时地功成身退，不求取高官厚禄，但求个人身心自由，遁形于山水的传奇故事。

大约还在伐吴成功返回越国的路上，即在五湖边上，范蠡就迫不及待地向越王告辞，说自己不想回越国了。越王惊问他原因。他回答说，作为臣子，本应为君主解忧效劳，过去越王受辱于会稽，自己一直陪伴在越王左右，就是为了替越国报仇。今灭吴事毕，大仇已报，自己也该解脱了。越王自然要对其进行挽留，说了许多利诱兼威胁的话，甚至说"子听吾言，与子分国。不听吾言，身死，妻子为戮"。范蠡丝毫不为所动，终于"乘轻舟以浮于五湖，莫知其所终极"。

《国语》这里并没有把范蠡告辞而去的真实想法全写出来，然而《史记·越王勾践世家》却有这方面的记载。其书范蠡助勾践灭吴并称霸中原以后，"还反国，范蠡以为大名之下，难以久居，且勾践为人可与同患，难与处安，为书辞勾践曰……"原来范蠡坚决告辞不留在越国的原因，一是担心自己功名太大，难以久居此位置之上，二是担心勾践之为人，认为他只可同患难，而难与其在安乐的环境中共处。其中后者的考虑似更多一些，因为太史公此篇还记录了他走后写给同僚文种的一封亲笔信："范蠡遂去，自齐遗大夫种书曰：'蜚鸟尽，良弓藏；狡兔死，走狗烹。越王为人长颈鸟喙，可与共患难，不可与共乐。子何不去？'"文种接信，犹豫不决，被人诬称有异心，最终为勾践赐自尽而死。文种此下场，更凸显了范蠡的人生智慧。

　　《史记》接着记载，范蠡告辞越国后，浮海至齐，变姓名，耕于海畔，在那里苦身戮力，很快便积累起数十万的财富。接着他又带着这些财产，间行至陶，即今山东定陶，以为此地乃天下之中，是进行货物交易的好地方，便在那里定居下来，自号陶朱公，一门心思地致力于物业买卖。不久，他便积累起巨万的财富，以至于天下都将陶朱公作为巨商大贾的代称。看来，作为治国之才的范蠡转行于商贾，照样也能发挥其智者的潜能。范蠡真可以称得上是我国古代智慧的象征！

主要参考文献

《国语》二十一卷 （三国吴）韦昭注 张元济等辑 《四部丛刊》初编本 商务印书馆 1919 年

《春秋经传集解》（晋）杜预撰 张元济等辑 《四部丛刊》初编本 商务印书馆 1929 年

《史记》（汉）司马迁撰 中华书局 1959 年

《国语集解》 徐元诰撰 王树民 沈长云点校 中华书局 2002 年

《国语》 上海师范大学古籍整理组校点 上海古籍出版社 1978 年

《国语译注》 邬国义等撰 上海古籍出版社 1994 年

《国语全译》 黄永堂撰 贵州人民出版社 1995 年

《国语直解》 来可泓撰 复旦大学出版社 2000 年

《国语》 陈桐生译注 中华书局 2013 年

《春秋左传注》 杨伯峻编著 中华书局 1981 年

《春秋史》 童书业著 山东大学出版社 1987 年

《春秋三传及国语之综合研究》 顾颉刚讲授　刘起釪笔记　巴蜀书社 1988 年

白寿彝《〈国语〉散论》《人民日报》1962 年 10 月 16 日第 5 版

陈其泰《〈国语〉的史学价值和历史地位》《中国史研究》2015 年第 2 期

谭家健《〈国语〉成书时代和作者考辩》 载氏著《先秦散文艺术新探》 首都师范大学出版社 1995 年

李学勤《帛书〈春秋事语〉与〈左传〉的传流》《古籍整理研究学刊》1989 年第 4 期

郑良树《〈春秋事语〉校释》 载氏著《竹简帛书论文集》 中华书局 1982 年

《中华传统文化百部经典》已出版图书

书　　名	解读人	出版时间
周易	余敦康	2017 年 9 月
尚书	钱宗武	2017 年 9 月
诗经（节选）	李　山	2017 年 9 月
论语	钱　逊	2017 年 9 月
孟子	梁　涛	2017 年 9 月
老子	王中江	2017 年 9 月
庄子	陈鼓应	2017 年 9 月
管子（节选）	孙中原	2017 年 9 月
孙子兵法	黄朴民	2017 年 9 月
史记（节选）	张大可	2017 年 9 月
传习录	吴　震	2018 年 11 月
墨子（节选）	姜宝昌	2018 年 12 月
韩非子（节选）	张　觉	2018 年 12 月
左传（节选）	郭　丹	2018 年 12 月
吕氏春秋（节选）	张双棣	2018 年 12 月
荀子（节选）	廖名春	2019 年 6 月
楚辞	赵逵夫	2019 年 6 月
论衡（节选）	邵毅平	2019 年 6 月
史通（节选）	王嘉川	2019 年 6 月
贞观政要	谢保成	2019 年 6 月
战国策（节选）	何　晋	2019 年 12 月
黄帝内经（节选）	柳长华	2019 年 12 月
春秋繁露（节选）	周桂钿	2019 年 12 月
九章算术	郭书春	2019 年 12 月
齐民要术（节选）	惠富平	2019 年 12 月
杜甫集（节选）	张忠纲	2019 年 12 月
韩愈集（节选）	孙昌武	2019 年 12 月
王安石集（节选）	刘成国	2019 年 12 月
西厢记	张燕瑾	2019 年 12 月

书　名	解读人	出版时间
聊斋志异（节选）	马瑞芳	2019 年 12 月
礼记（节选）	郭齐勇	2020 年 12 月
国语（节选）	沈长云	2020 年 12 月
抱朴子（节选）	张松辉	2020 年 12 月
陶渊明集	袁行霈	2020 年 12 月
坛经	洪修平	2020 年 12 月
李白集（节选）	郁贤皓	2020 年 12 月
柳宗元集（节选）	尹占华	2020 年 12 月
辛弃疾集（节选）	王兆鹏	2020 年 12 月
本草纲目（节选）	张瑞贤	2020 年 12 月
曲律	叶长海	2020 年 12 月
孝经	汪受宽	2021 年 6 月
淮南子（节选）	陈　静	2021 年 6 月
太平经（节选）	罗　炽	2021 年 6 月
曹操集	刘运好	2021 年 6 月
世说新语（节选）	王能宪	2021 年 6 月
欧阳修集（节选）	洪本健	2021 年 6 月
梦溪笔谈（节选）	张富祥	2021 年 6 月
牡丹亭	周育德	2021 年 6 月
日知录（节选）	黄　珅	2021 年 6 月
儒林外史（节选）	李汉秋	2021 年 6 月
商君书	蒋重跃	2022 年 6 月
新书	方向东	2022 年 6 月
伤寒论	刘力红	2022 年 6 月
水经注（节选）	李晓杰	2022 年 6 月
王维集（节选）	陈铁民	2022 年 6 月
元好问集（节选）	狄宝心	2022 年 6 月
赵氏孤儿	董上德	2022 年 6 月
王祯农书（节选）	孙显斌	2022 年 6 月
三国演义（节选）	关四平	2022 年 6 月
文史通义（节选）	陈其泰	2022 年 6 月

书　　名	解读人	出版时间
汉书（节选）	许殿才	2022 年 12 月
周易略例	王锦民	2022 年 12 月
后汉书（节选）	王承略	2022 年 12 月
通典（节选）	杜文玉	2022 年 12 月
资治通鉴（节选）	张国刚	2022 年 12 月
张载集（节选）	林乐昌	2022 年 12 月
苏轼集（节选）	周裕锴	2022 年 12 月
陆游集（节选）	欧明俊	2022 年 12 月
徐霞客游记（节选）	赵伯陶	2022 年 12 月
桃花扇	谢雍君	2022 年 12 月
法言	韩敬、梁涛	2023 年 12 月
颜氏家训	杨世文	2023 年 12 月
大唐西域记（节选）	王邦维	2023 年 12 月
法书要录（节选） 历代名画记	祝 帅	2023 年 12 月
耶律楚材集（节选）	刘 晓	2023 年 12 月
水浒传（节选）	黄 霖	2023 年 12 月
西游记（节选）	刘勇强	2023 年 12 月
乐律全书（节选）	李 玫	2023 年 12 月
读通鉴论（节选）	向燕南	2023 年 12 月
孟子字义疏证	徐道彬	2023 年 12 月
嵇康集	崔富章	2024 年 12 月
白居易集（节选）	陈才智	2024 年 12 月
李清照集（节选）	诸葛忆兵	2024 年 12 月
近思录	查洪德	2024 年 12 月
林则徐集	杨国桢	2024 年 12 月